中国非洲研究院文库·学术译丛

应对未来之技能

研究新视野

Skills for the Future

New Research Perspectives

[南非] 格琳达·克鲁斯（Glenda Kruss）
安吉莉克·威尔德舒特（Angelique Wildschut）
伊尔-哈姆·彼得森（Il-haam Petersen） /编

王维刚 /译

中国社会科学出版社

图字:01-2023-0080号

图书在版编目(CIP)数据

应对未来之技能:研究新视野/(南非)格琳达·克鲁斯,(南非)安吉莉克·威尔德舒特,(南非)伊尔-哈姆·彼得森编;王维刚译.—北京:中国社会科学出版社,2023.9

(中国非洲研究院文库.学术译丛)

书名原文:Skills for the Future:New Research Perspectives

ISBN 978-7-5227-1819-4

Ⅰ.①应… Ⅱ.①格… ②安… ③伊… ④王… Ⅲ.①技能学习—研究 Ⅳ.①G442

中国国家版本馆CIP数据核字(2023)第091501号

出 版 人 赵剑英
责任编辑 高 歌
责任校对 李 琳
责任印制 戴 宽

出 版 中国社会科学出版社
社 址 北京鼓楼西大街甲158号
邮 编 100720
网 址 http://www.csspw.cn
发 行 部 010-84083685
门 市 部 010-84029450
经 销 新华书店及其他书店

印 刷 北京君升印刷有限公司
装 订 廊坊市广阳区广增装订厂
版 次 2023年9月第1版
印 次 2023年9月第1次印刷

开 本 710×1000 1/16
印 张 14.5
插 页 2
字 数 247千字
定 价 79.00元

《中国非洲研究院文库》编委会名单

充分发挥智库作用　助力中非友好合作

——《中国非洲研究院文库总序言》

当前，世界之变、时代之变、历史之变正以前所未有的方式展开。一方面，和平、发展、合作、共赢的历史潮流不可阻挡，人心所向、大势所趋决定了人类前途终归光明。另一方面，恃强凌弱、巧取豪夺、零和博弈等霸权霸道霸凌行径危害深重，和平赤字、发展赤字、治理赤字加重，人类社会面临前所未有的挑战。

作为世界上最大的发展中国家，中国始终是世界和平的建设者、国际秩序的维护者、全球发展的贡献者。非洲是发展中国家最集中的大陆，是维护世界和平、促进全球发展的重要力量之一。在世界又一次站在历史十字路口的关键时刻，中非双方比以往任何时候都更需要加强合作、共克时艰、携手前行，共同推动构建人类命运共同体。

中国和非洲都拥有悠久灿烂的古代文明，都曾走在世界文明的前列，是世界文明百花园的重要成员。双方虽相距万里之遥，但文明交流互鉴的脚步从未停歇。进入 21 世纪，特别是中共十八大以来，中非文明交流互鉴迈入新阶段。中华文明和非洲文明都孕育和彰显出平等相待、相互尊重、和谐相处等重要理念，深化中非文明互鉴，增强对彼此历史和文明的理解认知，共同讲好中非友好合作故事，为新时代中非友好合作行稳致远汲取历史养分、夯实思想根基。

中国式现代化，是中国共产党领导的社会主义现代化，既有各国现代化的共同特征，更有基于自己国情的中国特色。中国式现代化，深深植根于中华优秀传统文化，体现科学社会主义的先进本质，借鉴吸收一切人类优秀文明成果，代表人类文明进步的发展方向，展现了不同于西方现代化模式的新图景，是一种全新的人类文明形态。中国式现代化的新图景，为包括非洲国家在内的广大发展中国家发展提供了有益参考和借鉴。近年来，非洲在自主可持续发展、联合自强道路上取得了可喜进步，从西方眼中“没有希望的大陆”变成了“充满希望的大陆”，成为“奔跑的雄狮”。非洲各国正在积极探索适合自身国情的发展道路，非洲人民正在为实现《2063 年议程》与和平繁荣的“非洲梦”而努力奋斗。中国坚定支持非洲国家探索符合自身国情的发展道路，愿与非洲兄弟共享中国式现代化机遇，在中国全面建设社会主义现代化国家新征程上，以中国的新发展为非洲和世界提供发展新机遇。

中国与非洲传统友谊源远流长，中非历来是命运共同体。中国高度重视发展中非关系，2013 年 3 月，习近平担任国家主席后首次出访就选择了非洲；2018 年 7 月，习近平连任国家主席后首次出访仍然选择了非洲；6 年间，习近平主席先后 4 次踏上非洲大陆，访问坦桑尼亚、南非、塞内加尔等 8 国，向世界表明中国对中非传统友谊倍加珍惜，对非洲和中非关系高度重视。在 2018 年中非合作论坛北京峰会上，习近平主席指出：“中非早已结成休戚与共的命运共同体。我们愿同非洲人民心往一处想、劲往一处使，共筑更加紧密的中非命运共同体，为推动构建人类命运共同体树立典范。”2021 年中非合作论坛第八届部长级会议上，习近平主席首次提出了“中非友好合作精神”，即“真诚友好、平等相待，互利共赢、共同发展，主持公道、捍卫正义，顺应时势、开放包容”。这是对中非友好合作丰富内涵的高度概括，是中非双方在争取民族独立和国家解放的历史进程中培育的宝贵财富，是中非双方在发展振兴和团结协作的伟大征程上形成的重要风范，体现了友好、平等、共赢、正义的鲜明特征，是新型国际关系的时代标杆。

随着中非合作蓬勃发展，国际社会对中非关系的关注度不断提高。一方面，震惊于中国在非洲影响力的快速上升；一方面，忧虑于自身在非洲影响力的急速下降，西方国家不时泛起一些肆意抹黑、诋毁中非关系的奇谈怪论，诸如“新殖民主义论”“资源争夺论”“中国债务陷阱论”等，给发展中非关系带来一定程度的干扰。在此背景下，学术界加强对非洲和中非关系的研究，及时推出相关研究成果，提升中非双方的国际话语权，展示中非务实合作的丰硕成果，客观积极地反映中非关系良好发展，向世界发出中国声音，显得日益紧迫和重要。

以习近平新时代中国特色社会主义思想为指导，中国社会科学院努力建设马克思主义理论阵地，发挥为党和国家决策服务的思想库作用，努力为构建中国特色哲学社会科学学科体系、学术体系、话语体系作出新的更大贡献，不断增强我国哲学社会科学的国际影响力。中国社会科学院西亚非洲研究所是遵照毛泽东主席指示成立的区域性研究机构，长期致力于非洲问题和中非关系研究，基础研究和应用研究双轮驱动，融合发展。

以西亚非洲研究所为主体于2019年4月成立的中国非洲研究院，是习近平主席在中非合作论坛北京峰会上宣布的加强中非人文交流行动的重要举措。自西亚非洲研究所及至中国非洲研究院成立以来，出版和发表了大量论文、专著和研究报告，为国家决策部门提供了大量咨询报告，在国内外的影响力不断扩大。遵照习近平主席致中国非洲研究院成立贺信精神，中国非洲研究院的宗旨是：汇聚中非学术智库资源，深化中非文明互鉴，加强中非治国理政和发展经验交流，为中非和中非同其他各方的合作集思广益、建言献策，为中非携手推进“一带一路”高质量发展、共同建设面向未来的中非全面战略合作伙伴关系、构筑更加紧密的中非命运共同体提供智力支持和人才支撑。

中国非洲研究院有四大功能：一是发挥交流平台作用，密切中非学术交往。办好三大讲坛、三大论坛、三大会议。三大讲坛包括“非洲讲坛”“中国讲坛”“大使讲坛”，三大论坛包括“非洲留学生论坛”“中非学术翻译论坛”“大航海时代与21世纪海峡两岸学术论坛”，三大会议包括“中非文明对话大会”“《（新编）中国通史》和《非洲通史（多卷本）》比较研究国际研讨会”“中国非洲研究年会”。二是发挥研究基地作用，聚焦共建“一带一路”。开展中非合作研究，对中非共同关注的重大问题和热点问题进行跟踪研究，定期发布研究课题及其成果。三是发挥人才高地作用，培养高端专业人才。开展学历学位教育，实施中非学者互访项目，扶持青年学者和培养高端专业人才。四是发挥传播窗口作用，讲好中非友好故事。办好中国非洲研究院微信公众号，办好中英文中国非洲研究院网站，创办多语种《中国非洲学刊》。

为贯彻落实习近平主席的贺信精神，更好汇聚中非学术智库资源，团结非洲学者，引领中国非洲研究队伍提高学术水平和创新能力，推动相关非洲学科融合发展，推出精品力作，同时重视加强学术道德建设，中国非洲研究院面向全国非洲研究学界，坚持立足中国，放眼世界，特设“中国非洲研究院文库”。“中国非洲研究院文库”坚持精品导向，由相关部门领导与专家学者组成的编辑委员会遴选非洲研究及中非关系研究的相关成果，并统一组织出版。文库下设五大系列丛书："学术著作"系列重在推动学科建设和学科发展，反映非洲发展问题、发展道路及中非合作等某一学科领域的系统性专题研究或国别研究成果；"学术译丛"系列主要把非洲学者以及其他方学者有关非洲问题研究的学术著作翻译成中文出版，特别注重全面反映非洲本土学者的学术水平、学术观点和对自身发展问题的见识；"智库报告"系列以中非关系为研究主线，中非各领域合作、国别双边关系及中国与其他国际角色在非洲的互动关系为支撑，客观、准确、翔实地反映中非合作的现状，为新时代中非关系顺利发展提供对策建议；"研究论丛"系列基于国际格局新变化、中国特色社会主义进入新时代，集结中国专家学者研究非洲政治、经济、安全、社会发展等方面的重大问题和非洲国际关系的创新性学术论文，具有基础性、系统性和标志性研究成果的特点；"年鉴"系列是连续出版的资料性文献，分中英文两种版本，设有"重要文献""热点聚焦""专题特稿""研究综述""新书选介""学刊简介""学术机构""学术动态""数据统计""年度大事"等栏目，系统汇集每年度非洲研究的新观点、新动态、新成果。

期待中国的非洲研究和非洲的中国研究在中国非洲研究院成立新的历史起点上，凝聚国内研究力量，联合非洲各国专家学者，开拓进取，勇于创新，不断推进我国的非洲研究和非洲的中国研究以及中非关系研究，从而更好地服务于中非高质量共建"一带一路"，助力新时代中非友好合作全面深入发展，推动构建更加紧密的中非命运共同体。

中国非洲研究院

2023 年 7 月

目录

第一部分　概述

第二部分　工作、职业、机构、就业和反应能力的新分析

第三部分　为技能规划和发展设计有效的制度安排并为其提供资源的新方法

第一部分

概　　述

需要开展新型研究

格琳达·克鲁斯（Glenda Kruss）
安吉莉克·威尔德舒特（Angelique Wildschut）

多年以来，是南非教育和技能培训机构决定要提供什么课程方案和资格证书，而年轻人则根据个人喜好、能力和财力决定学习什么课程。现在我们发现：接受高等教育的毕业生难以找到合适的工作，具有高水平技能的技工和专业人员严重短缺，过时的中级课程无法为人们提供快速变化的工作场所所需的新技术技能，校后教育和培训（post-school education and training，PSET）系统不利于人员进步和流动，还有一大批没有掌握技能的青年，不在正规经济部门工作，许多人认为他们没有工作。这些问题严重制约了包容性增长和社会经济发展，并限制了年轻人的机会，特别是那些年轻女性、非洲人和生活在农村地区及非正式定居点的年轻人。

尽管在后种族隔离时期的最初阶段，人们乐观地相信发展有可能带来变革，但是南非当代的经济和政治状况继续呈现出暗淡的前景。失业率很高，不平等现象严重，而且还在持续加剧，增长速度非常低，这主要是破坏性的裙带关系和腐败造成的。有限的增长来自资本密集型产业和快速增长的服务业，而第一产业和第二产业正在萎缩，缺乏活力（Bhorat et al. 2014a）。一个显著的指标是，约50%的劳动力受雇于政府和社区服务部门（Reddy et al. 2016）。

国家动态是在全球重大经济变化的背景下发生的，其特征是财富日益集中，少数人得利（Boushey et al. 2017；Piketty 2014），经济金融化（以及金融投机对国民经济的影响带来的波动持续加剧），生产全球化以及正式知识、技术和创新日益重要。这些动态推动了工作性质的重大转变，催生了新的职业和专业，并极大地改变了劳动力市场，有可能加速和加深不平等现象。事实上，全球出现一种新的关切，即如何应对以技术自动化、数字化及人工智能为代表的“第四次工业革命”（Schwab 2016）对未来工作的影响，以及相应地人们如何应对不断变化的劳动力和劳动力市场需求所需的校后教育、培训和技能。

在这种情况下，我们要谨慎，不要采用和南非发展轨迹不同的发达经济体的技能规划和技能发展模式，它们与南非国情不相符。在从 1990 年开始的过渡时期，新的国家技能政策的制订大量借鉴了英国和澳大利亚的做法（Christie 1996；Jansen 2004；Christie 2006）。人们一致认为，缺乏关键技能或技能不匹配是发展的一个“约束因素”，许多国家战略都提出了技能目标（Badroodien 2004b；Kraak 2004a，2004b；Kraak 2008a，2008b；Kraak & Press 2008）。它们通常是在非常薄弱的证据基础上确定的，很少考虑到学校后系统的能力能否实现这些目标。这些政策所依据的人力资本理论旨在确定关键部门可能需要哪些技能，以便教育和培训系统能够做出反应，培训必要规模的人力资源来满足技能需求。通常的假设是：将对穷人、失业者和那些没有受过教育或没有市场技能的人产生“涓滴”效应。

然而，即使是保守的全球金融机构也不得不承认，当前的增长模式加剧了不平等现象，扩大了特权阶层和其他阶层之间的差距（OECD 2012）。创新和技术对技能带来复杂的影响。在某些情况下，它们会使部分正式就业人群失去技能并被排除在外，而在另外一些情况下，则会提高部分失业人群的技能并增强其能力。因此，匹配技能供求并不是一项简单的计量经济学活动。

在不同假设的驱动下，我们需要采用不同的方法来理解技能和经济之间的关系。这些假设应该正视结构性失业率高的问题；旨在增加更多南非人口摆脱贫困的机会，并改变数十年来不平等所导致的社会关系；对工作和就业性质的波动和变化做出反应——正是由有利于发达经济体的全球经济关系导致这种波动和变化。

需要开展新型研究

为我们应对当代和未来发展挑战提供信息的研究基础仍然非常薄弱。奥利弗（Oliver）等研究人员（2016）的研究表明，人力资本理论作为理解技能、教育和培训及它们与就业和就业能力的关系的最有影响力的方法，往往在研究方法中占据主导地位。它的重点在于确定个人、企业和培训提供者的“培训回报”。20 世纪 90 年代以来，来自采用制度主义方法的研究者的批评导致了对劳动力需求、国家和其他关键组织（如公司和行业协会）的新关注（Ashton & Green 1996；Brown et al. 2001；Finegold & Soskice 1988）。这里关键的理论来自资本主义多样性学派（Varieties of Capitalism school）（Hall & Thelen 2009；Soskice & Hall 2001）和技能生态系统模型（Pickett & Cadenasso 2002；Windsor & Alcorso 2008）。最近，面对越来越严重的不平等现象和大多数人生活质量低下的情况，那些研究"能力"方法的人们提出质疑，如果利益没有得到广泛分享，那么经济增长的价值是什么（Boni & Walker 2013；Walker & Unterhaiter 2007）。这里的重点是理解技能转变，从考虑个人能力和机构，扩展到考虑与工作安排相关的知识、技能和特性（Walker & Fongwa 2017）。自 1994 年南非民主转型以来的 20 年里，我们发现了类似的理论趋势——尽管受到了激烈的批评，但这是一种普遍适用于技能规划的人力资本模式。

关于南非技能和发展研究的文献中的一个关键环节受到技能方法政治经济学的强烈影响，特别是受到资本主义多样性学派的影响。高技能均衡（high-skill equilibria）这个关键概念（Brown et al. 2001；Crouch et al. 1999）被用来对南非的情况进行分析（Ashton 2005；Edwards 2001；Kraak et al. 2006；McGrath et al. 2004）。发展挑战的定义是建立一种机制，把南非经济和教育体系的"低技能均衡"（low-skills equilibria）通过模仿亚洲经济体的成功模式，转变为高技能均衡，从而促进南非的全球竞争力以及增长。该文献中提倡的制度主义方法促使人们重点关注支持高技能和高绩效工作场所所需的非市场性的制度安排，并考虑南非低技能和失业率高的现实，特别是联合决策和治理方面（Kraak 2004a，2004b）。

这项研究的大部分实证重点关注国家和市场宏观层面的动态发展。研究探讨了如何更有效地整合教育、劳动力市场和经济政策以及如何以"联合"的方式协调和规划以推动社会经济改革的跨部门政策，以确保其更有效地实施。一种研究趋势是追踪 1994 年后在不同领导体制下，人力资源（HR）发展政策如何与政府的政策倡议和方案相结合（Kraak 2004a，2004b，2005；Kraak et al. 2006；McGrath & Akoojee 2007；McGrath & Badroodien 2006）。另一种趋势是收集数据，以衡量对经济发展至关重要的部门和职业中的教育供应和工作领域的需求之间的平衡（Cosser et al. 2003；Daniels 2007；Erasmus & Breier 2009；Kraak 2003 2009；Kraak & Press 2008）。

南非文献中的第二个关键环节集中在对全球机构形成的关于工作、增长和就业能力的主流共识的批判上（Vally & Spreen 2014）。这篇文献批评了政策和研究中通常把教育与工作之间的关系概念化的方式（Allais 2012a）。政策话语被认为是由狭隘的经济还原论（economic reductionist）主导，其重点是建设人力资本和促进工具性的特定工作的学习和能力（Baatjes 2018）。例如，从占主导地位的各种技能模式中采用就业能力这个概念可能会导致一种趋势，即把责任推给没有受过充分教育或培训而无法找到工作的个人，而不承认结构性的高失业率的影响（Wedekind 2013a）。相反，这些作者认为，在像南非这样的新兴经济体中，技能发展不能推动经济变革，无法创造就业机会，也不能解决社会经济问题（Allais 2012a，2012c；Vally & Motala 2014）。人们呼吁重新认识教育、技能和社会之间的关系，以便给受贫困、失业和不平等影响最严重的人群带来福祉。还有一些人员转向能力方法研究，重新构想职业教育缓解贫困的方式（Powell 2012）。

然而，在这方面，大部分实证研究聚焦于国家和正规劳动力市场的宏观层面，分析追踪技能发展中的政策意图和非预期后果，以及理想状况下如何配置该系统。一组学者最近的一项工作（Baatjes 2018）提供了一个接受度较高的出发点：质疑正规教育和培训的“适合性”，并努力想象具有替代性的、更有价值的教育前景。这些作者从当地社区的生活经验、知识和文化的视角出发，创造了有意义的（非正式的）生活方式。

然而，这些主要趋势依然存在；南非有关技能规划和发展的文献要么探索如何更有效地提高技能以促进包容性增长，要么批评技能在包容性发展中发挥的作用。无论是哪种方式，研究重点都是在正式体系上，而且还是在宏观层面，即国家、国家的政策工具及国家在公平发展中的作用。

研究空白

在理解中观和微观层面的技能需求方面存在大量空白。我们缺乏来自参与企业和生产过程、高等和职业教育及技能培训系统的参与者以及负责在特定行业或地区执行政策的人员的研究证据和见解。正如巴杰斯（Baatjes 2018）的研究表明，在理解处于正规经济或就业之外人群的教育和培训需求方面存在很大差距。南非已经制定了强有力的教育、培训和技能政策，设定了令人钦佩的目标，并为实现这些目标设立了复杂的机构和筹资机制（DHET 2013c；DoE 1995）。然而，我们对过去 20 年来南非技能规划和发展的实际变化没有实质性的了解，也不了解关键参与者应对未来不断变化的技能需求。南非不同行业的工作实际上是如何变化的？这如何反映全球各种模式的变化？这种变化对新型职业和专业所需的技能以及对教育和培训带来什么影响？这对南非未来的技能发展和包容性发展产生什么影响？校后教育和培训（PSET）在哪些方面以及如何与劳动力市场需求保持一致或脱钩以及对哪些参与者有利？是促进私营部门的增长还是有利于国家发展和实现公平目标？技能网络如何分享发展目标？技能系统中不同量级的参与者具有哪些能力来实现这些发展目标？我们能识别出哪些来自实践的、适合具体情况的技能规划模型？

理论实验

本书采用来自南非的概念性证据，旨在为填补上述研究的不足做出贡献。核心是基于劳动力市场情报伙伴关系（LMIP，以下简称伙伴关系）的多个研究小组进行的一系列具有创新性的实验性研究。伙伴关系由政府资助，为其建立一项技能规划集中机制的努力提供信息。2012 年，伙伴关系对与关键政策关切相关的研究“现状”进行了回顾，报告了围绕六个主题进行的多个研究项目的重点以及所使用的方法。劳动力市场情报伙伴关系汇总了大量劳动力市场信息，进行了大量研究，以增强南非中长期技能规划的证据基础。研究人员提出了一套关于决策、技能规划指标和方法、技能预测（Adelzaideh 2016）等方面的结构和框架（Reddy et al. 2016；Reddy et al. 2018）。伙伴关系对于多个新的劳动力市场信息数据集和系统进行访问、设计和试点，并将由高等教育与培训部（Department of Higher Education and Training，DHET）进一步开发（Bhorat & Kimani 2017；Bhorat & Naidoo 2016；Bhorat & Pillay 2017；Bhorat et al. 2017；Cassim et al. 2016；Kerr 2013；Paterson et al. 2015；Reddy & Powell 2015；Woolfrey 2013）。劳动力市场情报伙伴关系受到经合组织（OECD 2016）和国际劳工组织（ILO）（Aggarwai & Gasskov 2013）等机构倡导的主流技能规划方法的影响，但其核心目的是了解南非的人口概况、经济状况、行业细微差异和历史遗产。

劳动力市场情报伙伴关系的主要贡献是建立了一个根据具体情况制定的框架，侧重于南非技能供应和需求不匹配的复杂性，而不是基于国际经验或知识的假定关系：

> 这种方法可以解释对高技能、半技能和低技能职业的当前需求和中期需求。理解技能需求涉及三个相互关联的方面：构成劳动力的就业人员和失业人员的特征；经济状况；从就业结构的变化分析当前需求和中期需求。我们将需求信号与来自正规学校教育系统、中学后教育和培训系统以及工作场所的大量技能并列起来。供求关系之间的相互作用为解释南非面临的技能短缺和不匹配的性质和程度提供了基础。只有通过理解需求和供应相互作用的复杂性，才有可能指导对未来的投资和制订干预措施，并支持走向更具包容性的技能发展道路。（LMIP 2016：6）

一些研究团队对人力资本理论的局限性提出了批评，并试图超越这一理论，以便在复杂和历史上不平等的背景下阐明技能和发展的各个层面。这些研究项目旨在为研究匮乏、高度复杂的主题提供重要的“劳动力市场情报”（labour market intelligence），包括工作和职业性质的变化、就业态度（Mncwango 2016）、机构的反应能力和互动能力以及向劳动力市场的过渡情况（Broekhuizen et al. 2017；Isdale et al. 2016；Papier et al. 2017；Rogan et al. 2015）。

各研究负责人采用了尚未广泛用于思考南非技能问题的多个概念性分析框架，并试验了在此背景下应用这些研究框架和可能得出的见解。他们从教育社会学、知识社会学、工作和职业社会学或课程研究等一系列学科领域出发，进行了崭新的突破性研究。

一些研究人员采用创新系统方法（innovation systems approach），探索技能发展网络中的参与者和能力如何支持对私营部门有利的增长，或者研究是否有可能支持更具包容性的社会经济发展需要（Gastrow 2015；Kruss et al. 2015；McGrath 2015；Petersen 2015）。另外一些研究人员采用技能生态系统方法，为应对响应能力和就业能力问题提供新思路（Wedekind & Mutereko 2016a，2016b）。还有一些研究者则试图从历史角度，从不断变化的职业管辖范围、工作身份以及知识和技能基础等方面，更深入地了解影响技能需求的背景因素（Gamble 2016b；Mbatha et al. 2014；Wildschut et al. 2016a，2016b，2017）。

本书各篇文章利用这些概念来分析技能发展的结构、过程和动态，无论是在大学、技术和职业学院，还是在工作场所，都侧重于对中观和微观层面的动态进行实证分析。其目标是在迅速变化的全球背景下，以能更清晰地反映南非复杂现实的多种方式为技能规划和发展提供信息。

研究方法探索

技能规划的研究通常采取的方式是对部门需求及教育和培训提供进行定量分析，以评估“需求技能”或“关键技能清单”的调整、不匹配和差距状况。相比之下，我们的研究采用具有多尺度的、深入的定性比较案例分析，同时采用了一系列技术和方法来创建新数据集，从而获得新的见解。

在方法上，本书各位作者共同致力于探索性的定性案例研究，从部门、职业和（或）区域视角来界定他们的实证研究重点。每一章都提供了丰富而又详尽的数据，反映了部门和空间背景下技能和发展的差异性和复杂性，以便（尽可能地）更有效地反映现实生活状况。这一共同方法旨在以一种比以往更全面、更系统的方式，整合宏观、中观和微观三个层面的动态证据，对选择部门和职业发挥了一定程度的协同作用。所有研究项目都包括了汽车行业，一些项目包括了制糖业，一些包括了机械电子领域，还有一些特殊行业比如天文学、林业、造船和电影制作行业。

政策制定者通常对这种定性数据有偏见，原因是这些书籍不具有代表性或没有普遍性，因而不容易用来制订干预措施和战略。个案研究的普遍性可以通过多种方式得到加强，例如将每个案例的详细描述作为比较的基础；有目的地选择案例，以反映技能发展的关键维度；或者使用相同的研究方法并以结构化的方式收集相同的数据，在不同的环境中进行多个案例研究。

本书各篇文章将展示多个比较案例研究对于阐明技能过程的复杂性和非线性的价值。从一开始，我们就计划在案例研究完成后对它们进行分析，以便对关键问题进行比较研究。例如，如果比较各个部门系统之间满足其技能需求的程度，我们或许能够确定哪些组织形式运作良好，同时它们可能在其他部门和环境中具有更广泛的相关性和应用性。如果我们综合各种案例，发现各个行业对技工不断变化的需求方面的共同点，就可以确定有针对性的激励机制和干预措施，这些机制和措施可能对更广泛地采用学徒制进行培训具有重要意义。

通过进行实证模式分析，我们可能会因此获得见解，从而为政策提供信息，以强化技能匹配，并增强教育和培训的作用。这些见解与定量数据集合在一起对于实现解释的目的是非常有价值的，但定性数据本身对技能规划的价值也是相当有用的。劳动力市场情报伙伴关系的贡献之一是在政府部门和研究人员联盟之间建立了伙伴关系。它在政策参与和“研究—政策”联系方面付出了大量努力。研究过程包括参与政策圆桌会议以及编写面向用户的文档，如政策简介、政策指南和研究指南等。研究指南在方法论上特别重要。对于案例研究而言，研究设计、方法和工具被整理成附有明确说明的指南和模板，可供其他研究人员使用。这种模板可能有助于创建跨多种背景的大规模定性数据集，为技能规划提供信息。总体而言，各位作者表明，通过对可能的政策见解类型进行反思，少数定性部门研究会对技能规划做出重要贡献。

共同的反思取向

尽管各章作者出发点不同，但每位作者都有明确的理论保障，并试图扩展和延伸它们。每一章的结构都是针对以下的系列反思性问题形成的：

- 采用什么理论模型？它是如何扩展、深化或调整以适用于南非的？
- 使用这种方法有哪些新的实证见解？
- 该方法如何让人们了解南非当前背景下技能发展、技能规划和包容性发展之间的关系？

接下来，我们介绍每一章是如何回答这些问题的。

第一部分　概述

第一篇文章介绍形成研究议程和方法的中观、微观层面上的研究空白。

在第二篇文章中，约翰·布坎南（John Buchanan）根据基于多年在澳大利亚的经验所撰写的文章，要求南非人思考三个简单的门槛问题，以便在技能规划及其预期影响方面更好地定位自己。这三个问题是：规划的目标是什么？规划的内容是什么？用什么来规划？从本质上讲，他认为，为了使技能规划有助于经济社会沿着理想的轨迹进行可持续发展，重要的是：首先，要了解相关的政治经济和社会利益状况；其次，要了解优先利益的目标；最后，要了解能够实施政策的制度安排的能力。为了改变不平等的关系和结果，他又增添了另一个关键问题：规划涉及谁？布坎南在本章提出了一些关键性问题，它们可以对新方法在南非的规划和研究产生促进作用。

第二部分　工作、职业、机构、就业能力和响应能力的新分析

第二部分的四篇内容通过介绍实证研究结果，有力地批判了技能、知识、职业、就业能力和响应能力等狭隘的概念，特别是因为它们通常用于当前的校后教育和培训规划中。本质上，共同的问题仍然是：当我们想把技能和工作关系的传统假设转变为更具包容性的技能规划发展方法时，我们如何理解技能供需之间的一致性？

第三篇文章的作者是安吉莉克·威尔德舒特（Angelique Wildschut）和塔姆琳·迈耶（Tamlynne Meyer）。她们认为，传统的人力资本方法往往有缺陷，不能为恰当的技能规划提供信息，因为这些方法并没有以任何一种有意义或实证的方式考虑到工作和职业的性质在中观和微观层面发生的变化。她们的贡献是研究了工作本身是如何变化的，以及这些变化对从事某一职业所需技能的影响。本文分享一项研究成果，这项对工作场所进行的研究评估了工作性质的变化如何影响不同工业部门（采矿、汽车和金属）的企业对技工[①]（artisan）的各种技能需求。分析表明，工作变化是复杂的，它与技工的技能需求之间的关系不是一种线性过程。本文强调了关注组织和职业文化的价值，以便让我们了解企业需要的实际技能以及这些技能是如何由复杂的工作场所动态决定的，而不是由通用能力形成的。

第四篇文章由威尔德舒特和迈耶两人撰写。它基于上篇文章的论述，强调了采用职业视角如何有助于阐明维持工作场所内的社会差异和不平等。第三篇文章和第四篇文章共同提出职业概念是社会建构的，并提醒不要将其简单地应用于供应方规划中。

威尔德舒特撰写的第五篇文章的出发点是一个关键的假设，即一个部门的节奏和动态决定了它的工作组织和劳动过程，而它又可以反馈到不同企业的实际技能需求上。本文着重强调，理解劳动过程变化和理解中级水平上这些变化对诊断和解决问题的影响如何为供应方规划提供坚实的基

---

① 在许多国家，“工匠”（artisan）一词被用来描述与传统艺术或手工艺有关的手工艺人。在南非，“artisan”的概念与特定类型的行业工作密切相关，其技能与手工劳动密切相关。本书中“artisan”译为技工。

础，而供应方规划不是以“设想的课程”为起点，而是指实际工作过程及其在大大小小企业中的差异。

沃尔克·韦德金德（Volker Wedekind）在第六篇文章中从校后教育和培训（PSET）提供者的角度出发，也探讨了中、微观层面劳动力市场需求与技能发展之间的一致性或脱节性问题。本文强调校后教育和培训机构在政策制定者、政治参与者和公众的持续压力下，制定计划以响应经济和社会的需求，并探讨教育机构如何应对以及造成它们的响应有效或无效的原因。韦德金德的研究令人信服：要理解响应能力发挥作用的各种方式以及校后教育和培训机构提高学生就业能力的方式，就需要分析教育过程制度化的方式。本文以制度主义方法为依据，使用三个工业部门的一系列案例研究，说明政策、组织和实践如何成为具有监管、规范和文化认知要素的制度。侧重于加强或削弱实践制度化方式的机制，凸显了雇主、决策者和教育提供者在某一领域内进行互动的各种不同方式，也凸显了对学生就业能力的影响。影响方式更立足于现实，因此也有可能改变。

第三部分 为技能规划和发展设计有效的制度安排并为其提供资源的新方法

第三部分各篇文章讨论了一个利用创新系统方法（innovation systems approach）的共同的概念框架和方法，而这种创新方法尚未在南非系统地或广泛地应用于技能规划方面。在这方面，本部分重点略有转移，提供的证据为新方法提供思路，来思考为技能规划和发展设计有效的制度安排并提供资源。

第七篇文章由格琳达·克鲁斯（Glenda Kruss）和伊尔－哈姆·彼得森（Il-haam Petersen）撰写，通过解释为一系列基于创新理论的案例研究设计的概念框架，为第三部分的其他各篇文章奠定了基础。这种方法尚未广泛应用于分析技能发展，但它为技能规划提供了重要的见解。

第八篇文章中，迈克尔·加斯特罗（Michael Gastrow）、克鲁斯和彼得森通过分析部门创新体系内的互动，试图从企业和校后教育和培训机构的角度了解教育和培训如何与劳动力市场需求保持一致。本文对天文学领域的国家技能规划和发展计划进行了中观和微观层面的分析，反映了为设计、建造和操作平方公里阵列射电望远镜（Square Kilometer Array，SKA）项目所需技能进行的为期十年的结构性投资。它研究了创新网络中的主要参与者如何应对科学和工程技能领域不断变化的需求，分析的重点是这些参与者的互动能力和互动强度。本文的主要贡献在于解释了在射电望远镜项目网络中建立的这些动态互动能力（dynamic interactive capabilities）的性质，以促进共享技能规划，实现经济发展目标。通过这一案例，三位作者还提醒我们，南非融入全球科学发展和技术进步至关重要，但在包容性发展方面成绩依然不佳。

在第九篇文章中，彼得森和克鲁斯采用相同的概念方法，通过评估中介机构参与者在加强技能网络中的作用，加深了对一致性问题的认识。实证研究关注的是制糖业这个资本密集型和劳动密集型部门。这一部门对在南非贫困农村地区发展经济和促进就业做出了重要贡献。该案例和理解可以促进包容性发展的技能体系直接相关，因为该部门在初级、中级和高级技能层面的技能需求都在不断变化，因此需要与校后教育系统的各个层面保持一致。这项研究分析阐明了参与者在宏观、中观和微观层面上的相互作用，并考虑了如何支持中介机构积极加强技能发展网络。

第十篇文章中，克鲁斯、西蒙·麦克格拉斯（Simon Mcgrath）、彼得森和加斯特罗为当前关于如何思考高等教育对经济发展的贡献提出了另外一套问题，这些问题与整个校后教育和培训体系相关。他们提出了有关企业、大学或学院用来建立动态互动能力的结构、代理、策略和机制等方面的问题，以促进各个具有特定技术挑战性的经济领域的有效技能发展。通过对两个实证案例研究（天文学领域的射电望远镜项目和汽车行业）的比较分析，作者聚焦于战略性机构，强调了用一些复杂方法，可以将高等教育融入技能开发网络。

采取新的干预措施？

我们认识到任务的复杂性，收集了一系列不同的方法和见解，以理解技能规划可以发挥的作用。尽管教育和技能被广泛认为是平等的力量，但对减少南非的不平等现象影响不大。我们主张更广泛、更完整地理解技术对技能需求的实际影响。我们认为需要重新构建现行制度，以确保取得更成功的技能发展成果。我们还提出需要了解参与者的互动网络和现有的或必须获得的能力，以确保技能成果更公平、更成功。

本书各篇文章整体上可视为一组有概念依据的实证分析。因此，本书提出了为实现包容性增长和发展的变革所需的多维度干预措施。结论反映了每一篇文章在概念和方法上的贡献，以便更明确地提出对政策的见解。此类研究可能会带来多个方法和模型，它们可以更恰当地理解一个极其不平等的中等经济体所面对的技能和发展挑战。除了强调国家的作用，还为教育和培训机构、中介机构和企业以及各级政府的干预措施创造了空间，以实现预期的变革。

南非技能规划：正确解决问题

约翰·布坎南（John Buchanan）

自由放任是有计划的；规划不是。

（Polanyi 1944：141）

所有死去的几代人的传统对活着的人来说就像是一场噩梦。

（Max 1969/1852：398）

提出问题通常比解决问题更重要……

（Einstein & Infield 1966/1938：92）

20 世纪末期的杰出政治成就之一是 1994 年南非相对和平地过渡到民主社会。二十年后，民主制度正常运转，强大的独立司法机构在运作，这一事实同样令人瞩目。但是，正式公民权利和政治权利领域取得成功不应该使我们对剩余的问题视而不见。正如马什勒（Mashele）和科博（Qobo）指出的那样，南非最大的挑战是“通过谈判化解那些仍然标志着‘它’从过去的种族隔离制度过渡来的艰难紧张局势”（2014：200）。至关重要的是，经济发展的基本轨迹依然是根深蒂固的、日益加深的不平等。南非仍然是世界上最不平等的国家之一。经济上仍然依赖出口数量有限的大宗商品来获得收入，而且主要由少量跨国公司控制。更重要的是，由于经济增长的收益没有在国民中得到广泛分享，加上劳动力供应仍然远远超过需求，因此，南非依然存在大量的经济问题和社会问题。几十年来，正式失业率一直保持在 25% 左右。从更广的角度来看，未充分利用的劳动力接近全国 15—64 岁人口的一半。后种族隔离时期的政策体制有利于出现一个数量可观但相对较小的“扩大的多种族的中产阶级”（Chisholm 2004，引自 Motala & Vally 2010）。正如亚历山大在 1992 年预测的那样，这是涉及南非白人和非洲民族主义的权力分配安排的历史遗留问题，其结局必然是付出牺牲城市和农村贫困人口的代价的（Alexander 1992，引自 Motala & Vally 2010，1994）。

这种复杂情况是“客观”和“主观”因素混合的结果。客观地讲，改变种族隔离制度几十年来建立起来的、排他性的、根深蒂固的社会和经济发展的轨迹绝非易事。对致力于解决长期存在的不平等问题的南非政府而言，开放南非经济使其与全球经济和金融流动完全融合也将是一个挑战。全球金融市场的参与者，在最好的情况下，对南非经济发展的公平性充其量是漠不关心。在最坏的情况下，他们会持敌对态度。即便如此，这些客观因素对南非政策选择起的也只是制约作用，而不是绝对的决定作用。自 1994 年以来使南非局势恶化的是“政府采取的一系列政策，这些政策令人困惑而且在不断变化”（另见 Bhorat et al. 2014a；Bhorat et al. 2014b）。在新的产业政策的支持下，人们一直对根本性变革和再分配感兴趣。然而，与此相反的是，国际上的主流经济机构，如国际货币基金组织（IMF）以及本国的财政部已经以所谓的竞争中立和避免政府的“选拔获胜者”的名义成功地遏制了这些举措。最终结果是旧经济秩序的基本结构继续存在，同时混杂着现代化、金融化的附属品。统治南非的政策制度是具有南非特色的新自由主义。正如波拉特等研究人员（Bhorat et al. 2014a）所揭示的，这种制度得到了包括政府、大企业和主要全国性协会在内的隐性社会联盟的支持。它的核心是经济租金（economic rent）的重新分配，而经济租金的核心则来自于“矿物—能源复合体”——这个核心又是从种族隔离时代继承下来的（Fine & Rustomjee 1996）。在南非，更公平的经济发展轨迹没有坚实的基础，而经济发展应该基于不同的、更具有可持续性的、就业密集型的增长来源。在这种增长来源中，收益将在全社会得到更广泛地分享。

现在人们普遍认为，新自由主义政策制度不具有可持续性。例如像世界银行（World Bank）、国际货币基金组织和经合组织（OECD）等新自由主义教条的前追随者认为，这些问题是严重的（ILO，OECD & World Bank 2014）。任其发展的话，经济和社会生活中的不公平现象日益加深，会削弱对自由民主的广泛支持。这些国际机构现在倡导更具包容性的经济发展轨迹，其基础是有效的最低工资、劳资集体谈判机制、税收再分配和政府开支。对一些批评家来说，他们的评估更彻底、更尖锐。包括克鲁格曼（Krugman 2012）、斯蒂格利茨（Stiglitz 2012）、皮凯蒂（Piketty 2014）、鲍曼等（Bowman et al. 2014）和阿特金森（Atkinson 2015）在内的专家认为，30 年的新自由主义实验已经失败。对于具有这一传统的研究人员来说，公共政策必须确定经济和社会复兴的优先次序，而不会受到所谓的小型政府具有优越性的教条的影响、不会任意地追求宏观经济目标、也不考虑社会和经济生活各个领域中所期望的市场必要性。

虽然很明显，新自由主义实验失败了，但目前尚不清楚下一步将发生什么。美国和英国最近的政治事态发展（特朗普上台和英国退出欧盟）凸显了右翼本土主义运动利用对新自由主义全球化普遍不满的能力。然而，正如刚才指出，对未来更具包容性的愿景和政策处方也正在出现。本文对后者有所贡献。它只涉及一个政策领域：技能规划。技能规划本身无法解决南非的各种问题。但是，如果没有技能规划，将没有任何解决之道。本文的核心问题是：技能规划如何帮助南非摆脱种族隔离的历史？

本文面向三类读者：第一类，负责监督南非劳动力发展的人员，主要是负责校后教育和培训（PSET）政府和其他官员；第二类，对劳动力市场和教育，特别是对经济与资格之间的联系感兴趣的研究人员和学生；第三类，对人类能力发展感兴趣的任何读者和研究人员，因为本文下面的内容借鉴了有关人类能力发展的研究文献并对其做出了贡献。虽然本文的初衷是极其实用的技能规划问题，但它也受到凯恩斯的主要观点的启发：通常没有什么比一个好的理论更实用。

虽然南非的民主历史很短暂，但是南非已经发展了一个丰富的研究传统，与劳动力发展有关，涉及劳动力市场和来自多个学科的教育研究人员。这一传统的一个主要特征是以大学为基础的研究人员和政策制定者之间存在密切联系。与这一传统相关的关系网络，已经为制订、实施和评估南非独特的后种族隔离时期的教育和技能制度提供了帮助。这一传统特别吸引人的是，这个政策研究团体欢迎来自海外的数据和见解，对他们的参与和辩论持开放态度。由“优先技能获取联合倡议”（the Joint Initiative on Priority Skills Acquisition）于 2007 年编写的报告很好地整合了第一个十年发展中的各种材料与问题（Daniels 2007）。2016 年高等教育与培训部（DHET）和劳动力市场情报伙伴关系（LMIP）编写的报告及相关的研讨会“南非的技能供求”表明这一传统日益深化（Reddy et al. 2016）。然而，事实仍然可悲，在种族隔离制度正式结束的二十多年后，南非劳动力市场仍然面临着三个顽固的问题：

- 失业率居高不下（缺少工作机会）；
- 很大一部分工作没有安全保障、报酬低、所需技能低（工作质量）；
- 劳动力流动有限，既影响个人职业生涯，也影响经济成功应对迅速变化的环境的能力（工作流动性）。

与这些典型特征相关联的是一个痛苦的悖论：尽管劳动力充足，但雇主仍报告说技能短缺是增长的障碍。这种情况通常会引发以下问题：这种技能差距的性质和规模是什么？教育和培训机构如何才能更好地培养人才来填补这些空缺呢？这种定义技能规划问题的方法无济于事。它的主要缺陷是预测很少准确，并且教育和培训系统与劳动力市场的节奏不同。对面临的挑战做出如下定义会更有用：个人和组织如何才能最好地具备应对不确定性的能力，即通过深化发展个人和组织的能力来培养适应能力？这对长期和短期的优先事项都有意义。注重发展人类能力这个更广泛的概念上还有一个额外的优势：它可以在不平等现象加剧的情况下，在帮助打破当前持久的经济发展轨迹方面发挥重要作用。

本文为未来的技能规划提出了一系列更有用的问题：技能规划不仅是教育和技能政策的一个重要方面，而且还有助于南非从过去的种族隔离中过渡。本文下一节将概述指导分析的类别。在讨论劳动力发展时，特别关注了“技能”和“规划”这两个概念。接下来，本文讨论在当代南非技能规划需要应对的主要现实问题，特别是劳动力市场的大规模不平衡问题（失业率高和就业不足）以及普通教育系统的遗留问题。本文接着思考以下三个关键问题，以更好地应对这些现实情况：

- 规划是为了什么？
- 规划什么？
- 用什么规划？

本文接着认为，对这些问题的回答不能独立出现。相反，关于这些问题的政策和做法应与相对较少的技能规划制度相结合。在南非和澳大利亚等国家，实际上只存在两种技能规划制度：生产主义者—胜任力标准体系（productivist-competency standards regime）和能力—强知识体系（capabilities-powerful knowledge regime）。本文还概述了能够使生产主义者—胜任力标准体系转向能力—强知识体系的过渡体系的主要特征。本文最后强调了需要超越填补空缺的方法，使技能规划成为改变南非经济发展轨迹不可或缺的要素，而南非的经济存在正在加剧的不平等现象。即使这种情况没有发生，能力—强知识体系技能规划体系和目前的教育和技能体系比较起来，能给南非人民留下更好的遗产。目前的教育和技能体系仍然具有只注重结果的、不注重强大知识的特征，同时这种体系也不注重普通教育和职业教育中具有创造性和分析性的内容。

用什么指导"技能规划"?

任何应对不确定性的方法都要以技能和分配机制的概念为指导，而不确定性是与能满足不断变化的技能要求相关的。本节诸多内容来自布坎南等人（Buchanan et al. 2017b）的著作。在许多当代思考中，技能通常被认为有两种形式：一般技能（通用或就业能力（general，generic or employability skills）和专门技能（specific skills）。分配机制通常是用二元术语来构想：市场或规划。这些传统方法的局限性正越来越明显。

超越一般技能和专门技能

考虑到不断变化的技能要求并根据这些变化进行规划时，区分三种类型的技能是很有用的。除了上面提到的一般技能和专门技能以外，还有可迁移技能（transferable skills）。斯蒂文斯（Stevens 1999）将可迁移技能定义为受到一个以上雇主重视的技能，但并不适用于所有雇主。

澳大利亚最近的一项研究探索了可迁移技能的性质，因为可迁移技能为个人和企业提供了适应迅速变化的环境的能力（参见 Wheelahan 2015，关于职业流的研究报告；参见 Alphabeta 2016，关于工作集群的研究）。正如阿尔法贝特（Alphabeta）的研究所指出的：平均而言，从事一份工作为转到其他 13 种不同类型的工作做好了准备（Alphabeta 2016）。可迁移技能不同于一般技能或就业技能。这些术语的用途也很有限。通常它们指的是像解决问题、沟通和协作技能这样的不涉及内容的术语。这既无助于解决问题，也不现实。例如，在儿童托管中心成功解决问题需要的专业知识与在石油钻井平台上解决问题所需的知识是截然不同的（Buchanan et al. 2018）。杨等研究人员（Young et al. 2014）在上文中已经指出知识内容对于教育和技能发展非常重要，并且本文后面将进行更详细的讨论。本文使用的可迁移技能概念尊重这一必要性，并指出需要传递连贯的知识体系，以发展可在各种环境中使用的专门技术。

超越"市场"和"计划"

我们生活在一个确定性（不论是旧的还是新的）正在瓦解的时代。随着1989年柏林墙的倒塌和1991年苏联的解体，经济发展的基础是市场还是计划引起了争论，看来市场的优势地位似乎已经得到确立。然而，在不到二十年的时间里，自由市场模型同样显示出不可持续的趋势。2008年至2009年的经济大衰退表明，作为自由市场效率范例的金融市场却监管不力，可能会将全球经济推到崩溃的边缘。直到世界上20个主要国家的政府（二十国集团，G20）动用了全球GDP的大约三分之一后，才彻底避免了金融崩溃。[①] 这种协调一致的政府干预措施包括大型银行进行国有化、对那些仍维持私有的银行提供贷款担保，以及采取直接刺激措施来恢复世界经济中的消费和投资。在考虑促进社会和经济发展的方法时，显然（实际上一直以来），问题不仅仅是选择"市场"模式，还是选择"计划"模式这么简单。这方面的挑战更加微妙：市场与计划这两者如何与民间社会的其他协调机制相结合，支持经济和社会发展沿着理想的、可持续的道路前进？

经合组织（OECD）2016年的一份报告在其副标题中指出，理解培训需求的现代政策方法需要"评估和预测不断变化的技能需求"。挑战与其说是更好的劳动力规划（在以往的人力规划意义上），倒不如说是规划劳动力如何随着时间的推移而发展和再发展，以建立适应不断变化的能力。

鉴于这些发现，在本章中，规划的概念具有以下特征：

- 问题的关键与其说是对未来劳动力需求的性质做出准确预测，然后调动资源来满足这些需求，不如说是找到有效的方法来理解不断变化的技能要求，并准备有效对策、应对不确定性。事实上，本文的一个指导性假设是，我们需要提高管理不确定性的能力，而不是预测未来。[②]
- 有效的应对措施需要有效地对制度安排进行设计和资源配置。这可

① Rudy K.，《痛苦的恢复之路》（*Pain on the road to recovery*），《悉尼先驱晨报》2009年7月25日。

② 这种表述关键问题的方式出现在2016年底和2017年初澳大利亚新南威尔士州职业教育改革研究合作指导委员会（VERRC）的多次会议上。这种语言形式是由时任新南威尔士州技能委员会执行主任、现任新南威尔士州工业厅副厅长格雷姆·柏拉图（Graeme Plato）设计的。

能涉及市场、国家和民间社会机制三者之间的融合。最佳组合方式取决于以下因素：政治经济格局和社会形势、优先利益目标（总体上和劳动力市场方面）以及可用于执行优先政策的体制安排的能力。

本文其余部分依次探讨了后面这些问题，并就如何将其应用到南非当前局势中提出了建议。

技能规划必须面对怎样的关键现实？

设计有效的技能规划方法不能抽象地进行。必须对所关注领域（国家、部门、区域）中当前和正在发展的局势保持敏感，这样才可以对制订技能规划方法进行指导。无法考虑所有的相关事项。南非许多社会科学家对多个关键挑战的多重性质进行了出色的分析（例如，Mashele & Qobo 2014）。几个学术网络对整个经济，特别是在劳动力市场和技能发展方面开展了极其详细和深思熟虑的工作。其中与波拉特和法恩（Fine）的研究相关的两个特别有用，例如，波拉特等（Bhorat et al. 2014a）、波拉特等（Bhorat et al. 2014b）、波拉特等（Bhorat et al. 2016）、法恩和鲁斯托米（Fine & Rustomjee 1996）、阿什曼（Ashman 2015）、阿什曼等（Ashman et al. 2014）和阿什曼和庞斯－维尼翁（Ashman & Pons-Vignon 2015），这些研究很有帮助。在当代南非，技能规划面临的关键挑战是一个痛苦的悖论：尽管劳动力绝对充足，并且（对一个发展中国家而言）教育投资水平相对较高，但雇主仍然报告说技能短缺阻碍了增长。简要论述这一悖论的两个方面为我们提供了一个背景，我们可以围绕这个背景来考虑上面提到的三个核心技能规划问题：规划是为了什么？规划什么？用什么规划？

“劳动力充足”：劳动力市场挑战的规模和性质

表1总结了南非劳动力市场的基本情况。像任何发展中国家一样，南非劳动力市场的典型特征是失业率高、非正规经济规模庞大和临时工作多。在种族隔离制度废除后，南非劳动力市场的显著特点是这些特征保持相对固定。这并不是说人们一直被固定在这些类别中。流量数据表明人们在这些状态之间移动。然而，核心现实是，虽然南非这个民主国家已经融入世界经济，并实现了宏观经济相对稳定，但这些“成功”是通过维持一种经济发展模式实现的。相对于人口增长而言，这种经济发展模式没有真

正增加工作岗位的数量，更没有改善质量。

表 1 **南非劳动力状况（2016 年 7 月）**

劳动力状况	占劳动力比例（%）
就业	
正式：长期	38.6
正式：非长期	13.9
非正式	21.9
失业	
失业	26.6
放弃找工作者	11.9

数据来源：南非统计局（2016）。

技能短缺：核心能力的具体差距和不足

任何一个国家的雇主很少会对和他们具体技能需求有关的现有劳动力水平感到满意。南非的雇主也不例外。他们对员工缺乏熟练的职业能力、管理水平和技术等级的抱怨尤其常见（Daniels 2007；World Economic Forum 2016）。然而，与南非大量人口的基本认知能力和分析能力相比，雇主的抱怨只能算是一个次要问题。

乍一看，问题很明确。2016 年 1 月，有人援引国家基础教育部长的话说："如果 25% 的（学生）在学校期末考试中不及格，我们肯定会整夜无眠……这类似于一场国家危机。"①一年后，《经济学人》刊登了一篇受到广泛报道的文章，其中写到"南非拥有世界上最糟糕的教育系统之一"②。其中引用的证据包括：

- 在上了六年学的学生中，27% 不会阅读；
- 参与经合组织（OECD）国际学生评估项目的 76 个国家中，南非始终位列倒数第一或第二；

① Nkosi M，南非的教育体系真的陷入危机了吗？（Is South Africa's education system really in crisis?）英国广播公司新闻，2016 年 1 月 29 日。

② 南非是世界上教育系统最差的国家之一。为什么它是班级中最差的？（South Africa has one of the world's worst education systems. Why is it the bottom of the class?）。经济学人，2017 年 1 月 7 日。

- 来自国际数学和科学研究趋势（TIMMS）的数据得出相似的结果。

问题并不在于教育支出少。《经济学人》的文章指出，南非的教育支出在国内生产总值（GDP）的占比是非洲最高的国家之一。文章列举了许多问题，诸如学校系统腐败、教师和校长缺乏责任心，以及未能解决教师素质低下和出勤率低等问题。这些问题不仅仅是财经记者注意到的。泰勒和欣德勒（Taylor & Shindler 2016）的一项综合研究也得出了类似的结论。这项研究强调，这些问题并不局限于小学和中学基础教育，而是遍及整个教育系统，从幼儿教育到职业教育再到高等教育。

然而，对这些文献进行更仔细的研究会发现，一系列更复杂的因素在发挥作用。一部分重要的研究文献提出了一个简单而又重要的观点：即在不平等现象日益严重且不断深化的情况下，教育很难蓬勃发展。南非作为世界上不平等程度最高的国家之一，它的教育成果位于最差之列也就不足为奇了（Wilkinson & Pickett 2009：103－116）。正如切蒂（Chetty 2014：99）所指出的，平均结果具有误导性。南非的主要问题不是平均水平低，而是分布情况两极分化的现象十分严重。“当西开普省对六年级学生的识字成绩进行分类时，原白人学校五分之四的儿童的阅读能力达到六年级水平，而在黑人学校，每100名儿童中只有四名达到该水平。”（WCED 2004，引自 Chetty 2014）和劳动力市场一样，在发展机会如此不平等的情况下，形式上的平等参与机会没有太大意义。切蒂直言不讳，许多“贫穷的黑人青年被要求在屈辱、背叛和不被尊重的环境中学习”（Chetty 2014：99）。莫塔拉和瓦利（Motala & Vally 2010：7）更客观。他们指出，“‘与教育无关的’外部因素……影响课堂实践”。因此，学习者“除了他们的学习能力之外，并非是无法区分的”（Motala & Vally 2010：29）。对他们来说，“穷人和贫困社区”所经历的教育系统的关键特征是缺乏基础设施，“缺乏重点学科的教师，学习材料质量低或者没有，教学方法不合理”（Motala & Vally 2010：6）。

莫塔拉和瓦利（Motala & Vally 2010：6）列出的最后一个问题强调的是，导致当前“教学方法不合理”状况的不仅仅是种族和阶级不平等的遗留问题，还有核心教育实践问题。这种情况的根源可以追溯到当时被认为是令人振奋且雄心勃勃的建议，这些建议提出了与南非这个新民主共和国相关的教育和技能发展的一个新方法。种族隔离政权曾一直与一个为黑人学生设置的、令人痛恨的、自上而下驱动的班图（Bantu）普通教育系统联系在一起。中等技术技能以前主要针对以学徒制为基础的行业和一些相关的技术培训安排，这将大多数黑人排除在外。为了摆脱这些负面影响，教育和培训围绕基于结果的认知、行为和技术技能发展方法进行了重建，这些方法面向所有人，而教育和培训不是基于只向少数特权阶层提供专业知识的体系。就基础教育而言，这采取了基于结果的教育（OBE）形式；就技术教育而言，它采取了基于职业标准和能力（而不是内容和时间）的培训形式（Allais 2012a）。所有教育和培训都通过国家资格框架（NQF）进行了正式协调并获得认证。正如杨和甘布乐（Young & Gamble 2004：7）所指出的那样，基于结果的教育和国家资格框架“代表了基于成果或标准的方法从根本上取代了以教学大纲为基础、以机构为主导的教育改革”。理论上，这两种方法都提供了普遍获得资格证书的途径，但实际上，两者都减少了获取知识的途径，而成为合格公民和适应性强的工人时都需要知识。坦率地说，尽管受到向所有人开放教育的进步愿望的推动，但所谓现代化的、包容性的教育方法的最终结果是，许多南非人没有机会、没有途径获得强大的知识（Allais 2012c）。阿莱斯（Allais 2004）指出，这种反常的结果有三个方面的原因。首先，优质教育和培训不能仅仅从标准开始就“向下设计”。课程设置和教学法本身就很重要，如果要实现优质教育，需要明确承认它们是重要因素（Allais 2004：12 - 13）。其次，对标准的关注转移了对质量关键决定因素的关注，例如“精心设计的学习计划和准备充分的可以教授所需知识的教师”（Allais 2004：14）这样的关键因素。最后，过程和政策之间的冲突影响了对标准的关注（Allais 2004：15 - 20）。包括丹尼尔斯（Daniels 2007：7）在内的劳工经济学家也注意到了后一个问题。在一篇关于南非系统对技能匮乏无反应的论文中，丹尼尔斯认为后一种现实情况成为南非职业教育体系中整个技能发展过程的一个主要瓶颈。

伦敦大学教育研究所的学者迈克尔·杨（Michael Young）是世界领先的教育社会学家之一，他参与了最初的改革过程。他尽力弥补他所造成的损害，部分是因为他使得后种族隔离时期南非教育体系的核心设计原则合法化。他最近对这一经历的反思值得引用：

> 因此，他们在像我这样来自欧洲、澳大利亚和新西兰的天真的善心人士的帮助下，为种族“融合”的教育系统创建了一个广泛的价值

> 观框架，并让黑人学校的教师们获得一种自由：摆脱了种族隔离时期压迫他们的那个规定极其详细的自上而下的课程体系。
>
> 但是，当然，黑人教师们不知道如何处理这种自由——他们中大多数几乎没有接受过任何校后教育，他们唯一的经历就是听从白人管理者的指示；毫不奇怪，学校陷入了混乱之中，而20年后，它们仍在努力克服这种混乱状况。在这种背景下，我逐渐意识到，解放远不止是对过去的批判、经验和民主价值观的结合——尽管它们很重要。教育就像医学和法律一样，是一项专门的活动，需要的是课程和教学法知识以及知识渊博的教师——即使像在南非一样，其中一些知识和令人憎恶的种族隔离制度有关。（Young 2014：8）

因此，劳动力充足与反复出现的技能短缺这一明显悖论并不在于一个基本健全的体系执行不力。相反，这是一个系统性而非偶然的问题，其深刻的根源在于南非独特的政治经济及其独特的教育和培训方法。阿莱斯指出，媒体和政策界普遍宣称“技能短缺”和所谓的劳动力市场缺乏灵活性是导致失业居高不下的主要原因。然而，她提出了相反的观点：“南非社会保障体系的不完善、工作安全保障极低以及严重的不平等现象，使得南非几乎不可能形成强有力的、连贯的技能发展。”（Allais 2012c：639）

技能规划如何提供帮助？

理解导致这一明显悖论的因素是一回事。成功地解决问题则完全是另一回事。最近对中国和印度等主要新兴经济体（Liu & Finegold 2017）、新加坡和韩国等新兴工业经济体（Sung & Raddon 2017）以及美国和英国等发达工业国家的研究显示，目前没有任何一个国家发现能轻易应对类似的挑战。单靠技能规划不能解决劳动力需求不足或教育和培训系统存在的缺陷问题。然而，更好的技能规划是实现社会经济复兴的政策组合的一个重要组成部分。事实上，没有技能规划，就不可能有解决办法。

在后种族隔离时代的南非，人们对技能规划颇有兴趣。然而，阿莱斯等人（Allias et al. 2017）指出，这些举措最好被理解为涉及政治和政策姿态，而绝非有效的规划。一些具体的技能问题已经被成功解决，但这些更像是管道工疏通了排水系统的一部分。这些有限的成功做法并不是完整的、有效的方法，不能够用来满足不断变化的技能要求。在反思国际经验时，阿莱斯和同事们（Allias et al. 2017）认为技能规划的成功与两种截然不同的政策制度相关。第一种制度是协调的市场经济，如德国和丹麦。在这种市场经济体制下，雇主和行业协会与政府机构协调行动，来确定和满足不断变化的技能需求。包括新加坡和韩国这样的国家提供了一种另外一种由国家主导的模式。两国政府机构积极培育和塑造工业发展。确保劳动力发展战略和有规划或受指导的投资决策相辅相成，是这些国家增长模式的组成部分。南非缺乏像德国这样的国家—公民社会关系的历史，也缺乏像新加坡和韩国这样的国家能力。

当特定问题出现时，除了胡乱应付和集中大部分精力解决它们外，难道没有别的选择吗？[①] 我们在本文前两节的分析提供了关于需要解决的关键问题的重要线索。与技能规划中的弥补技能差距方法相关的问题忽略了一个根本点：挑战远比首先确定技能差距，然后重新调整教育和培训机构来填补这些差距要深刻得多。需要考虑的问题要更加深入。三个问题需要特别注意：规划是为了什么？规划什么？用什么规划？

第一个问题是关于规划的目标。教育和培训主要关注什么？是为了培养更有效率的工人，还是为了全人教育——让人类繁荣又富有生产力？关于技能在更广泛的组合中的作用，是否考虑将技能视为适应性的或是决定性的问题？换句话说，是不是期盼技能能够支持其他目标，比如增长？或者说，对人类能力发展的关注是不是更广泛的经济和社会政策的决定性坐标之一？第二个问题是规划什么？它与如何定义技能要求有关。技能和职业的哪些概念指导着我们如何去理解对技能的思考和实践？它们本质上是由雇主的直接技能要求来界定的，还是要专注于基于可转移技能来定义职业和培养职业？第三个问题是用什么来规划？这与制度能力有关。它涉及数据如何使用、如何分析，如何为决策提供信息。界定和支持这些问题的理论框架具有何种性质？这个（些）框架对于满足不断变化的技能要求有多合适？表 2 总结了如果我们有兴趣在像南非和澳大利亚这样的国家开发更有效的技能规划方法时，需要考虑的门槛问题。

① 阿莱斯等人认为，如果发展中国家能够借鉴社团主义和发展国家模式的经验教训，发展新的模式和方法，那么今天的发展中国家会发展得更好。令人遗憾的是，他们对这些模式和方法是什么或应该如何应用于南非的情况并没有提供多少指导性意见。

表 2　定义技能规划核心要素的问题

要素和先决问题	指导性问题
目标： 规划的目标是什么？	1. 教育和培训主要关注的是培养高效的工人，还是进行全人教育？ 2. 教育和培训在更广泛的政策组合中扮演的角色，是适应性的还是决定性的？
技能和职业结构： 规划的内容是什么？（如何定义技能要求）	3. 界定和支持职业发展及决定劳动力发展优先的框架具有何种性质？ 4. 满足不断变化的技能要求的这些框架的适当程度如何？
机构能力： 用什么来规划？（数据分析、决策和确定何时何地优先发展何种技能）	

提高技能规划不仅仅是单独地考虑每个问题，给它们提供最佳答案。事实上，不能单独解决这些问题的任意一个；相反，它们是相互关联的，并且它们的解决方案构成了不同的技能规划体系。

南非拥有什么类型的技能规划体系？

表 3 总结了与南非、英国、新西兰和澳大利亚等国家最相关的三种类型的技能规划体系。这些国家的职业教育系统在最近几十年中以能力标准作为主要参照点进行了改进，同时这些国家缺乏社团主义和发展型国家的遗产和能力。

表 3　新自由主义制度国家可能获得的不同的技能规划制度

要素和先决问题	技能规划体系类型		
	基于生产主义者—胜任力标准的体系	基于能力—强知识的体系	可能的过渡体系[a]
目标： 规划的目标是什么？	• 政策组合的性质：教育和培训通过公平政策组合支持广泛发展 • 主要技能政策关注方面：培养高效的工人或具有潜力的工人	• 政策组合的性质：人才能力开发是政策组合的决定性特征 • 主要技能政策关注方面：促进人类繁荣	• 政策组合的性质：受过良好教育的个人的发展是包容性增长战略的关键要素 • 主要技能政策关注方面：培养富有生产力、欣欣向荣的公民

续表

要素和先决问题	技能规划体系类型		
	基于生产主义者—胜任力标准的体系	基于能力—强知识的体系	可能的过渡体系[a]
技能和职业结构：规划的内容是什么？	• 技能内容围绕通用技能和特定工作所需的特定能力的概念进行界定	• 技能内容包括专业知识和对实质性分析及职业领域知识的掌握 • 在职业领域内，各个领域指的是各个层级主体（职业流或工作集群，特定职业和特定工作）	• 确定目前分散在数千种资格证书中的能力标准中所隐含的有限数量的共同基本能力 • 开始将资格合理化作为定义职业流/工作集群的第一步
机构能力：用什么来规划？	• 制度的首要任务是资格和相关能力标准的设计、注册和质量保证 • 标准制定机构（如SAQA[b]、12家国家标准机构[c]、100多家教育质量评估机构[d]）；行业调解机构（如SETAs） • 提供方以任何可行的方式按照“标准”提供服务	• 由国家促进/咨询机构确定总体优先事项 • 由相关的信任社区（communities of trust）为特定的职业流/领域设计内容 • 技能开发的质量由少数优质重点机构来提供保证	• 增进当前体系所有要素之间的协调性 • 围绕更广泛适用的职业领域/工作集群，培养更多相关的信任社区 • 确定并支持当前体系中的最佳教育机构，以帮助它们获取重点机构身份

a. 本栏概述的体系可促进从基于胜任力的体系转向基于能力的体系。下文各段将提供详细信息；

b. 南非资格认证局（SAQA）；

c. 国家标准机构（NSB）；

d. 教育培训质量评估机构（ETQA）。

就目前而言，南非的技能规划最能体现为一种生产主义者—胜任力标准体系。其主要特征可以描述如下。

基于生产主义者—胜任力标准的体系

- 规划的目标是什么？这一体系的核心概念是高度灵活的个人。他们主要被视为经济人（economic beings），其主要资产是他们的人力资本：一般的（由基础教育系统培养的）和特殊的（根据特定行业和组织的需要）。基础是完善的通用技能，特别是解决问题、协作和沟通的能力，而这些技能本身又以良好的读写和计算能力为基础。教育和技能政策主要是为了支持广泛的政策组合，当前主要关注的是增长、宏观经济平衡和竞争性市场的发展。社会保障政策旨在从制度中消除最严重的过度贫困，但是不断加剧的不平等现象被默认是保持政策组合其他部分的完整性而付出的代价。

- 规划的内容是什么？原则上，通过为人们提供特定工作所需的能力来应对不断变化的技能要求。整个技能系统是围绕着界定这些能力的结果来设计的。
- 用什么来规划？一个庞大的官方机构设计、注册并确保能力标准和相关资格的质量。被称为“部门教育与培训局”（Sector Education and Training Authorities，SETAs）的三方行业机构负责监督日常运作，并根据对不断变化的技能需求的行业分析，引导各种资源投入到不断变化的优先事项上。那么理论上，一系列教育和培训提供者满足这些需求。

几乎自这些体系出现以来，就有人一直对这些体系的关键特征提出批评。研究人员和决策者总体上利用了社会和经济发展的能力方法，尤其是知识在课程中的重要性，对它们从各方面进行批评，并提出一种代替方法。

基于能力—强知识的体系

规划的目标是什么？这一体系的理念是，对人类繁荣的关注不应成为经济和社会经济政策的关键目标的陪衬，而应该对这些目标加以界定。正如森（Sen 1999）和努斯鲍姆（Nussbaum 2006）等作家所问的那样：如果人们不能过上他们所珍惜和有理由珍惜的生活，那么经济增长有什么用？森简明地指出了不同方法的异同点：

> 可以说，冒着过于简单化的风险，一方面，关于人力资本的研究文献倾向于集中在人类在增加生产可能性方面的作用；另一方面，人类能力的视角关注的是人们实质性的自由，他们有能力过上他们有理由珍惜的生活，并且具有真正的选择能力。这两种观点不能不说是相关的，因为两者都与人类的作用有关，尤其是与他们所达到的和所获

得的实际能力有关。但是评估的标准集中在不同的成就方面。（Sen 2007：99）

重要的是要意识到对能力方法而言，政策不仅要关注被视为孤立实体的蓬勃发展的个人，确保有资源来实现这一点同等重要。最基本的资源包括像体面的住房、充足的食物和安全之类的东西。

规划的内容是什么？这种方法与“强大的知识”学派有关。它关注的是独立推理的能力和在某个领域的专业知识，这种专业知识让人们不仅能在劳动力市场上，而且在更广泛的生活中都具有能动性。解决问题的能力通常是在掌握特定学科、行业或专业知识的背景下获得的最佳能力（例如对团队有实质性贡献）。在劳动力技能和职业教育领域，面临的挑战是确定专业知识领域，以便在某个职业领域、职业系列或职业群内的各种工作之间进行转移。护理工作就是一个很好的例子：与其对不同专业的资格进行细分，例如护理老年人、药物和酒精滥用者、残疾人士和其他个体，不如关注确定与护理工作相关的基本职业问题。对于这种方法，技能规划应优先确定这些更广泛的同类职业是什么以及确定与界定适当的课程、教学法和资格有关的信任群体。

用什么来规划？这种技能规划体系的核心是支持主要机构成为开发和提供高质量课程和教学的场地。教育和培训不仅仅是获得产出的东西；投入的质量对于培养有资质的合格人才至关重要，这样他们才能获得广泛信任和尊重。

哪个体系能更有效地应对劳动力市场的现实情况？

1998 年，詹姆斯·斯科特（James C. Scott）发表了一项开创性的研究成果：《像国家一样看待问题：某些改善人类状况的计划是如何失败的》（*Seeing Like a State：How Certain Schemes to Improve the Human Condition Have Failed*）。他的核心论点是，许多现代化项目——无论是政府的还是企业的——都采用机械化的线性思维方式。假定在更正式的“理性”基础上重组经济和社会安排时，效率就会提高。斯科特的研究主要是基于对提高农业效率的方案的仔细分析，这些方案涉及在市场和国家主导的社会中引入理论上更合理的现代生产方法。他指出，这样的方案往往未能认识到看似不整齐、表面上混乱的农民耕作方式的精髓。但是，这些做法通常代表了数代人的实践学习经验，涉及如何高效和可持续地使用土地。他分析的意义在于，政策面临的挑战是如何与最好的自发的社会秩序进行合作，而不是假设抽象理性的应用将不可避免地产生可持续的优越结果。

斯科特的推理模式有助于理解为什么基于生产主义者—胜任力标准的技能规划体系会产生越来越多的问题以及为什么基于能力—强知识方法的推理可能更有效。这是因为后者关注现实，并不认为技能可以被合理地分解成原子（能力单位）并重新组合成学习和劳动的线性流动，这是生产主义者—胜任力标准方法的核心假设。根据惠拉汉（Wheelahan 2018：5－13）和布坎南等研究者（Buchanan et al. 2017）的研究，南非和澳大利亚等国家当前技能规划体系存在的问题包括：

- 由于雇主抱怨技能短缺，资格越来越多；
- 人们所具备的资格和所从事的工作之间存在脱节；
- 出现重大质量问题，因为“资金型企业家”借助薄弱的质量标准来利用系统。

这些问题反映的不仅仅是实施方面的失败。从根本上来说，技能以及技能是如何在学习和劳动中流动发展的是一种无益的概念。澳大利亚最近的一项研究审查了以下四个部门的这些问题：金融、护理工作、电气工程和农业（研究摘要参见 Wheelahan et al. 2015）。根据目前的安排，这些部门的路径是以线性方式定义的。图 1 总结了基于生产主义者—胜任力标准的体系中，定义能力标准和设计资格的人员所界定的流程类型。在澳大利亚，资格晋升始于一级证书，然后到博士学位，低级证书（一级到三级）覆盖了每一行的前两个方框，最后是第四级证书、文凭和学位，与高级职业对应。

余等人（Yu et al. 2012a，2012）利用 2000 年至 2009 年收集的澳大利亚的纵向数据，研究了人们在这些领域中的实际流动情况。总共有 6726 人的数据为分析提供了信息。这项研究发现，劳动力市场中很少有人的轨迹与图 1 所示的流动情况相吻合。第一产业的情况很典型。在这些数据中，十年中有 691 人在该部门工作过一段时间。聚类分析显示，这些人可以分为六大类，如表 4 中的每一行所示。

每一列对应的是从 2000 年到 2009 年，来自不同集群的人在哪些职业群体中度过了大部分时间。显而易见，农民和农场管理人员的职业状况相当稳定：36% 的第一产业工人属于这一群体，其中 72.6% 的人在所述期间

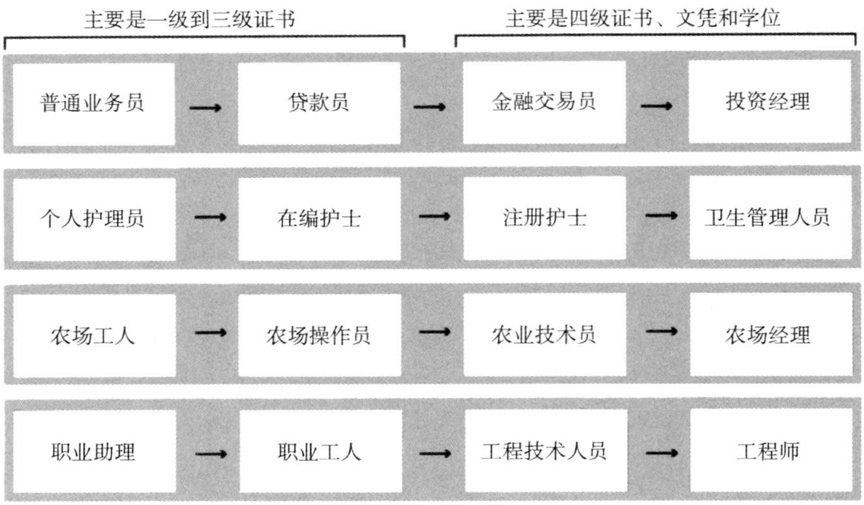

图1 澳大利亚基于生产力—能力标准的技能体系中的程式化途径

资料来源：Yu et al.（2012：33）。

从事这一工作。低技能体力劳动者的情况则完全不同。这些人在劳动力中占比不到一半（45.8%），但属于三个子类别中的一种：高离职率的体力劳动者（26.3%）、其他熟练程度低或中等的从业者（11.4%）和未就业者（8.1%）。

表4 **从事农业部分职业类型及花费时间分布情况（澳大利亚2000—2009）**

工作集群	样本（%）	承担下列角色的时间比					
		农民/农场经理	机械操作	农场体力劳动者	其他熟练程度低或中等的从业者	失业者	未就业者
1. 农民/农场经理	249（36.0）	72.6	1.8	5.8	6.2	0.3	7.4
2. 专业人员	62（9.0）	5.1	1.3	4.9	9.6	1.7	6.2
3. 交易人员	63（9.0）	5.9	4.4	11.4	3.5	3.7	5.0
4. 高离职率的体力劳动者	182（26.3）	5.6	19.5	26.1	12.5	7.9	19.7

续表

工作集群	样本（%）	承担下列角色的时间比					
		农民/农场经理	机械操作	农场体力劳动者	其他熟练程度低或中等的从业者	失业者	未就业者
5. 其他熟练程度低或中等的从业者	79（11.4）	4.8	1.6	9.7	64.9	1.5	7.3
6. 未就业者	56（8.1）	6.2	0.9	9.0	2.1	1.1	79.0
合计	691（100）						

注：为便于操作，省略了几个职业类型。未涵盖的包括职业教育和培训（VET）活动、高等教育研究、专业人员和技术/行业工人。更多细节参见余等人（Yu et al. 2012：33）。

资料来源：Yu et al.（2012：33）。

表 4 总结了大量信息。简而言之，表 4 揭示了两个基本现实：

- 虽然正规教育体系假定有资格和职业发展，但细分绝对是现实；
- 细分不一定意味着停滞，它往往涉及劳动力市场内部的水平流动以及进入和退出劳动力市场。

这些现实情况很重要。尽管第一产业仅占澳大利亚劳动力的 3%，但该产业有 130 多种不同的资质，其中 60% 为三级及以下资质。大量时间用于为具体的子部门和工作确定标准，那么就没有关注劳动力流动这个现实情况。由能力方法所指导的工作从另一个角度出发。它关注的是让人们具备适应不断变化的环境的能力。在这一领域，可以把共同能力描述为与农村业务有关的能力——一组与各种角色相关的能力。从多年来在该部门所做的工作来看，这包括：

- 至少对该部门的结构和运作有所了解（农业经济的基本知识）；
- 了解重要的可持续性做法，以帮助保持和提高农业产量；
- 熟悉机器使用和日常维护；
- 了解生产体系，包括灌溉和施肥技能；①
- 基本掌握动物、土地、植物和农作物知识。

给予人们在类似上述部门更广泛能力的资格，将支持劳动者进入建筑

① 详见 Power & Buchanan 2013。

业、地方政府部门和采矿业以及农业的不同子部门。设计原则的重点是在更深层能力的基础上赋予人们适应的能力，而不是累积因雇主需要而任意获得的各种能力。因此，这种能力方法比支持基于生产主义者—胜任力标准体系的正式的线性理性更能适应学习和劳动力流动的现实。

如何转向一个更好的技能规划体系?

就目前而言，在任何一个具有以生产主义者—胜任力标准为基础的培训体系的英语国家里，都还没有出现能力—强知识体系。因此，重要的是考虑如何从当前安排转向更连贯、更可取的另一种安排。表 3 的最后一栏中总结了这种方法的关键要素。它总结了澳大利亚最近的经验教训，旨在使澳大利亚的职业教育体系更加完善（Buchanan et al. 2017：17 –20）。

在过去十年中，根据这一分析传统，澳大利亚已经开展了一些支持职业教育改革举措的试点工作。除了与整个澳大利亚职业教育政策团体合作之外，有两个具体行动案例值得反思。第一个是建立在和农业部门，尤其是和乳制品行业的长期关系之上。第二个是职业教育和劳动力市场研究人员与澳大利亚最大的州——新南威尔士州政府为期长达 3 年的合作案例。从这些经验来看，显然至少有两条截然不同的改革之路。第一个是努力在广义上的职业领域如护理工作和农村业务中找到共同的能力。在新南威尔士州西北部的纳拉布里（Narrabri）地区，从事农业、建筑业和地方政府的雇主和培训提供者最初在农村业务这一领域开展了有希望的工作（Buchanan et al. 2017a：449）。这里的成功受到了一些当事方的限制，他们决心阻止成立有效的并且以更具包容性的资质为中心的信任社区。当前体系的最高管理者尤其是政府和雇主机构中的高层人士，比较抵制变革。不是所有的政府官员都反对变革。改革的另一条路涉及开明的政府官员，可以是由政府官员主导。这种途径借鉴了数据科学的多个方法来找到一个支离破碎的系统中的共性。它借鉴了基于文本分析的现代聚类分析方法。通过这些方法已经确定了类似资格的集群，以初步提供由数据驱动而非个性驱动的变革议程。这种方法不是积极地试图赢得共识去进行变革，而是转移了责任：为什么不按照数据和数据科学的现代方法所建议的方式来合理化资格？这两种策略仍在试验中。在未来几年，看看是否有可能从生产主义者—胜任力标准体系转向能力—强知识方法将是一件有趣的事情。然而，就目前的情况而言，即便是转向表 2 中总结的那样一个过渡体系，也是很有挑战性的。如果没有国家层面的果断领导，“所有死去的几代人的传统对活着的人来说就像是一场噩梦”（Marx 1969/1852：398）。

是时候解决新技能了

技能规划如何帮助南非从种族隔离的历史中走出来？本文为对这个问题感兴趣的研究人员和政府官员提供了一些线索。劳动力市场和教育研究者可以做的贡献有很多。简而言之，他们可以帮助确定在南非的当前条件下，一个基于能力—强知识的技能规划体系具有何种要素。在这项努力中，精通能力方法的研究人员可以发挥关键作用。他们很重要，因为这种方法为社会和经济政策提供了一个非常清晰的参考框架，使人们的注意力超越了通常定义的“增长”和“效率”。相反，能力方法强调创造安排的重要性，让人们过上自己珍视并有理由珍惜的生活。能力研究者也需要对扩展他们的传统关注点持开放态度。在处理工作生活问题时，人们不仅仅需要抽象的能力，比如通用的就业技能相关的能力，他们需要一些更具体、更相关、更独特的东西，可以将其视为一个专业技术的领域。在本文中，这被称为职业技能流或职业集群中的能力。如何定义这些领域需要更多的研究。

这一章对决策者也有重要意义。正如经合组织（OECD）最近的报告《正确掌握技能：评估和预测不断变化的技能需求》（2016 年）（*Getting Skills Right：Assessing and Anticipating Changing Skills Needs*）所指出的，没有“技能规划的科学”。它在 21 世纪初南非的潜在作用是，它可以提供一个重要的关注点，重新配置许多重要的政策领域，特别是与教育、培训和就业等方面政策有关的一些领域。劳动力过剩与技能持续短缺的痛苦悖论，不仅仅是种族隔离时代经济发展轨迹的延续，种族隔离时代经济发展的基础是系统性的、日益加深的不平等，以及随后的严重违背这一传统的新自由主义政策处方。基于生产主义者—胜任力标准的技能发展体系也是一个促进因素。因此，挑战不仅仅在于更好地执行合理的政策。相反，我们面临的挑战是基于对先决问题的共同理解，设计一种新的技能解决方案：规划的目标和内容分别是什么？用什么来规划？对此，我们还应该加上一个问题：规划涉及谁？正如波拉塔等人（Bhorat，Cassim et al. 2014；Bhorat，Hirsch et al. 2014）最近指出的那样，或像亚历山大（Alexander 1994）和凯斯赫尔墨（Chisholm 2004）等早期预测的那样：南非的政治经济轨迹是基于南非白人和非洲民族主义之间的社会和解，以牺牲城市和农村贫困人口为代价，支持一个规模虽小但日益壮大的混合种族中产阶级。现在是那些被排除在这一解决方案之外的人，失业者和那些在非正规部门的工作者，积极参与制定新发展路线的时候了。

实现这样的改变并非易事，但也不是不可能。在短短的20年里，民主的南非培育了世界上最好的传统之一，它将学术研究人员与技能规划领域的从业人员联系起来。这是一个值得发扬光大的伟大传统。虽然南非在技能规划实践中存在重大问题，但理解、评估和设计新方案的能力是有的。按照目前的方案，在平凡的海洋中会有卓越和成功的岛屿。这些将是用来识别和使用的宝贵资产。理想状况下，建立一个更好的技能规划体系将有助于总体上改善南非的政治经济发展轨迹，但其成功并不取决于更广泛的政策组合的变化。转向基于提高人的能力和用强大的知识武装人们的劳动力发展的制度本身是一项重要成就。南非过去曾面临过更大的挑战，并成功地战胜了它们。将来南非还会再一次取得胜利。

第二部分

工作、职业、机构、就业和反应能力的新分析

在第一部分中，我们认为供给侧规划需要从技能供求关系的不同假设中得出。第二部分旨在说明，当我们试图解决发展、贫困和不平等问题时，对技能供求关系的简单理解不仅不准确，而且往往无法对工作场所和更广泛的社会中存在的真正技能需求问题进行有意义的干预并找到适当的解决办法。

第二部分各文从概念方法入手，这些方法通常不用于理解中级水平的技能供给和需求。各文都认为，调查与中级工作和培训相关的更广泛的文化工作场所和教育模式是至关重要的。换句话说，研究承认，工作不仅仅是一种技术练习，而是在具有特定的历史、熟悉的仪式、既定的习惯、交流模式以及培训和发展途径的场所或背景下进行的活动（Gamble 2016b）。

安吉莉克·威尔德舒特（Angelique Wildschut）和塔姆琳·迈耶（Tamlynne Meyer）在第三篇文章和第四篇文章中，从理论上和概念上借鉴了劳动社会学和专业/职业的研究文献，重点关注工作场所中的动态和影响，强调采用职业视角如何能够阐明工作变化对工作领域所需知识和技能的真正影响。这两篇文章指出了社会建构的职业概念，并告诫不要将其简单地应用于供给侧规划。

在第五篇文章中，安吉莉克·威尔德舒特利用研究，开始将考虑工作场所内的教育过程与理解当前培训形式和工作场所要求之间的不匹配/匹配联系起来。这项研究立足于微观层面，探讨一系列相互关联的环境的变化如何影响不同的知识类型，从而影响技工工作的知识库。该研究强调，关注大小型企业中实际工作、教育和培训以及劳动流程的变化，可以为供给侧规划提供坚实的基础。

在第六篇文章中，沃尔克·韦德金德（Volker Wedekind）更明确地调查了正规教育机构和工作场所之间的联系，从而解决了劳动力市场需求和技能发展之间在中观和微观层面上的脱节问题。本章提出了政策、组织和实践如何成为具有监管、规范和文化认知要素的机制的方法。其中一个关键信息是，要想使培训方案的响应能力转变为就业需求，就需要理解这三个领域，并对它们进行干预。

这些文章有助于情景化地理解技能供求变化的驱动因素，也有助于阐明如何理解和利用这些信息作为劳动力市场的情报。随着职业和教育环境的不断变化，预计变化速度会更快，此类信息对于可靠的技能规划实践和政策而言也十分相关。

工作变化和职业环境对技能要求的影响

安吉莉克·威尔德舒特（Angelique Wildschut）
塔姆琳·迈耶（Tamlynne Meyer）

> 随着变化的发生，必须从三个分析层次上来审视和理解它们：（1）工作和个体从业者，（2）工作所在的组织和其他机构，（3）整个经济和社会。（国家科学研究委员会，NRC 1999：13）

南非社会培养的技能与个人、企业和行业以及整个社会所需要的技能之间的差距越来越大，随之而来的代价就是南非的增长和发展不可持续，同时它依然是一个棘手的政策问题。有人认为，更可信的技能规划体制机制是一种重要资源，可以为制订更好地协调技能供求关系的政策干预措施提供信息。在过去的五年里，由南非人文科学研究理事会（HSRC）领导的一家名为“劳动力市场情报伙伴关系”（LMIP）的机构对此机制进行了广泛的研究。

我们目前正在寻求一些更系统、更稳定的框架来预测我们需要的技能，并规划教育和培训应对措施。与此同时，我们面临着变化复杂的工作性质，也不确定性质变化对技能需求的影响。虽然人们普遍认为工作变化对技能要求有影响，但对个人在特定职业中的技能需求如何受到影响的证据非常少，而且存在争议（Burke & Ng 2006；Burns 2007；Heerwagen et al. 2016）。我们认为这是信息方面的一个关键空白，应该把它纳入更可信的技能规划方法中。

本篇文章中，我们将更详细地讨论围绕工作变化的假设及其对技能需求的影响。我们分享了一项研究成果，这项研究评估了工作性质的变化以及这种变化如何影响不同行业部门的企业对技工技能的需求。该研究在理论和概念上借鉴了关于工作和职业社会学（sociology of work and professions/occupations）方面的文献资料。我们采用职业视角，着重研究工作变化对不同要素的影响，这些要素构成了技工在三个行业（微观层面）的工作范围。对这一重点至关重要的还有，我们评估更广泛的职业环境的变化和技工作为一个职业群体的身份变化（中观层面）。本文将重点放在后一种分析得出的数据，并考虑对技能要求的影响。

例如，我们研究发现，在某些情况下，由于特定部门的企业吸收技术能力有限，他们对技工技能的需求在很大程度上保持不变。在其他部门的特定企业中，对技工技能的需求受到工作组织的影响，以至于即使对同一种职业的技能需求，企业内部各部门之间也会有差异。我们还发现，在某些工作场所，对于特定职业，企业在进行招聘以及提供教育和培训时，可能不太希望在技工的培训和聘用方面进行投入，而是选择在企业内部专门对资质较低的工人进行最低限度的技能和能力培训。

根据这项研究的成果，我们认为需要获得对工作场所内的组织和职业文化的实证理解。早在 1999 年，美国国家科学研究委员会（NRC）在综述关于工作性质变化的已有文献时就断言，虽然工作在很大程度上受到如何追求组织战略和使命的社会和经济选择的影响，但是分析往往忽略了工作所处的组织、社会和制度背景。这是一种批评，在最近的研究中，没有得到充分解决；在南非确定技能需求和由此产生的技能发展干预措施的方法中，也没有解决（Gamble 2016b；Wildschut et al. 2015）。

在更详细地讨论证据之前，我们简要地概述了理论方法，描述了构成研究的三个实证案例，这为本书第三部分提供了参考。我们将在第三部分探讨技能规划实践的意义。

了解不断变化的组织和职业文化对技能的影响

许多人已经意识到，工作方面的主要变化会在不同程度上影响技能需求。例子有很多：全球化程度和速度的不断提高、技术（自动化和机械化）的影响（Hilton 2008a，2008b）、就业性质的变化（从全职工作到短期合同制工作）（Kalleberg 2009）、组织作用的发挥（Muzio et al. 2011）以及工作组织形式的等级减少和标准化降低（Kalieberg 2000）等。

然而，对现有文献的研究表明，第一，关于工作变化和技能需求之间关系的知识库存在相当大的争议（Green 2012；Hilton 2008a，2008b；Maclean & Ordonez 2007)。有些人预测，工作变化将对当前和未来工人所需的技能和知识以及人们预期他们具有的自主程度产生根本性的影响（Acemoglu 2003；Berman et al. 1998；Levy&Murnane 2004)。与此同时，也有人提醒我们，工作变化对技能要求的影响受到不同企业环境和规模、管理选择、行业协会权力、工资水平和部门因素的强有力调节；事实上，这些因素可能会使技能要求保持不变（Appelbaum et al. 2003；Kerka 2001；NRC 1999)。

第二，知识库规模很小，分布在一系列学科（社会学、工效学、政治学、经济学和教育学）中（NRC 1999)。因此，这些研究的调查方法和重点往往不同，只能转化为有限的实证基础以指导决策和政策干预、解决工作变化可能带来的各类技能发展需求。

杜托特等研究人员恰当地总结了工作变化和技能需求之间的复杂关系，同时也指出了国家层面上在这方面研究空缺的本质：

> 技术和知识的发展决定了工作和生产组织变化的可能性。面对全球范围内发生的深远变化，南非面临的问题是这些变化在多大程度上可能会在南非再现。要具体回答这个问题需要深入研究不同行业和不同类型的经济活动。(Du Toit et al. 2017：4)

我们的研究方法来自工作和职业社会学方面的文献，直接针对研究中的这一空白。

由工作和职业社会学方法决定的研究方向

传统上，在工作社会学以及职业社会学的各学科中，对工作的结构变化及其知识库、身份和职业描述之间联系的研究[①]一直是个难题。工作社会学可以概括为“社会学原理和概念的应用指的是……职业生活以及工作中的人”（Maclean & Wilson 2009)，而职业社会学特别关注职业。这样做的理由是，作为职业群体（occupational group）中的一种，职业（profession）能够在与更广泛的社会、市场和国家的关系中拥有特殊形式的特权、能力和地位。这一点还需要持续研究。

① 虽然知识/教育社会学对这一辩论的贡献也很显著，但往往更侧重于对课程的影响。

尽管受到了很多批评，该领域最初侧重于职业（profession）的定义以及构成一个职业的特征和特性。随着时间的推移，它在概念上变得更加复杂、更加具有多样性。因此，即使关注的焦点集中在某个特定的职业群体（职业）上，文献资料也已经建立了一个广泛的、不断加强的实证和理论基础，为处理世界各地目前正在努力解决的有关工作的非常关键的问题提供了思路，例如工作的意义和目的（Arnold et al. 2007；Dik et al. 2013）、工作与其他机构（市场、社会和国家）的关系（Fournier 2000）、工作类型的质量（Gallie 2013）、工作组织的后官僚主义形式（Hodgson 2004）、不同类型工作的日益不稳定性（Gill & Pratt 2008）以及工作场所的多样性（Parvis 2003）等。

我们从这些关于职业和工作的一般性研究中得到启发，但是因为我们对评估特定工作范围（技工工作）的变化感兴趣，我们借鉴的文献资料涉及工作界限以及这些界限是如何保持和变化的。这使我们能够评估某个职业工作领域（occupational domain of work）的转变和变化。界限工作（boundary work）和界限对象（boundary object）的概念（Gieryn 1983；Star & Griesemer 1989）以及处理管辖范围（jurisdiction）[①] 概念的职业文献（Abbot 1988，1995；Fournier 2000，2013；Freidson 1989，2001；Lamont & Moinar 2002；Lewis 2012），这些对于我们对职业界限进行概念化特别有用，这是我们在主要项目分析中所强调的。在这里，我们将构成职业工作领域的要素概念化，并通过对采访数据进行编码，寻找这些要素发生变化的证据，那么我们可以判定职业工作领域是否发生了变化。两篇相关的论文比较全面地论述了分析结果（Wildschut & Meyer 2016a，2017），同时也对概念化进行了更详细的探讨。

此外，制定这些技能和能力的背景会显著影响任何一项工作的实践范围。这就是为什么这项研究的一个重要因素是对职业环境进行调查和分析。实践的范围将在这种职业环境中得到实现。研究结合了访谈数据和背景概述，概述中包括劳动力市场分析和组织文件审查。

这种方法在讨论中引入了工作场所中发挥作用的职业竞争、身份、工作和组织决策（文化）等概念，有时会对特定职业群体的技能需求产生非

① 管辖范围（jurisdiction）是关于“展示一个专业或职业所知道的东西（其抽象知识体系），并将其与这个专业或职业所做的事情（其劳动实践）联系起来”（Lewis 2012）。

常深远的影响。我们认为，这提供了一种有效的方法来处理和参与工作变化及其对技能需求的影响。

三个案例分析

该项目是针对重点实践领域和行业部门的关键职业群体的一系列案例研究。实证案例来自三个工业部门的三种职业（汽车行业的机电一体化行业工人、金属部门的机械安装工和采矿行业的电工）。

对于每一个案例，我们都进行了特定职业的文献综述、组织文件综述、劳动力市场供求分析和个人访谈。我们采访了来自南非东开普省、西北省和豪登省 5 个职业类别的 96 名参与者，其中包括 12 名人力资源专业人员、23 名工程专业人员、10 名技术员、34 名技工和 17 名学徒。选择这些重点省份的依据是，汽车行业价值链主要位于东开普省和豪登省，采矿业在西北省，金属业在豪登省。合格的技工和学徒是主要研究对象，但由于变化是相关的，因此相关的职业群体（工程专业人员、人力资源专业人员和技术人员）也包括在样本中。每个案例都提供了关于职业环境和劳动力市场、职业群体之间的工作界限、用于竞争领域的界限对象以及特定领域和部门的职业身份等方面的数据。

三个案例中职业环境的变化及对所需技工技能的影响

我们精心挑选的这三个案例使我们能够调查正在经历不同方面变化的技工职业。第一种是汽车行业的机电一体化，它最近被认定是一个职业，是新兴的多学科实践领域。它代表了高端中级技能，因为机电一体化行业的技工资格是国家资格框架 5 级（传统的技工资格是国家资格框架 4 级），其实践是在高技术部门评估的。第二种是矿业部门的电工，这个传统职业必须在更多技术驱动的工作环境中发挥作用，而行业经济却在苦苦挣扎。第三种是金属部门中的机械安装，是具有较高地位的职业，也必须应对日益增长的技术应用，但是整个金属部门正在衰退。

当我们考虑每个部门的就业数据时，我们会看到职业结构中有趣的变化，这是解释定性证据的重要背景。

南非汽车行业

汽车部门是南非最大的制造业部门，对国民生产总值（GDP）的贡献率为7.5%，占所有制造业出口额的12%（Le Gueren 2017）。尽管该部门在南非的产品创新上贡献非常有限，但它仍然是汽车制造业中的关键一员和全球领导者。该部门大部分为跨国公司所有，这样就将南非纳入全球汽车市场。这意味着南非汽车部门将保持和提高竞争力，遵守国际标准，并与技术和创新保持同步。

南非汽车工业包括汽车生产和组装、汽车零部件生产、零售、分销和服务。它除了直接贡献外，在整个南非经济中具有巨大的乘数效应，许多服务和其他支持部门依赖该行业。它的特点是以生产者为主导的价值链，包括与一系列上游零部件制造商合作的一批车辆组装商（Garisch & Meyer 2015）。目前，价值链的大部分由七家轻型车辆装配商（原始设备制造商，OEM）组成。它们都是跨国公司，主要产品是乘用车和轻型商用车。该行业的价值链如图1所示。

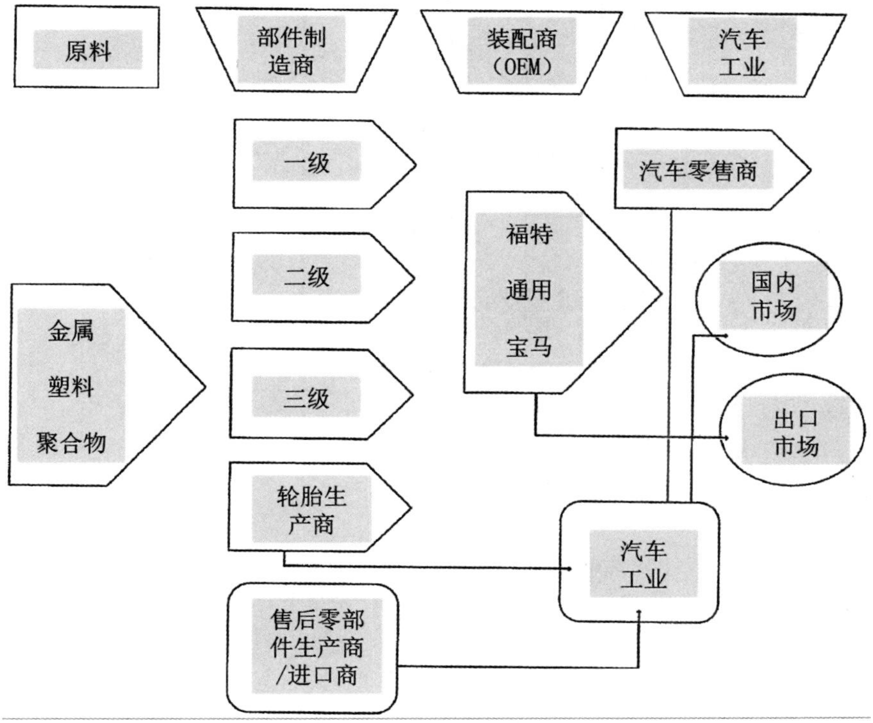

图1　汽车部门价值链示意图

资料来源：Garisch & Meyer（2015）。

在过去的几十年里，南非汽车行业经历了深刻的变化：从非技术和低技能转到高技术和专业技能，从以体力劳动为主转到生产过程高度自动化。因此，与南非国内许多其他工业部门相比，它的汽车工业被认为处于知识、技能和创新的前沿。图 2 显示了该行业 2008 年和 2017 年按主要职业类别分列的就业情况。在此期间，技工和相关职业人员（Crafts and related trades workers，CRT）的占比下降了 9%。车间设备操作工以及装配工（Plant machine operators and assemblers，PMOA）的就业人数大大增加（17%）。目前，车间设备操作工以及装配工岗位人员在部门中所占比最大（39%），而十年前技工所占比例最大，为 27%。这是职业结构的重大变化。

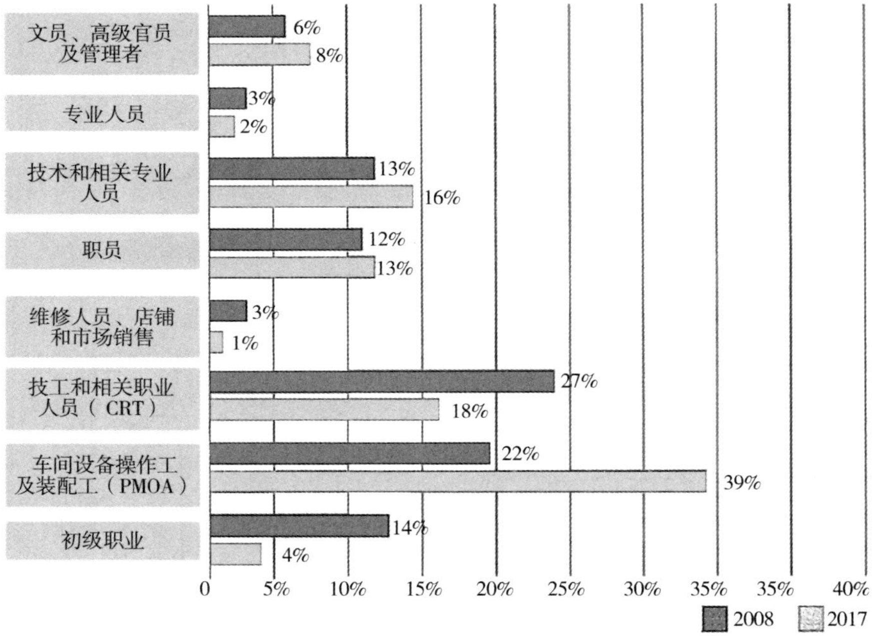

图 2　2008 年和 2017 年南非汽车行业的职业群体就业份额

资料来源：作者根据南非统计局（2008 年、2017 年）数据计算得出。①

① 南非统计局（Stats SA）通过年度调查和季度调查［称为劳动力年度调查（LFS）或劳动力季度调查（QLFS）］获得全国劳动力数据信息。雇用技工的主要职业类别被称为技工和相关职业工人（CRT 工人）。

职业结构的变化与自动化程度不断提高的预期结果保持一致。自动化程度提高需要更多的人员来执行监督、质量控制和管理任务（如专业人员）以及不需要很高技能就能履行工作职责的人员（如PMOA）。从数据趋势来看，技工工作的分散程度也有可能提高。这将允许将岗位上的某些任务或组成部分替换为由低薪的半技术或非技术人员承担。汽车部门和金属部门似乎都是如此（见图3），在这两个部门中，技工和相关职业人员的就业率下降，伴随的是车间设备操作工以及装配工的就业率上升。这一信息表明，该部门对技工技能的需求很低，甚至在下降。

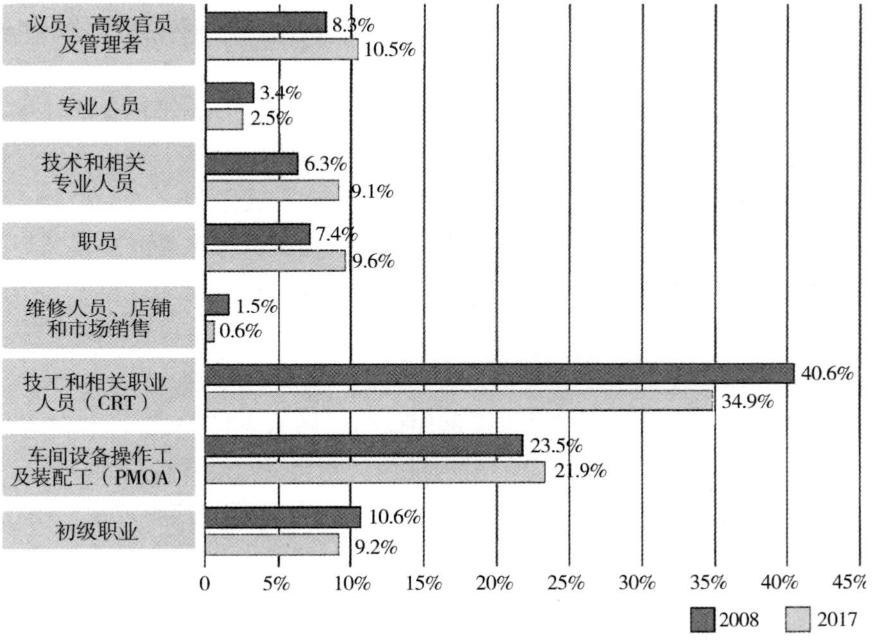

图3　2008年和2017年南非金属部门的职业群体就业份额

资料来源：作者根据南非统计局（2008年、2017年）数据计算得出。

然而，由于汽车部门被定义为南非整体经济中的为数不多的高技术部门之一（Kraak 2009），因此对于行业趋势对技工技能需求的影响可能有一些非常不正常的看法。我们现在简要描述第二个案例，即金属部门中起作用的因素——金属部门是一个更加依赖资源的经济部门。

南非金属部门

南非的金属部门在2009年经济危机受到的冲击尤其严重。虽然一些子行业出现了正增长，但总体而言，这个部门正在艰难复苏，尤其是金属、金属制品、机械和设备子行业。

图3显示了2008年和2017年按主要职业类别分列的金属部门就业情况。随着该部门就业人数的全面减少，其职业概况也发生了显著变化。技术和相关专业类别（technical and associated professionals）在总就业中所占的份额从6.3%增加到9.1%，而初级职业[①]（elementary occupation）从10.6%下降到9.2%。与此同时，管理相关部分岗位（legislators，senior officials and managers）比例从8.3%增加到10.5%，尽管技工和相关职业人员的比例从40.6%下降到34.9%，但他们仍然占该部门就业的最大比例。

与更广泛的制造业部门类似，技术正越来越多地被用于减少金属部门的劳动力规模。雇主提出了一系列理由，一方面反映了他们认为劳动力成本增加而且更不可靠，另一方面反映了他们认为最新技术可能会提高产品质量和稳定性。机械化进程和更高的资本密集度往往会增加对技术和管理技能的需求——2008年至2017年，这两者在金属部门都成比例增长。如前所述，技工工作似乎正在分散，尽管程度不如汽车行业。在金属部门，技工和相关职业人员与半熟练机器操作员的比例从2008年的1.9∶1降至2017年的1.4∶1。在我们考虑这些行业趋势如何以及是否转化为对特定技工技能的需求之前，我们先描述一下南非另一个重要的依赖资源的部门，即采矿业的状况。

南非采矿部门

南非可能不再是黄金和钻石开采的领军者，但它仍然是铂、锰和铬等贵重矿物的最大生产国，也是全球第三大煤炭生产国。采矿业是南非外汇的主要来源，黄金约占出口的33%。[②] 由于仍有一些地区有待矿藏勘探，

---

① 劳动力年度调查（LFS）根据《标准职业分类》，将职业分为九大类。因此，图3按照这些主要类别对金属部门的职业群体进行了细分。

② 普华永道南非咨询公司2017年12月7日表示，南非采矿业价值下降，https://www.consultancy.co.za/news/197/south-african-mining-industry-drops-in-value-says-pwc，2018年12月29日访问。

南非的矿产优势被认为是资源极其丰富，这表明该行业将持续有利于该国的经常账户平衡（贸易和出口），并仍然是一个重要的就业岗位来源。

在2009年朗明（Lonmin）和马里卡纳（Marikana）矿山发生长期罢工和劳工骚乱事件之后，人们对该行业的信心急剧下降，造成了悲惨的后果。2013年的一份矿业跟踪报告称，罢工带来的不确定性导致“从监管和劳工角度来看，南非在国际上被视为一个不稳定的国家”（Deloitte 2013）。根据普华永道（Price Waterhouse Coopers）的一份采矿报告：“劳动力成本占比各不相同，从深层常规矿山总运营成本的60%以上到以露天开采为主的公司总运营成本的30%以下不等。”（PWC 2010）投资积极性不高、持续的劳工纠纷以及持续压低劳动力成本的各种举措，都促使英美资源集团（Anglo American）等现有业主寻求各种方案，包括从提高劳动密集型部门的机械化程度，到直接出售那些劳动力成本较高的业务。这不仅影响采矿业未来可以吸收的员工数量，还意味着对技术型技能组合的需求和依赖程度在增加。

采矿业对南非国内生产总值的贡献率约为18%。然而，作为一个全球参与者，南非面临与南美和澳大利亚等其他矿业经济体的竞争，人们关注有必要提升员工技能，以适应为了保持竞争力而进行的快速机械化带来的挑战（Moodley 2013）。类似采矿资格管理局（Mining Qualifications Authority，MQA）这样的官方培训机构和雇用技工的各个企业已经认识到这一需求，也承认持续培养技工技能的紧迫性。①

技工在采矿业劳动力中占比仍然最大。如图4所示，2017年，技工占31.4%，这与2008年他们所占的比例一致（仅下降1.3%）。虽然车间设备操作工及装配工的雇用率显著下降（-4.3%），但同时初级职业和职员的占比有所增加，分别增加5.1%和3%。职业状况的这一变化与其他部门略有差异。在其他部门，技工就业的减少伴随着车间设备操作工及装配工的增加。在采矿行业，主要的转变发生在车间设备操作工及装配工此类职业和初级职业（见图4）。

① 技工发展，采矿资格管理局（MQA）。https：//www.mqa.org.za/standards-generating-body/artisan-development，2018年12月访问。

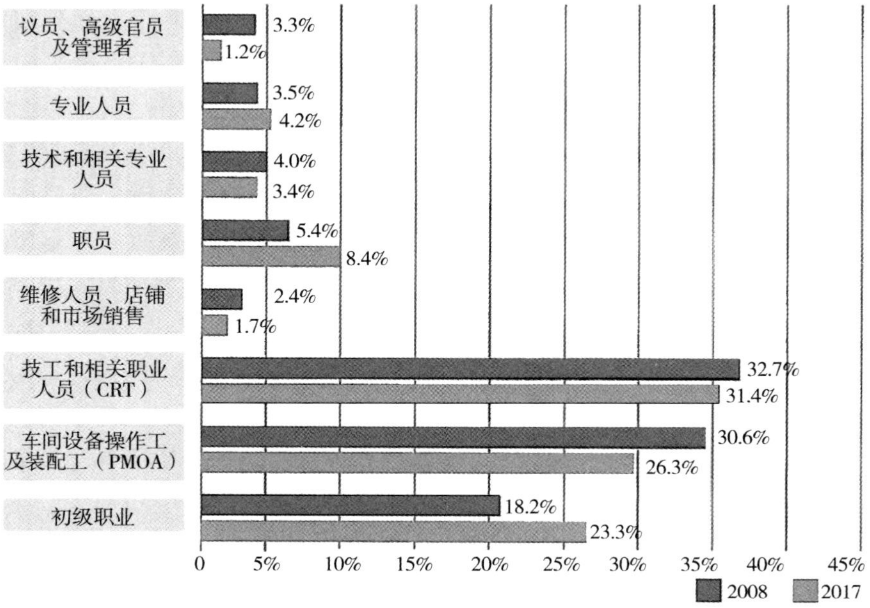

图4　2008 年和 2017 年南非采矿行业的职业群体就业份额

资料来源：作者根据南非统计局（2008 年、2017 年）。

数据计算得出

从上述职业分析来看，南非采矿部门似乎保持了技工的就业率，主要是在车间设备操作工及装配工的职业类别中减少了岗位，同时雇用了更多的初级工人。因此，对就业数据的分析表明，对技工技能的需求保持稳定，而就业分化似乎更有可能发生在车间设备操作工及装配工的层面。

总之，从三个部门综合情况来看，职业状况的变化似乎并不表明对技工技能的总体需求在增长，我们也不确定对具体技工技能的需求会有何种预期。接下来，我们将分享每个案例更深层次的发现。

对技工技能需求的细微影响

虽然在过去的二十年里，工作明显经历了各种形式的变化，但对技能水平的影响并不直接。正如将要论述的那样，根据部门、组织、实践领域和其他因素，本研究将明确表明对技工技能需求的细微影响。

对机电一体化行业工人的需求日益增长且差异性很大

机械和电气工程领域的许多技术流程和产品都表明机械与电子和信息处理的日益融合。这种融合是在组件（硬件）和信息驱动功能（软件）之间进行的，从而产生了被称为机电一体化系统的集成系统。图 5 说明了机电一体化的综合跨学科基础。

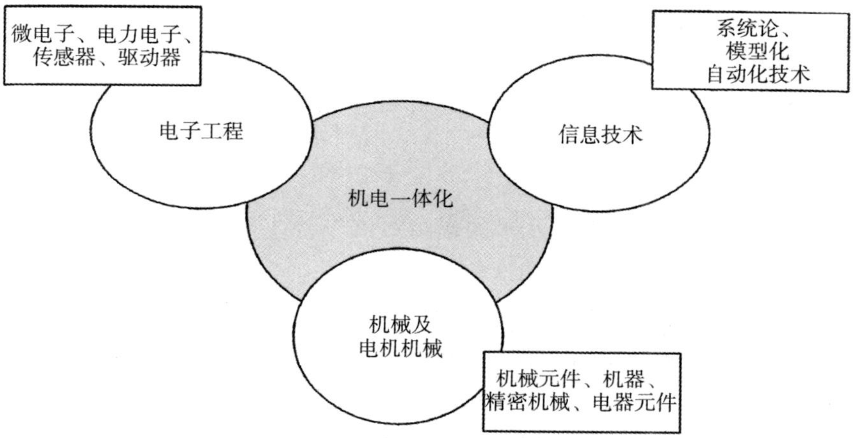

图 5　机电一体化中不同学科的协同融合示意图

资料来源：Isermann（2007：5）。

因此，机电一体化结合了技术含量高和知识密集型的领域，如传统的电气工程、电子工程、机械工程和计算机工程。它涉及“机电系统的计算机控制”（Wolff & Luckett 2013），从而产生“智能功能和特性”（Lyshevski 2002），这在以前是不可能实现的，或是不具成本效益的。① 机电一体化技能被认为是维持我们（南非）的全球地位以及南非汽车行业增长和发展的关键（merSETA 2011）。在未来关键角色的背景下，在职业技能层面设立了专门的机电一体化资格证书，并于 2012 年被承认为是一个技工职业（DHET 2012）。正如一个受访者所说：“你们的电工不再切割它了，因为他

① “机电一体化涉及在基本机械结构、传感器和执行器的实现、自动数字信息处理和整体控制之间找到最佳平衡点，这种协同作用会产生创新的解决方案”（IFAC 机电系统技术委员会 2006，转引自 Isermann 2007：2）。

现在还得为你的机器人提供服务……他必须了解基本的可编程序逻辑控制器（PLC）和程序设计知识，因为现在所有的夹具和卡具都是用PLC控制的。”

机电一体化案例是全球技术创新和发展的完美范例，尤其是基于计算机的技术，如监测控制和数据采集（SCADA）系统、人机界面（HMI）和可编程序逻辑控制器，已经极大地改变了工作环境和生产流程，正如该受访者所证实的：

> 基本上，现在所有的公司都在走自动化路线……一切都变得更加基于软件/硬件……相互连接或集成的。你得到了许多基于可编程序逻辑控制器与你在生产线上运行的硬件组件和其他东西的集成。（人力资源专业人员）

人们一致认为，自动化水平的提高对汽车行业技工所需的知识和技能带来深远的影响。例如，正如这位受访者所说：“在这种环境下，我们需要的人员或技工是多功能的——不管是机器人还是系统、机电还是其他什么。这就是我们选择机电一体化专业资格的原因。”受访者继续解释说，这一资格侧重于编程和机器人技术。

特别是对于机电一体化技工来说，他们需要拓宽跨学科的知识库，提高更高层次的概念/理论知识、分析思维和推理能力，这是一种普遍趋势。受访者认为，这些方面对于帮助技工级的工作人员适应转向以软硬件一体化为基础的系统驱动和更加自动化的生产流程至关重要。与此形成鲜明对比的是，传统上，技工几乎完全依赖于通过多年在职经验获得的情境化知识或实践知识。总而言之，对汽车行业生产环境不断变化的性质的了解越来越深入、越来越广泛，对于技工在日益自动化的未来保持相关的能力和工作效率具有非常重要的意义。

尽管这是整个案例的总体感受，但我们确实发现了企业之间和企业内部机电一体化职业工人的技能要求存在差异。第一，装配厂受到的影响似乎最小，因为工作流程仍然严重依赖人工操作，例如装配组件。在这里，机电一体化职业工人所需的技能类型与自动化程度很高的企业非常不同。第二，即使在生产线自动化已经得到广泛应用的企业里，自动化的影响在车身和喷漆车间表现得最为明显，在那里机器人技术是当今的主流。在这些车间，机电一体化职业工人将被要求要具备更高水平的技能。很明显，样本中所有企业的既定工作场所文化是，内部晋升的模式是技工升到自动化或高技术部门的技师级别的基础是绩效和能力。一位系统工程师受访者的断言表明，这种看法侵犯了技工的传统工作范围，他叹息道，技工要“被剥夺了他们专注于所具有资格的领域”，并被要求做“完全是技师的工作”。

总之，这一案例证实了南非汽车行业技工就业率普遍下降。与此同时，对该部门的技工提出了具有更高技能的普遍要求。尤其是在技工层面对机电一体化技能的需求方面，有证据表明需求可能会增长。然而，这种需求受到企业类型的影响，也受到在企业内部不同部门的生产过程和相关工作组织中自动化程度的影响。

机械安装工技能的持续需求

机械安装工的工作包括使用手动和电动工具，建造和维护工业用重型机械以及指导从事这些活动的工人。为了组装设备，机械安装工还要能看懂工程图纸和技术说明。他们可能还需要使用车床、铣床和磨床来生产定制零件或进行维修。他们职业的基础是建筑技能和应用工程知识的传统，这些传统带来了工业革命期间（约 1760—1840 年）对这类技工的大量需求。他们的技能自然适合管理当时正在开发的日益先进的技术和机械。在许多方面，这个职业被认为是与工程相关的最古老的职业，也是现代机械工程的先驱。

现代对机械安装工的实践标准指导着各种技能要求，比如在精准范围内工作，或者使用各种精密工具达到精度标准。他们目前的工作在很大程度上也受到技术创新的影响，对他们工作中的电气部分影响最大的是生产过程日益提高的计算机化和自动化程度。可编程序逻辑控制器的作用是显而易见的，因为它代表了以前人工控制的生产过程中的重大变革。一位人力资源专业人士表示：“你们的新技术更加依赖计算机。我的意思是你在看可编程序逻辑控制器，你在看人机界面。”设备的电气安装也是机械安装工职责的一部分，而且由于工业机械日益自动化的特性，电子知识也是必不可少的。

在这种情况下，我们发现，虽然全球快速的技术创新和发展推动了自动化程度的提高，部门和国家对这种技术的吸收能力在实际的技工技能要求中仍发挥着关键作用。从访谈数据中可以看出，对于接受访谈的一系列企业来说，在金属部门中它们吸收新技术的能力非常有限。因此，虽然现代技术越来越多地在不同的组织中得到应用，但这是与旧生产设备的持续使用同时存在的。一位金属部门的受访者解释道：

> 有些设备几乎和我的年龄一样大……那样的旧设备真的很难用……这些东西处于这样的状态：如果它在工作，就不要去那里。既不要去碰它，也不要拧螺丝。别管它……我们正在尝试对车间进行现代化改造，但是要做到这一点，我们一次只能改动一小部分，因为这非常昂贵……而且要及时进行。（技术员）

基于这一背景，许多受访者认为，在向更新的生产流程过渡的过程中，机械安装工的技能至关重要，这有助于维护老旧的生产基础设施能运转（这需要加工零件，原因是机器和零件通常已经不再生产了）。因此，在南非金属部门，除了机械安装工所具有的电气/电子集成技能之外，传统的机械加工技能仍然很受欢迎。正如一个受访者所称的："机械安装工了解电气与机械功能的相互联系情况，并且能发现问题的本质，无论是液压机械还是电气的。"

这一案例表明，南非劳动力市场的基础设施现状意味着在未来相当长一段时间内，对机械安装工所拥有的实用的、更传统的维修技能的需求将维持在很高的水平。国家生产部门的性质表明，这些技能对于向更现代的生产形式过渡至关重要。

另一个影响金属部门机械安装工技能需求的重要方面是，在金属部门的大多数企业中，工作组织基本上保持不变。我们发现工作组织倾向于加强技工的传统实践范围。即使他们有兴趣扩展自身的技术技能和知识，他们也很难跨越传统的职业界限。

技术人员和工程师作为知识和专业知识的提供者，他们的地位高于技工，这就明确了职业界限。正如一位机械安装工所说："技术员和工程师必须能够与机械安装工和其他技工交流，并向他们传授知识。"另一个受访者指出了同样的等级制度：

> 一位技工正在润滑设备……其他技工在地板上干一些细活……他们被亲切地称为"在工具上"。专业人员正在做计算、起草等项目工作。技术人员正在分析趋势，并对可编程序逻辑控制器进行编程。

（人力资源专业人员）

通过组织结构图和工作时间表表示的工作组织，在日常工作实践中极大地强化了这种等级制度，一位工程师给出了下列定义：

系统技术人员……负责管理可编程序逻辑控制器。他们下面是仪器技术员。他们负责更底层的——更像是阀门和温度控制之类的东西。在他们下面是机械安装工。然后，在机械安装工下面，你实际上看到的是钳工和其他工种。（工程师）

另一位受访者也证实了这种等级制度。他概述了不同职业群体在解决一项工作相关问题时的责任："技工会首先处理问题，如果问题太复杂，他会找主管或技术人员。如果他们解决不了，部门经理会联系一位工程师过来。"

每个职业类别承担责任的顺序表明了解决问题的复杂程度。技工的职能被认为是等级制度中最基本的，工作越复杂，所需的技能就越高。职业地位的等级不仅是由他们在工作过程中所处的阶段决定的，也由谁执行哪项任务来决定。通过要求他们执行的任务有效地将个人置于相应的职业类别中。正如这位受访者所述，这种情况经常通过金属部门内部的组织文化而加强，他提到了工作场所的做法，以确保不同的职业群体能理解他们在企业工作组织中的地位：

我们有一些助理工程师，我们正在为他们安排竞赛……让他们理解自己的角色定位。你必须为某个目的设计一个电路，然后你把它交给工程师，他会坐下来做这个设计，然后交给技术员，技术员再去做那个电路，然后让技工去把它装进机器里。（人力资源专业人员）

工作中划定的等级制度界定了每个职业群体的工作范围和责任。一方面，技工主要从事维护和故障查找等工作，而工程师则承担规划、设计和其他管理职能。另一方面，当技工们使用行业标准工具箱以及依靠主管或班长指定的任务清单，用双手来完成工作时，工程师们会做更多的思考工作，并在工作过程中使用计算机。他们可以使用的工具或设备以及随后进行的工作，用于对职业群体进行分类，并从本质上定义了每个独立群体所享有的地位。因此，机械安装工很难获得能改变他们工作的技术，并且由这种工作场所话语强化的传统工作组织也趋向限制技术人员和专业人员获得这些技术。

在这种情况下，我们发现两种因素促成了对机械安装工技能的需求持续存在且基本维持不变。第一，样本企业对新技术的低吸收能力意味着——尽管全球趋势可能表明情况并非如此——对机械安装工技能的需求仍然很高。这些企业没有足够的资本快速拥抱新技术，因此不得不在基础设施不健全的情况下维持生产。第二，工作组织仍然依赖于不同职业群体之间传统上划定的界限，从而机械安装工的实践范围和必要技能在很大程度上保持不变。

在考虑了高技术和资源型部门之后，为了说明工作变化如何影响对特定技工技能的需求，我们转向另一个部门中一个非常传统的技工职业：工业电工。该部门在降低成本方面做出了巨大努力。

技工培养文化出现下降迹象

采矿行业的电工，通常称为工业电工，负责安装、测试、维修和维护电气设备。由于电气设备比以往任何时候都更普遍，因此对工业电工的需求量相对较高。虽然掌握基本的电气知识对于在这个行业中出类拔萃至关重要，但那些能接触到基于计算机系统的新技术（比如可编程序逻辑控制器）的电工将更具有优势。专门从事机器人维修的工业电工需求量尤其高。在南非，考虑到不同的采矿类型，培训机构根据以下专业颁发国家电气职业证书：金属矿、露天矿、露天煤矿、露天钻石矿、地下煤矿和地下钻石矿。影响电工工作的主要变化似乎是从电气工作转向电子工作。

采矿业电工的职业环境仍然带有种族和性别不平等的历史特征。南非采矿业有着复杂的社会历史，植根于种族隔离时期的政治制度。对这段历史的回顾说明了该行业如何促进了种族分工，为白人保留了需要技能的和中级水平的工作。[①] 除了种族关系紧张之外，降低劳动力成本的压力也一直是动荡不安和不平等主张的来源。许多人认为，这种遗留问题实际上促

① 直到20世纪50年代，南非职业培训的重点是解决和维护白人的利益（Badroodien 2004a；Webster 1994），非洲黑人被视为廉价劳动力的来源。

进了该部门日益走向机械化和工作分散化。

同金属部门的机械安装工案例一样，采矿部门的大部分受访者认为，过去几年来，该部门对电工的技能需求没有显著变化。例如，一名工程师对技术变革影响电工工作不以为然。他认为，尽管技术发生了变化，电气工作的范围基本保持不变："采矿业没有（变化）。我们仍然在那里确保机器运转。无论是新技术还是老旧技术，我认为我们需要做的和如何做的本质并没有真正改变。"

另一名受访者认为，技术对电工所需技能的影响极小：

> 已经有技术出现，但不多。它带来了一些新的东西，人们得到了培训，也理解了，但它并没有带来太多的变化，如果你看看电工的技能部分，很多东西仍然保持不变，只是在这儿或那儿会有修改，但它不会改变电工这个职业本身的基础。（技工）

虽然采矿部门呈现出金属部门中的一些趋势，但它是一个范例，说明采矿业中某些生产职能的分包和外包趋势日益增长，并对中级技能的需求产生直接影响。该部门特别关注的是利用外包服务来降低成本。受访者们叙述了作为一项削减成本的措施，即矿山将所有新设备安装项目和其他项目外包出去，而这些项目过去是由技工承担的：

> 所以，有一家外面的公司，你叫他们进来，他们就进来，他们看着你需要做的事情。所以技能就正在消失……是啊，承包商们都来了，尤其是当你做大的、重要的工作时。（技工）
>
> 基本上，技工不再负责新设备安装，这很可悲，因为新设备安装那是你真正学习的地方。所有这些事情，你的项目等，都外包给了承包公司。（人力资源专业人员）

另一个受访者进一步强调，这种做法是负面的，因为它导致了技工工作的传统范围的缩小和分散：

> 当供应商进行大型设备安装时，技工们只能在安装后进行简单的维护工作。这引起了人们对采矿部门电工技能发展的关注，其中之一

> 被认为是安装方面的……看起来技能在像设备安装这样的分包过程中被稀释，也流失了。（技工）

另一种观点得到了一位受访者的支持，他表示："技术有害无益……导致工匠技能的下降。"因此，人们有一种强烈的看法：一方面，采矿部门中，技工工作没有受到技术的显著影响；另一方面，就影响工作范围而言，这种影响也是负面的。大多数受访者认为，这表明该部门的企业对培训工匠的投入很低，现在如此，将来也可能如此。

在这些案例中，对技工技能的需求呈现出如此微妙的差异，且在某些情况下似乎有互相矛盾的趋势，那么技能规划方面可以吸取哪些经验教训？

三个工业部门对技工技能的需求如何受到影响

本文概述了几个特定职业中技工工作的职业环境的一些关键要素，以及这些要素如何促使工作性质发生变化。我们发现了一些相同和不同的趋势，与以下结论一致：

> （在南非劳动力市场上）最根本的区别是发达部门（资本密集型产业，投资集中于效率最大化、先进技术和劳动力替代）和欠发达部门（资本密集型程度较低的产业继续依赖于在全球范围内已失去竞争力的半熟练劳动力）之间的差距日益扩大。（Du Toit et al. 2017：4）

机电一体化案例最符合这一结论，因为它说明了一个典型的高科技行业对管理和专业技能的要求越来越高，而中级职业的就业率却在下降。然而，对中级机电一体化技能需求的影响似乎是有限的。访谈数据不仅证实了对机电一体化技能的高需求，而且发现汽车行业的企业内部和企业之间的需求也有很大差异。

然而，机械安装工和工业电工可以被描述为更接近这一情况的另一端。这些案例表明，在我们经济中苦苦挣扎的资源型行业，对技工技能的需求受到企业吸收新技术程度的巨大影响。虽然全球范围内生产性质的变化可能意味着对机械安装工传统技能的需求下降，但在南非，这种技能是向更现代的生产形式过渡的关键因素。即使是在采用新技术的企业里，由于传统的工作组织形式在很大程度上保持不变，机械安装工拓展和深化他们对工作场所贡献的空间似乎也很有限。

与此同时，电工的案例以一种稍微不同的方式突出了职业环境如何调节对技工的需求。在这方面，部门雇用和培训的做法表明，企业更倾向于雇用技能较低的雇员而不是投资于日益增长的技工技能，来作为其职业状况的核心组成部分。在这方面，有人表示关切，这种趋势不仅会影响该部门对技工知识和技能的需求，而且会导致技工进一步去技能化。与此同时，支持和投资技工整体技能发展的工作场所文化日益退化，这对采矿业技工的未来并不是一个好兆头。

虽然研究证据仅来自对技工工作的评价，但研究结果强调了一系列关键之处，可以为决策提供参考，并采取干预措施，更好地协调供求关系。工作变化是复杂的，它与技能需求的关系不是线性的。企业和个人面临的社会和经济选择是技能需求的重要驱动因素，因此理解技能规划政策和决策并为其提供投入是非常重要的。至少，根据卡佩利（Cappelli 2003，2008）的类似主张，要解决某一特定职业的技能发展需求所采取的干预措施应该明确调查该特定部门需求的驱动因素和构成该部门中的企业的特殊性。换句话说，规划工作需要考虑到，对技能的需求会受到社会选择和雇主决定如何组织工作的影响（Kaileberg 2009），正如预计它会受到工作变化的影响一样。

从理论上和概念上来说，本文的一些研究结果基于工作和职业社会学方面的文献，强调了关注组织和职业文化的价值，以实现对企业所需技能的细致理解。本文旨在说明，在建立一种劳动力市场信息系统时，如果认识到工作组织、技能、实践范围和职业身份等问题是技能供求关系的关键，那么就有可能提出各种见解。

南非技工工作和职业的界限及其与不平等的关系

安吉莉克·威尔德舒特（Angelique Wildschut）
塔姆琳·迈耶（Tamlynne Meyer）

南非自 1994 年向民主制过渡以来，表现出低经济增长水平的特征。最近的数据显示劳动力数量在稳步增长（从 2010 年的 1380 万增加到 2014 年的 1510 万）（StatsSA 2010，2014）。然而，岗位增加的速度没有跟上劳动力增长的步伐，官方失业率从 2010 年的 24.9% 上升到 2014 年的 25.1%（StatsSA 2010，2014）。除了高失业率之外，南非家庭收入不平等也在加剧（Reddy et al. 2016）。由于以前处于弱势的人口群体（非洲人、有色人种和印度人/亚洲人）、[①] 青年（15—34 岁）和妇女在劳动力市场上的收入更低，这些社会群体也首当其冲地受到物质匮乏和贫困的影响。

在这种经济和劳动力市场的背景下，南非政府把重点放在创造就业机会和提高国家整体技能水平的举措上。以前的努力，如 2004 年的“加速和共享增长倡议”（Accelerated and Shared Growth Initiative，Asgisa）和 2006 年的“优先技能获取联合倡议”（Joint Initiative on Priority Skills Acquisition，Jipsa），有助于理解经济增长的制约因素，其中中级技工和技术技能的短缺被确定为关键因素（DHET 2013a；Mukora 2009）。因此，自 1994 年以来，技能发展的一个关键点是改善获得技工技能[②]和职业的机会。

政府致力于促进技工发展，2013 年被宣布为“技工年”（DHET

---

① 利用种族作为标识符是有争议的，但这些分类对于跟踪南非的转型仍然很重要。量化劳动力市场分析区分为四个群体：黑人/非洲人、白人、有色人种和印度/亚洲人。

② 在许多国家，“工匠”（artisan）一词被用来描述与传统艺术或手工艺有关的手工艺人。在南非，“artisan”的概念与特定类型的行业工作密切相关，其技能与手工劳动密切相关。本书中“artisan”译为技工。

2013b），第二年，随着“十年技工”计划（DHET 2014）的宣布，2014 年被提升为十年计划的重点年份。2014 年，估计南非每年培养 14000 名技工。如南非国家发展计划（NDP）所概述的那样，这项计划的目标是使这一数字达到每年再增加 1000 人，到 2030 年每年培养 30000 名技工（DHET 2014）。

在种族隔离制度下，南非黑人被系统性地剥夺了获得技能发展的机会，导致大多数公民的技能发展不足（Office of the Presidency 2010）。南非的技工工作和技能尤其如此：它与奴隶制联系在一起，经历了被剥削的历史，种族隔离制度下被作为社会工程工具（Wedekind 2013b），与有限的职业和技术职业相关联（Akoojee et al. 2013），与专业资格和工作相比，其低下地位类似于欧洲的情况。

对于南非来说，改善获得工作和培训的机会显然具有重要的经济意义和社会意义。从目前的情况来看，一些成功之处值得注意。在“优先技能获取联合倡议”的支持下，接受技工培训的人数大幅增加，从每年 5600 人（基于 2000—2006 年的数据）增加到每年 10100 人（基于 2006—2009 年的数据）（Office of the Presidency 2010）。从最近的数字来看，与参加其他形式的教育和培训（例如，2013 年高等教育中的 983698 人和 2011 年参加继续教育和培训 FET 的 396819 人）相比，技工技能培训规模虽然很小（见表 1）（Sheppard & Ntenga 2015），但是人数在增长。

表 1　2011/2012 年至 2014/2015 年南非技工学习项目注册和完成情况

单位：人

技工学习项目	2011/2012	2012/2013	2013/2014	2014/2015	百分比变化（%）
入学	24415	21849	27670	28302	16
完成	14023	15277	18110	14389	3

资料来源：作者基于 DHET（2016）数据的统计。

2005/2006 年至 2009/2010 年的评估也得出结论，培训体系在种族、年龄和性别方面为更大比例的南非人口提供了更多的培训机会（Kruss, Wildschut et al. 2012）。然而，最近的一些指标显示，参加和完成技工学习项目的平均年龄有所上升，这就提出了青年人接受教育和培训的机会是否正在恶化的问题（见表 2）。

表 2 2009/2010 年至 2014/2015 年期间南非参加技工学习项目的指标变化情况

单位：人

	黑人（%）		性别（男：女）		平均年龄（岁）	
	2009/2010	2014/2015	2009/2010	2014/2015	2009/2010	2014/2015
入学	72	86	0. 19	0. 42	26. 29	27. 84
完成	67	78	0. 18	0. 2	27. 96	30. 88

资料来源：改编自 Wildschut et al. （2017）。

粗略看一下 2008 年至 2015 年间正规劳动力市场的技工就业情况，[①]也发现有一些成功之处。虽然就业收缩是这一时期南非技工环境的特征，[②]但我们发现基于种族的不平等程度在下降。非洲工人的代表性不足和有色人种工人的代表性过高现象仍然存在于技工就业中，但代表性过高和过低的程度都有所下降（见图 1）。

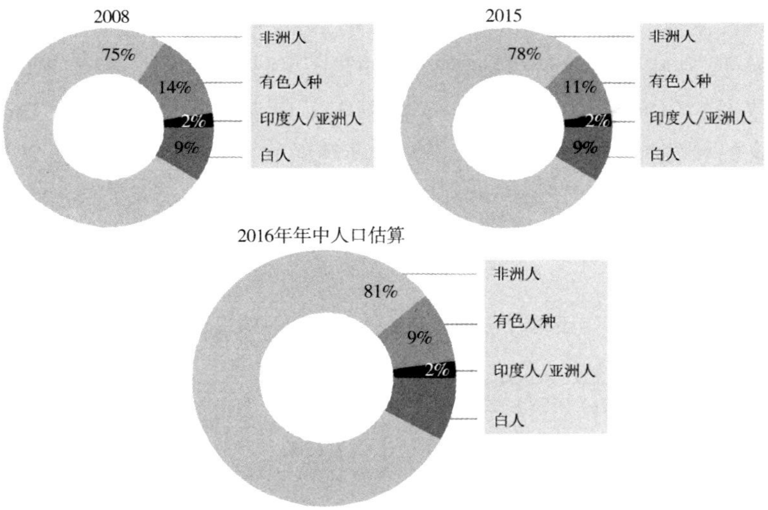

图 1　2008 年和 2015 年按种族分列的技工和相关职业人员（CRT）的就业情况，并与人口数字相比较

资料来源：作者根据 Stats SA（2008，2015，2016）数据的计算结果。

① 南非统计局（Stats SA）通过年度调查和季度调查［称为劳动力年度调查（LFS）或劳动力季度调查（QLFS）］获得全国劳动力数据信息。雇用技工的主要职业类别被称为技工和相关职业工人（CRT 工人）。

② 2008—2015 年期间，南非矿业和农业部门持续衰退、建筑部门就业增长率低、再加上经济严重偏向高技能，意味着同期该国劳动力市场上正规和非正规就业损失最大的是 CRT 工人。

15—34 岁的青年群体占南非人口总数的三分之一。重要的是要确定这一群体在获得技工工作方面的情况。我们发现，这一群体为正增长（42%—44%），主要是由其中 25—34 岁年龄段的就业增长推动的（见图 2）。这远远低于 2014 年全国范围内更广泛的青年群体（15—34 岁）的就业可比数字（54.8%），而这一数字本身就非常低。总体而言，这表明青年群体获得技工就业的机会增长有限。

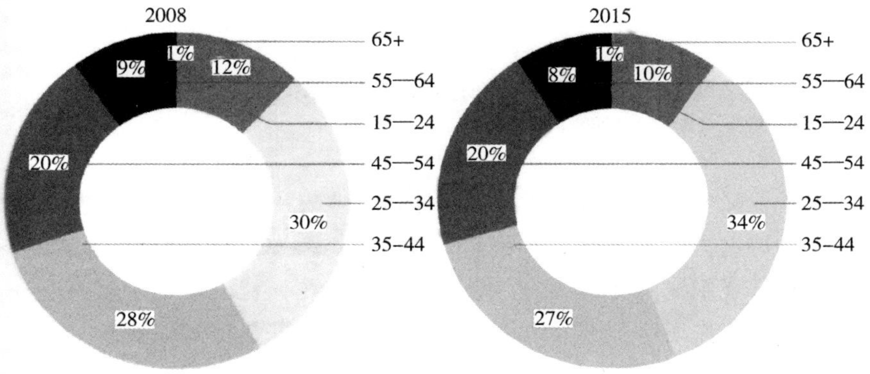

图 2　2008 年和 2015 年按年龄分列的技工和相关职业人员的就业情况

资料来源：Stats SA（2008，2015）。

技工就业中的性别不平等现象持续存在，在过去几年中甚至有所加剧（见图 3）。这与“南非劳动力调查”（Labour Force Survey，LFS）2011 年的调查数据一致，女性在技工就业中的总比例为 10%。在技工就业的四个主要子类别中，女性在“其他技工和相关职业”类别中的比例最高（41%），其余三个类别中，男性比例远高于 80%，分别是精密、手工业、印刷和相关职业（83%）；采掘和建筑行业（96%）；金属、机械和相关行业（97%）（Wildschut et al. 2015）。

虽然在过去十年中获得技工培训的机会有所增加，但令人担忧的是，特定社会群体进入劳动力市场受到限制。克鲁斯等使用追踪研究方法证实，虽然学徒制度可以有效地支持向稳定就业过渡，但女性、社会经济地位低的人群、非洲人和受教育程度低的人群最不可能获得积极的就业结果，也最有可能经历更复杂的“之”字形的就业轨迹。

是什么让技工职业成为男性或白人更容易接受的职业？此外，即使在

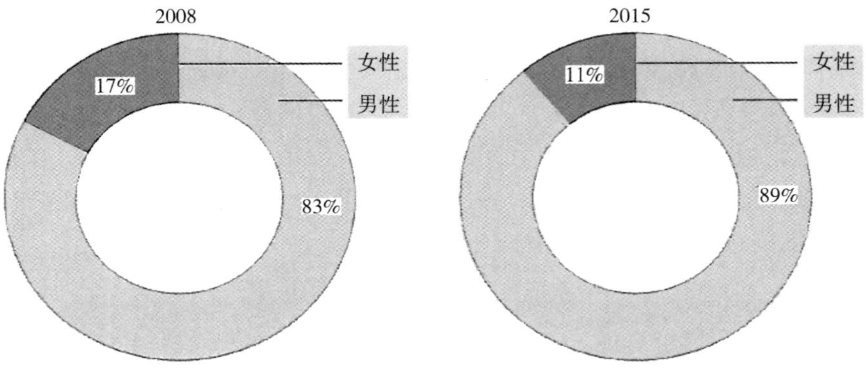

图3　2008 年和 2015 年按性别分列的技工和相关职业人员的就业情况

资料来源：Stats SA（2008，2015）。

克服了就业障碍之后，为什么某些群体在职业发展、薪酬、代表性甚至工作场所的待遇方面继续遭受不平等待遇？换句话说，不平等现象是如何在日常工作环境中建立和维持的？要回答这个问题，就不需要过多关注许多研究文献中工作场所不平等现象的量化表现，而需要更多地揭示某些与技工劳动和职业相关的特定社会群体受到排斥和包容的过程。为此，本文借鉴 2012 年至 2016 年间进行的一项研究，它试图研究南非技工的环境和身份。

文献综述：概念与理论

我们简要解释用于项目调查的主要概念的理论基础，同时也开始阐述本研究对文献的贡献。本项目研究了技工工作环境和身份，探讨了人们如何理解以及界定“技工”概念和其他工作形式。

在采用职业界限（occupational boundaries）概念时，我们非常明确地借鉴了工作和职业社会学方面的文献研究资料（Evetts 2003；Fournier 2000）。专业（profession）是在很长一段时间内成功地主张为社会提供某些服务和执行某些任务的专有权利的职业（occupation）。有关职业领域的争论是文献中广泛探讨的一个问题，被认为是最直接地处理各种工作中的界限以及界限与职业描述的关系（Lamont & Moinar 2002）。阿伯特（Abbott 1988，1995）、弗莱德森（Freidson 1989，2001）、斯达和格里塞默（Star & Griesemer 1989）以及基林（Gieryn 1983）的研究尤其突出。这里主要关注的是知识库的特殊性（Eraut 1985；Gieryn 1983）、知识和界限之间的联系（Carlile 2002）、工作组织和劳动分工，支持不同职业的技能、与职业实践范围相关的任务和目标、与身份构成的联系等。

福尼尔（Fournier 2000）主张，建立和维持一个工作领域需要成功的竞争和确立职业界限，这将允许对劳动力市场中的知识（或）实践领域进行控制。刘易斯（Lewis 2012）也提出了类似的主张。他指出，管辖范围（jurisdiction）是关于展示一个专业或职业所了解的知识（抽象知识体系），并将其与该专业或职业所做的事情（劳动实践）联系起来。

我们通过成功地提出一种抽象知识体系并将其与不同的劳动实践联系起来，从而定义了职业界限，并在此过程中界定了属于某种特定职业群体的工作领域。为了表示抽象知识体系，我们选择了技能（skills）和知识（knowledge）的概念。许多人认为区分知（knowing）与行（doing）是不合适的。虽然我们同意这种观点，但在本研究中，我们确实在概念上做了区分，区分了技工应该知道什么和做什么。在使用技能和知识这两个概念时，我们强调，在建立学科和知识领域以及它们与职业描述的关系中，符号相关性和话语性工作是很关键的。为了表示劳动实践，我们选择了工具、材料和工作组织的概念（见图4）。正如甘布乐（Gamble）所说："工作可以被描述为一个劳动过程，它是通过劳动分工（或工作组织方式）、使用的工具或技术以及使用的材料之间的关系而产生的……这种三方关系是区分一种职业与另一种职业的传统方式……以这种方式理解工作的价值仍然是无可争议的。"（2016b：5）

图4说明了相对于技术人员而言，技工工作的概念化的职业领域以及构成这些领域的要素。

我们认为，这种概念化的研究方法开始填补与一些概念相关的理论和方法上的空白。第一，概念化提供了机会，可以更密切地联系有关社会身份和界限的工作——经常被认为是研究文献中的一个弱点（Lamont&Molnar 2002）。第二，它有助于研究工作场所的界限，说明不太为人所知的一些职业在延续不平等现象时所扮演的角色。在这种概念化中，我们不认为界限的确立是一种固定的或处于一种终结的状态，而认为它是一个过程，而构成一个工作领域的一系列要素会改变这个过程。我们认为这一概念超越了弗莱德森（Freidson 1989）和特雷诺（Traynor 2009）的研究，同时也引起了人们关注职业之间界限的客观和主观维度之间的相互作用。

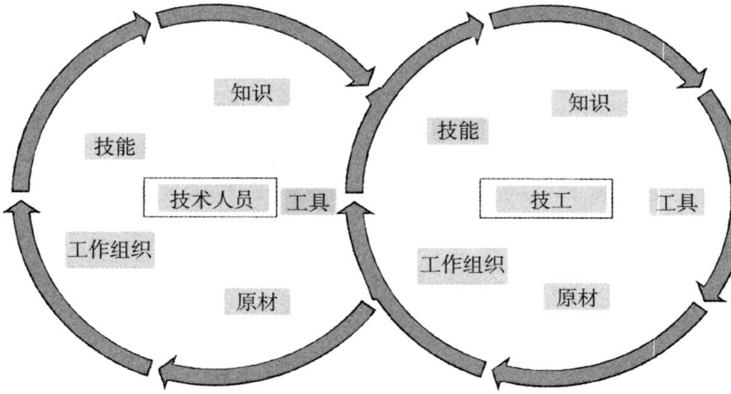

图4　调查不同职业之间界限变化的工作概念框架示意图

研究设计、方法和样本

由于本研究项目关注的是什么构成了一个工作职业领域以及如何将其与其他工作领域区分开来，因此研究设计为重点实践领域和工业部门中关键职业群体的一组案例研究。样本中的重点是合格的技工和学徒，但也包括相关职业群体：工程专业人员、人力资源专业人员和技术人员。案例研究包括特定职业背景概述、组织文件综述、劳动力市场供求分析和个人访谈。

样本由96名参与者组成：12名人力资源专业人员、23名工程专业人员、10名技术人员、34名技工和17名学徒。每次采访采用半结构化的形式，都在现场进行录音。录音文件进行逐字转写，内容上传到Nvivo软件（第11版），对数据进行编码。

案例1　汽车部门的机电一体化职业工人。机电一体化结合了传统的电气工程、电子工程、机械工程和计算机工程。南非最近设立了职业技能层次的机电一体化专业资格，并确认其为技工职业。当前的机电一体化工作人员包括工程专业人员、技术人员和技工，尽管他们本应被训练成通才。因此，人们可以把两类人员区分开来：在机电一体化领域工作但有传统行业资格的技工（如电工或钳工、车工）和机电一体化学徒，后者正在被培养为在这一领域工作的职业技能层面的理想职能人员。

案例2　金属部门的机械安装工。机械安装工的工作包括建造和维护工业用重型机械和电气/电子的设备安装。他们必须能够拆卸和检修机械和设备，全面了解他们使用的设备的承载能力以及装配机械的图纸和技术说明。在这一领域发挥作用的主要职业群体是技术人员、机械安装工和其他通才技工（如装配工、车工和电工）。过去几年里，机械安装工的工作受到了来自他们工作中电气部分变化的巨大影响。

案例 3　采矿部门的电工。他们通常被称为工业电工。他们的工作包括测试、修理和维护电气设备。在采矿部门，电气工作和培训内容包括基线风险评估、基本面板布线、故障查找和安装，还包括使用电子和可编程序逻辑控制器（PLCs）等新技术。在这一实践领域发挥作用的主要群体似乎是电气学徒、合格的技工和电气工程专业人员。

为了提高可靠性，有至少两名研究人员对每个案例进行三个维度的编码。首先，对描述性数据进行分类，将人员统计数据与每份转写文件联系起来，这样，当在特定节点/主题上对引语进行编码时，就包含了这些信息。其次，关于项目目标，我们对描述构成职业领域元素的实例进行编码。最后，由于社会差异成为构建职业工作领域的关键因素，在所有案例中我们对参与者在被要求描述他们的工作以及技工工作时暗指种族、性别、语言和年龄等方面的情况进行了系统编码。我们使用 Nvivo 软件查询搜索功能，为与这四个关键变量中的每一个相关联的特定术语进行了编码（见表 3）。

表 3　**社会差异编码逻辑**

社会差异	编码	参与者数量	编码参考数量	编码参考总数量
年龄	年轻的（young）	43	27	48
	更年轻的（younger）	23	22	
	年老的（old）	67	7	
	年龄更大的（older）	41	5	
	年龄（age）	39	4	
	一代（generation）	13		
	年轻人（youngsters）	9		

续表

社会差异	编码	参与者数量	编码参考数量	编码参考总数量
语言	英语（English）	14	5	10
	南非荷兰语（Afrikaans）	11	6	
	科萨语（isiXhosa）	5	4	
	祖鲁语（isiZulu）	1	0	
	塞索托语（Sesotho）	3	1	
	塞茨瓦纳语（Setswana）	1		
	语言（language）	20	3	
性别	女性（women）	8	7	51
	男性（men）	9	6	
	男（male）	13	9	
	女（female）	12	4	
	性别（gender）	12	27	
	女士（lady）	14	8	
	女士们（ladies）	11	14	
	女性（woman）	11	17	
种族	黑人（black）	21	19	36
	白人（white）	24	23	
	有色人种（coloured）	4	3	
	印度人（Indian）	1		
	非洲人（African）	9	0	
	种族（race）	14	5	
	种族主义者（racist）	1	2	
	文化（culture）	14	2	
	心态（mentality）	8	4	
	种族主义（racism）	6	4	

这使我们能够确定提到某个代码的参与者数量，以及有多少提及的内容是与某个特定方面相关的。在这个阶段，我们合并了某些密切相关的代

码，如“老的”（old）和“更老的”（older）。最终，我们把所有的单个代码都整理成更广泛的社会差异变量。例如，年龄这个父节点/主题由 7 个子节点/代码组成：“年轻的”（young）、“更年轻的”（younger）、“年老的”（old）、“年龄更大的”（older）、“年龄”（age）、“一代”（generation）、“年轻人”（youngsters）等，在这个主题下对提及的 48 次内容进行编码。然后我们处理了这组最终数据。表 3 反映了社会差异的编码逻辑。编码策略因此包括开放式编码和轴向编码（Strauss & Corbin 1990）。

本文重点介绍跨案例分析中的主要发现。由于篇幅所限，我们无法深入探讨每个案例中的细微差别。然而，我们在提供的数据中特地引用了案例和职业群体信息。

调查结果：南非职业群体之间界限的构建

在南非，种族、性别、语言和年龄成为构建和竞争职业界限的重要基础。所有职业群体都在维持获得技工工作的结构性不平等方面发挥了作用。我们没有想到，在要求个人描述他们的工作及其与另一种职业的关系时，他们会提到社会差异，这就批判性地说明了南非在获得技工工作和职业方面普遍存在不平等现象。

技工工作的性别化问题

按性别划分职业的一个基础是生物论述，它集中于女性的身体能力（高矮、胖瘦、力量），主张某些工作任务更适合由男性承担（Messing et al. 2000）。虽然这一观点在采矿行业的电工案例中得到最明确的论述，[①] 但研究发现，在所有案例中，都采用性别化的话语来构建技工工作的概念。

一些人明确断言技工是男性从事的工作，而另一些则暗示妇女在体力上无法胜任技工工作。例如，针对越来越多的女性从事技工工作，一名参与者说：“如果我们选择了错误的人，你在系统中拥有的将永远是错误的人……我们现在正与女性做斗争。”另一部门的一位参与者指出：“这是一个男人的世界。”（采矿业的技工）还有一位受访者持相同观点：“他们

① 南非新的采矿立法，如《矿产和石油资源开发法案》（2002 年第 28 号）和《南非采矿业基础广泛的社会经济赋权宪章》（《采矿宪章》），不仅禁止排斥妇女，而且要求企业通过设定目标积极改变其人口统计特征概况（Botha 2016）。

（指的是女性）可能对体力劳动不感兴趣。”汽车部门的另一位参与者说：

> 我让其中三个人（指的是女性）去拿扳手，然而我不得不叫其他人去做，这样她们就能看到你是怎么做的，在这些人告诉她们怎么做之后，她们三个最大的问题是她们拿不起扳手。（汽车部门的技工）

另一个部门的一名受访者提到，由于妇女的体型，她们无法从事某些与技工劳动相关的工作：

> 我发现女人的唯一问题是，当你使用重型设备时，比如开关装置，你知道吗？……一位女士正在做我们称之为“定相”的任务，然后出现了一个问题，但是她就像这样（指体型“苗条”），现在她需要移动的这个开关装置是大约这个尺寸（指尺寸大）。（采矿部门的工程师）

主张妇女更适合从事某些种类的技工工作，而不是其他工作，在维持这种性别化的话语方面发挥了作用。在这里，人们通常认为女性力量较弱、体型较小，如果女性要成为技工，她们更适合从事某些技工职业。这种现象被称为内部隔离（internal segregation）（Crompton & Lyonette 2011；Glover & Kirton 2006），它会导致女性在某个职业中集中处于地位较低的专业领域。

例如，我们发现机械安装工案例中的一位技工说：“我看不到一位女士承担机械安装工的工作。电工的工作，是可以的，但不是机械安装工。”另一位解释道：

> 身材娇小的女士们……她们甚至比看上去体型更小，然后她们来做机械安装工，我的意思是她们甚至不能拿起一个60磅的锤子……所以在一天结束的时候，她们依靠其他人来做这件工作，这也是为什么会有其他麻烦。这就是原因……我不明白他们为什么让女士们进来。我想电工们不需要使用那么重的工具，所以电工方面我会说可以，但要做机械安装工，我认为她们不行，这绝对不行……然后要谈到解决问题，她们得与它斗争，因为她们得依靠别人的帮助。（金属部门的技工）

保持这种论述的另一种方式是在谈论工作时提到妇女的生育责任。许多文献表明，由于妇女因怀孕和抚养子女而不得不休假，因此与男性相比，雇主不太愿意雇用和培训女性（Rao et al. 1999）。这是关于技工工作讨论的一部分，一名受访者在回答关于招聘的问题时断言："……所以，我们今年在培训师和设备方面浪费了很多资金……仅仅因为你们没有采取避孕措施。"

安全和卫生也成为采矿部门女性工作人员面临的真正挑战。她们的说法也指出了女性从事技工工作的影响和采取真正措施方面的问题。一位受访者说："……所以，如果你需要去洗手间，你需要在那里找到一个非常昏暗的地方，你必须非常信任一个人来给你看门。"另一位受访者说道：

> 在地下工作的女性员工的工作条件非常艰苦，她们不得不背着沉重的救生设备走很长的路（3 公里）。环境也不好，因为空间有限，有时没有水，或者你不得不步行很远去取水，你会脱水……想象一下你是一个女人……你会想要孩子吗？（采矿部门技工）

麦克林和罗齐尔在他们对男性理疗师的研究中，注意到对"典型的'男性特征'描述包括：知识渊博、聪明的问题解决者、分析能力强、坚定自信、动手能力强、独立、熟练的诊断专家、高效和技术能力强等"（Maclean & Rozier 2009：300）。当参与者被要求描述技工工作时，诸如"动手能力强""技术能力强"和"诊断熟练"等短语经常被使用。

技工工作的老龄歧视和种族化现象

历史上，技工培训和就业是白人男性的专利。这一点得到了诸如工作和工资色条（Webster et al. 1994）等法律的支持。该法案在 19 世纪后期至 20 世纪初期为非洲劳工设定了工资上限，并禁止雇用非洲人从事技术性和监督性工作。这种历史性的立法、政治和经济背景形成了一种非常强大的职业文化，[①] 它延续了白人男性最适合技工工作的观念，尽管方式不那么公开。

---

① 此处我们把职业文化称为职业群体各成员的共同价值观，表现为工作中的行为和实践（Johnson & Koh 2009）。

对于当今技工工作的概念来说，这一点之所以重要，是因为考虑到南非的历史，目前技工和学徒之间的动态很可能由两个属性（白人/男性）来描述，这意味着最有可能找到一位年长的白人男性技工必须指导和教导一位年轻的黑人男性学徒（Wildschut et al. 2015）。虽然我们期望可以用这种动态来描述合格的技工和学徒之间的关系，但我们并不期望它对于描述技工工作来说是扮演重要的角色。

我们发现，与年轻的黑人技工相比，这种话语倾向于将年长的白人技工描绘成忠诚而且工作质量高。一名参与者声称："白人技工倾向于待在工厂，而且很忠诚。"另一名受访者声称年轻技工的工作质量较差："老一代遵循以前更长的培训路线才成为技工。年轻技工经过 18 个月的培训后，并不总是足够成熟，无法面对工作环境……"另一个部门的一名参与者也认同这种说法，他声称："现在有资格的这些人，他们中的很多人，我会说他们没有达到他们应该具有的水平。"

种族和年龄的交汇构成了技工工作的概念，导致了一种职业文化。这种文化通常被认为是消极的，不欢迎进入该职业的新员工。在许多情况下，经验丰富的年长技工（可能是白人）被认为不愿意帮助年轻的技工（可能是黑人）。一位学徒说："我可以说他们（年长的工匠）是自私的，他们只是想让他们自己保留信息，从不和我们分享。"另一名受访者对此表示支持，称一些年纪较大的技工在遇到年轻技工求助时反应不佳，往往不愿意提供帮助：

> 我的意思是，他们知道这些人很忙，有时他们很粗鲁，因为他们觉得：为什么我不是老师，我没有学习过教学，我学的是电气，为什么你要问我。这真的就是你从人们尤其是年龄大的技工那里得到的答案。（汽车部门工程师）

一些人断言这仅仅与两代人之间的冲突有关，而无关种族冲突。一名受访者指出，年长的技工往往抗拒变革，他们对年轻技工的反应是基于他们感到自己的工作保障受到威胁这一事实：

> 不，我并不认为这是针对个人的，但是他们抵制变革的事情之一，他们已经习惯了……旧的方式，他们觉得如果一个新的家伙进

来，他会改变这个、改变那个。他们中一些人已经经历了数百次改变，所以他们就是喜欢这样。同样另一个因素，也是他们自身的成长。（金属部门技工）

另一位受访者附和了这种观点，他说："人们总是担心他会取代我的位置，所以我必须在他占据我的工作之就毁掉他……"但其他人认为，种族主义依然在工作场所根深蒂固：

首先，假设你知道种族主义，他们将永远存在于矿井中。有很多很多白人，所以在某个地方，某种方式，他们不会对你好……（采矿部门技工）

这儿的文化，是因为我检查它的方式，在这里……我们仍然有那种心态，这是黑的，这是白的，他可以得到这个，他可以得到那个。我们仍然有这种心态……（金属部门技工）

围绕语言角色的研究结果重申，种族和年龄的交汇限制了人们获得技工工作的机会。

技工工作中的语言歧视现象

工作场所中语言歧视有多种形式，但通常是指基于个人或群体的口音、词汇量和语法等语言特征而对他们的不公平待遇。它还包括一个人有没有能力使用这一种语言而不是另一种语言。

技工培训的核心是由一名合格的技工发挥密切的指导和监督作用。如前所述，在南非，讲南非荷兰语的年长白人男性很可能不得不教导一个讲一种非洲语言（如科萨语或祖鲁语）的年轻黑人男性。这不仅影响技能的学习的效果，还凸显了一系列社会差异的描述如何相互交织，从而阻碍真正获得技工培训以及就业机会。

例如，在这方面，一名受访者描述了一位技工和他的学徒之间可能出现的语言动态情况：

我们国家充满多样性，所以有时候你用南非荷兰语说……这家伙也许是科萨人，他不懂南非荷兰语……所以交流是以介于两种语言之

> 间的语言来进行的，英语……我很幸运，我懂一点索托语和茨瓦纳语，所以我能很好地交流。（采矿部门技工）

另一位受访者承认跨越语言障碍进行交流时存在困难，以及这可能如何使一些技工在工作场所面临交流障碍。他非常清楚，他能够说南非荷兰语，在提到“他们的语言”时，使他相对于其他黑人技工来说处于优势地位：“我会说有区别，但我的情况是不同的。你知道，我实际上来自于自由邦省……我和白人一起长大。我会说南非荷兰语。我知道他们是什么样的人，所以我已经习惯了。”

语言障碍也导致年轻的黑人学徒被认为能力低下。许多受访者意识到他们被贴上懒惰的标签，因为他们并不能总是理解年长技工在说什么，尤其是当他们用南非荷兰语交流时：“但是在车间里……这是当我们老板，他习惯说南非荷兰语，忘记了其他一些人他们听不懂，出去时没有听到他说什么，回家他很懒或者他害怕问：嘿，伙计，我们不能用这种语言吗？”

另一个学徒分享了他的经历：

> 有时你会发现你不明白，也许那个人在和你说话。更特别是，当涉及语言部分时，因为有些工作人员……我是科萨人，另一个是伦古人（指的是白人），另一个是有色人种——所以有些词你可能不明白，但他能理解。因为科萨人不会完全明白；也许他说的是南非荷兰语，有些单词我听不懂，所以，有时它会成为一个问题，因为，假设有一个故障，用南非荷兰语说点什么，我必须考虑一下他在说什么或问什么？有时候你去了又回来，不，我是这么说的。也许他是通过无线对讲机说的……所以你不明白他在说什么？当你试图问：你在说什么？（然后你听到那个人说）这个人很愚蠢，你明白吗？（汽车部门学徒）。

这些证据充分表明，在工作场所中，真正获得技工工作和职业方面仍然存在不平等现象。

调查结果：讨论和结论

本研究旨在了解研究期间（2012—2016 年）南非技工的职业环境和身份。重点是确定技工工作领域的构成情况，以及如何将其与其他工作领域区分开来。分析工作场所不同职业群体之间的话语实践，强调了性别、年龄和语言如何继续构建技工职业及其相关工作领域的概念。我们认为，这导致女性、青年和不以英语为第一语言的人群在技工培训和工作中受到排斥。

发现社会差异，为工作的职业领域的建设和争论提供信息并不是一个新的贡献。关于工作的经济关系和社会关系的研究考虑了广泛的不平等现象以及这些现象如何在机构组织中的各种职业中产生（Greckhamer 2011；Griffiths & Lambert 2011；Weeden 2002）。然而，尽管我们似乎充分理解这些不平等现象的量化表现（Adesina 2000；Sheppard 2012），我们对职业不平等含义的理解仍然存在空白（Bol 2016）。我们对工作中不平等现象长期存在的社会相关性以及不平等是如何在日常工作实践中产生的还知之甚少（Tholen 2016）。虽然职业社会学在一些职业中更明确地处理这些问题（Saks 2015；Svarc 2015），但差距仍然存在，因为依然缺乏对一些不太出名的职业进行调查研究以及对职业和专业人员的社会学研究往往采取的是欧洲中心主义视角（Adams 2015）。

南非有一些论述劳动力市场不平等问题的研究文献，但即使这样，也是倾向于定量研究，也侧重于较成熟职业中不平等现象的社会学方面的研究，从而更凸显国际文献的缺陷（Marks 1994；Walker 2003，2005）。历史上大多数职业非洲人和女性无法从事，导致了劳动力市场的种族歧视和性别偏见，但对那些未被视为专业的职业知之甚少。

我们认为，本文对上述文献资料的贡献在于：一是，强调不平等是如何在不太为人所知的职业和工作领域中产生的。二是，支持继续揭露不平等现象在工作场所表现的基础，这是重要的，目的是以一种有意义的方式改变这些不平等现象。

进行研究从而更明确地探索工作场所界限对南非很重要。此外，由于全球社会面临着日益加剧和/或新形式的不平等现象，对于研究工作的社会关系和经济关系的学者来说，重要的是要做三件事。第一，他们应该继续倡导和重新审视对关键实证建构的理解，如工作和职业（Hatton 2015；Kalieberg 2009；Kurtz 2009；Standing 2009）。在这里，界限的概念在揭示变化方面可能特别有用，但连续性也是如此，最近关于职业管辖权、边界和职业界限的论文数量激增就证明了这一点（Gough et al. 2014；Heite 2012；King et al. 2015；Kroezen et al. 2013；Lewis 2012；Miller 2014）。第二，要继续发现并试图理解社会封闭机制在不同劳动力市场中的表现。第三，我们应该将我们的研究视野从更传统职业中的不平等现象扩大到其他不太为人所知的职业群体，因为正如本研究揭示的那样，这些职业群体在延续和加强不平等现象方面也扮演着重要角色。

技工和技术人员的工作前景

安吉莉克·威尔德舒特（Angelique Wildschut）

为了吸引年轻人从事技工职业，南非宣布2014—2024年为“技工十年”，口号是“成为21世纪的技工很酷”①。为了实现这一目标，2013年《校后教育和培训白皮书》承认，尽管：

> 在技工职业等工作领域，学徒制传统上一直是获得资格的途径……自20世纪80年代中期以来，学徒制度持续恶化，导致工程和建筑领域缺乏中级技能。重建一个良好的技工培训体系是当务之急；当前的目标是到2030年南非每年培训30000名技工。（DHET 2013c：xvi）

本文②认为，在我们试图建立一个“良好的技工培训体系”时，我们首先需要问：一位技工在21世纪需要什么知识和技能？答案在于工作本身性质的不断变化，这是开发相应培训体系、为课程设置和评估提供信息的关键之处。因此，我们需要了解工作本身、工作的组织以及技工和技术人员工作中发现的诊断和解决问题的方法。本章借鉴了劳动力市场情报伙伴关系（Labour Market Intelligence Partnership，LMIP）的一项研究，该研究的主题是了解不断变化的技工环境和身份。这项研究以不断变化的工作性质为核心主题，力图提出一个基于证据的论点，说明如何让未来的技工和技术人员做好工作准备。研究明确借鉴他们在不同部门和不同工作场所中

---

① 来自南非高等教育与培训部副部长在2014年2月3日“技工十年”启动仪式上的发言内容。

② 本文广泛借鉴了四份部门报告的内容及分析（Davidson 2015；Gallagher 2015；Garisch 2015；Spies 2015）及它们相关的综合报告（Gamble 2016b），报告是为LMIP主题研究做准备的，旨在了解不断变化的技工环境和身份。

的工作条件和工作背景。

在研究中，每个部门都确定了一个重点技工职业。[①] 有目的地选择一些地点/企业，以说明随着时间的推移，在对中级工作的关键变化做出反应时，预期企业具有何种标准“类型”。这些区别还考虑了中小企业和大中型企业之间可能存在的差异。有四个行业部门类别可以进行分析和比较。对于小规模企业来说，我们区分了侧重于环保产品或服务或工艺复兴的企业与侧重于定制设计和生产的企业。对于大规模企业来说，重点在于专业化大规模生产的企业和技术驱动的“灵活的专业化”企业之间的区别（见图1）。

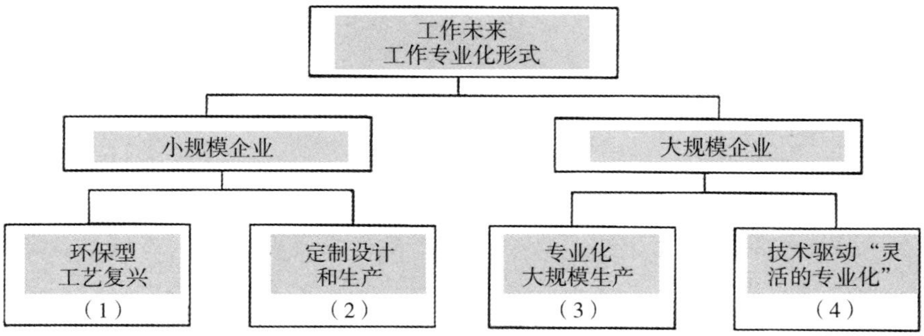

图1　企业选择标准

资料来源：Gamble（2016b：8）。

此外，这四个案例研究被设计为一系列相互关联的调查领域（部门和企业的未来、工作场所文化的未来、技工/技术人员的工作未来和技工资格的未来），以探索每个企业内部和企业之间这些背景的变化如何影响未来中级工作所需的技能。然后对每个企业的见解用不同的方式进行汇总，例如按部门和（或）按照企业规模，或者通过查看工作场所文化或查看各个案例的特定部门的调查结果。

本文特别关注技工/技术人员工作前景调查的结果。在分享了特定部门的研究结果后，我们提出了对技能规划过程和实践的建议，特别是关于

① 造船（684907造船和修理工）、工程（671203机电一体化技术员）、电影制作（摄像助理）、旅游及酒店业（681201烘焙师）。所研究的职业中，有3个已在政府公报上登为须具备技工资格的职业（政府公报2012年8月31日第566期第35625号）。在进行研究时，所研究的职业均未设有注册职业测试。

中级技能的建议。总的来说，我们的结论是，如果技能规划能多从对工作过程本身性质的研究中吸取经验，而不是侧重于帮人们做好工作准备的各种方案和课程的话，那么技能规划在建立一个良好的技工培训体系方面就可以发挥关键作用。

一些研究术语

在“工作前景”调查中，研究人员旨在从劳动过程和知识库两个方面理解每种企业的专业背景。研究人员关注的是在特定工作过程配置中发现的问题解决方式，无论是倾向于常规问题和可预测或标准化的解决方案，还是侧重于需要创新解决方案的复杂性问题。除了工作过程之外，这项研究还侧重于知识问题以及特定职业中解决问题、诊断和故障查找①所需的知识库在未来可能发生的变化。这些问题的答案对于决定技工和技术人员在21世纪需要知道什么和做什么以及未来技工培训体系中需要构建什么内容至关重要。

关注“工作过程”

工作有多种描述方式，但这里有用的是将工作定义为通过劳动分工（或工作组织方式）、使用的工具或技术和使用的材料之间的关系而产生的劳动过程（见图2）。

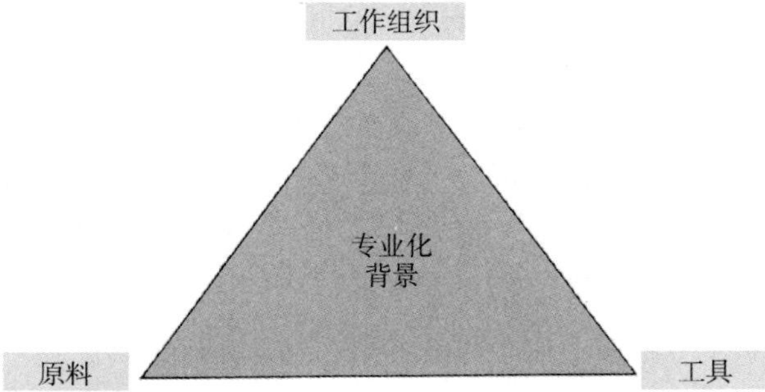

图2　工作是一种劳动过程

资料来源：Gamble（2016b：8）。

① 这些被认为是关键的中级技能。

这种三方关系是区分一种职业和另一种职业的传统方式。尽管技术和材料的进步已经打破了许多原有的职业界限，但是以这种方式理解工作的价值仍然是无可争议的。这种三方关系在所有劳动过程中都是相同的，但是每个工作场所都有一种特定的配置（工作组织—材料—工具/技术），此配置专门用于组织环境并规定其中的工作角色。这是检查与技工职业相关的工作的一个重要视角。

注重知识

技工和技术人员采用的知识以及这对于学徒制（乃至任何其他形式的中级培训）的意义，很长时间以来一直存在争议。自大规模工业化开始以来，在学习和培训方法上存在重大差异。以工作坊为中心的英国学徒制度偏爱实践知识，而不喜欢理论知识。而工业化较晚并需要发展技术竞争优势的欧洲国家倾向于采用组合方法。从一开始，职业学校提供理论培训，同时德国的雇主或法国的职业学校提供系统的实践培训（Deissinger 1994；Green 1995）。伦德尔（Lundall 1997）指出了这两种方法对南非学徒制度的影响。

因此，本研究定义了不同类型的知识（参见图 3）。情境知识（situated knowledge）被视为基于在工作场所的实践和体验的知识。正式知识（formal knowledge）的范围比特定的工作场所更广，必须学习和理解，而不是体验。第二个区别是指在知识中发现的两种不同的逻辑：程序性逻辑（procedural logic）和原理性逻辑（principled logic）：

- 程序性逻辑遵循一种与特定工作环境有关的顺序或步骤逻辑。甘布乐（Gamble 2016b）将此定义为关于“如何”（“how to” knowledge）的知识。程序也可以在更普遍的层面上运作，适用于各种情况，例如，国际标准可以适用于世界不同地区的工作流程。甘布乐（2016b）将此定义为“系统知识”（systems knowledge）。
- 原理性逻辑通过推理建立各个部分之间的联系。可以将一个特定的原理可视化，表现为一幅显示各部分之间比例的“逻辑图”。甘布乐（2016b）将此定义为“工艺知识”（craft knowledge）。一个原理也可以在通用或普遍的水平上建立抽象概念之间的关系；然后用符号或文字来表示。甘布乐（2016b）将此定义为“科学知识”（scientific knowledge）。图 3 显示了四种知识类型，标记为 K1 到 K4。

图 3 **知识类型**

	情境知识	正式知识
过程	“如何”知识 通过日常经验学习的工作程序或常规 （非书面形式） K1	系统知识 对工作规则和程序进行正式编码的知识 （书面形式） K2
原理	工艺知识 通过图纸和草图显示的可视化的原理 K3	科学知识 通过符号或文字理解的原理 K4

资料来源：Gamble（2016b：28）；亦可见 Gamble（2016）。

K1 是通过常规工作获得的知识。拥有强大 K1 基础的员工知道如何在特定的工作环境中完成任务。常规工作模式为这类知识提供基础，学习模式是在职培训和指导。K1 包括关于工作技术层面的知识，但也包括非正式获得的关于任务管理、应急管理、客户和工作场所互动的知识（Stewart & Sambrook 1995：96）。

K1 适用于特定任务或工作绩效，K2 则适用于通用层次。它通常采用通用工作程序的形式，记录为标准作业程序（SOPs），由行业或企业实施，以确保每次都交付始终如一的服务和/或产品。标准作业程序适用于整个职业领域、部门、组织或整个行业。在国际层面上，国际标准化组织（International Organization for Standardization，ISO）的各技术委员会起草适用于所有参与国的质量管理和质量保证的国际标准。系统知识可以用相对简单的步骤程序来表达，以标准化格式编写和/或流程图的方式展现。系统知识通常包含在手册中，可以在工作场所或正式的外部教育和培训环境中学习。

K3 和 K4 知识指的是与工作任务相关的创新所需的和最终结果的不可预测性所需的知识类型。自古以来，使用钻模、模板和其他确定形状的系统以及工作习惯一直是工人们在任何任务中不断降低风险和增加确定性的方式，以至于最终几乎没有风险。然而，最终结果的不确定性原则仍然是评判工艺的关键标准（Pye 1968：13）。

“工艺”通常指的是自始至终完全处于工人控制下的工作过程。正是出于这个原因，我们经常看到使用草图和图纸来举例说明工艺知识，这些草图和图纸用于显示各部分之间的关系以形成一个“整体”。马克思的名言描述了工艺和设计中发生的故事：

> 蜘蛛进行的操作类似于织布工的操作，而一只蜜蜂会通过建造蜂巢让许多人类建筑师感到羞愧。但是最差的建筑师和最好的蜜蜂的区别在于，建筑师在用蜡建造蜂窝之前，先在他的头脑中建蜂窝。在每一个劳动过程的末尾，都会出现一个结果，这个结果工人在一开始就构思好了，因此在理想状态下就已经存在了。(Marx 1976：283－284)

在许多行业中，日益增长的机械化已经削弱或部分破坏了工艺劳动从部分到整体的性质。然而，这并不意味着工艺已经从追逐商业利润的企业中完全消失了。在许多形式的工作中，一些操作有预先确定的结果，而另一些操作是通过带有风险的工艺来完成的，部分与整体关系不是预先确定的。因此，我们在所有的技术和专业工作中发现了工艺工作的要素。

科学知识可以用两种方式来描述：纯科学（pure science）和应用科学(applied science)。

> 科学家的目标是了解最普通的知识。高度抽象概念的使用，通过复杂的逻辑和数学关系与实验观察相联系，极大地帮助了科学家实现目标。这种形式的知识和高度抽象的知识并不总是能够满足实际行动的需要……这里暗示的是，理科学生在达到高度概括性的理解后，要能够沿着抽象的阶梯向下爬，并能够判断出应该停在何处，也就是说，要认识到哪一个层次最适合他们特定的技术目的。(Layton 1993：10－11)

因此，纯科学知识经过重新加工，可用于特定的技术任务和设计。科学知识不是以现成的方式存在，无法映射到现实生活中的问题。必须重新调整抽象的层次，这样才有用，也能得到应用。

很容易看出这些不同类型的知识如何在更广泛的工作环境和/或劳动过程中与确定性和风险相关：对最终结果确定性的需求越大，就越强调要通过共同的工作程序达到工作绩效的标准化。对创新和设计的强调越多，就越需要通过原理性的推理，而不是通过反复试错在各部分之间建立新联系。在这里，风险是不可避免的，因为事先并不知道答案。工作总是包含确定和不确定的成分。这两种都存在于所有的工作过程中，所以问题不在于21世纪的技工和技术人员是否需要这种或那种知识，而在于专家级的工作表现需要何种知识组合。

因此，图3中列出的类型为本研究中调查知识库的变化提供了基础。在采访技工、技术人员和他们的主管时，研究人员没有直接提出有关知识、资格或课程方面的问题，而是询问技工如何着手诊断和解决当前和未来工作环境中的问题。表1列出了针对当前实践提出的问题。

表1　**诊断和解决问题的调查框架**

您在工作中从事以下哪种诊断和解决问题的任务？请使用下面的评分标准为每个项目评分。 等级：5 = 非常频繁，4 = 经常，3 = 相当经常，2 = 不经常，1 = 根本没有	
我知道大多数问题，所以我按照既定的程序一步一步地工作	
我使用手动或诊断工具，并遵循指示	
当这是一个新问题时，我会边工作边解决	
当这是一个新问题时，我会借用在其他地方看到的办法	
在实际解决新问题之前，我会先画画或画草图	
当处理一个新问题时，我会在开始前在头脑里想出解决办法	
我用我在学校学到的知识	
我在网上研究	
我们作为一个团队解决问题	
其他（请描述）	

资料来源：Gamble（2016b：29）。

所有回答都输入统计产品与服务解决方案（SPSS）软件包中，用于计算汇总数据，以评估一个职业内不同知识类型的使用是否比其他职业更频繁，或者用于汇总跨部门的此类信息。当知识类型组合在一起时，它们代表了该部门的技工和技术人员承担的诊断和解决问题任务时所需要的知识库。此外，由于要求每个受访者思考当前和未来的情况，因此可以结合平均分数来描述当前的知识库是什么以及预测未来各个技工职业和部门的知识库是否会发生变化，或者发生何种变化。

各案例的知识库和工作流程差异

这里，首先，要注意每个部门使用不同知识类型的平均分值。除了每种知识类型的平均分值之外，还反映每个部门调查的每种特定职业的知识库的形态。其次，分享对每个部门工作过程的评估结果。最后，就是有可能利用这些结果提出一些一般性见解，将有助于技工技能规划政策和进程的制订。

案例 1：烘焙业

总体而言，烘焙业是一个高度机械化和自动化的行业。最近手工烘焙有所复苏，非正式烘焙的出现对大规模生产起到了补充作用。从该部门当前和未来知识库研究结果的图形描述中，有几点需要注意（见图 4）。

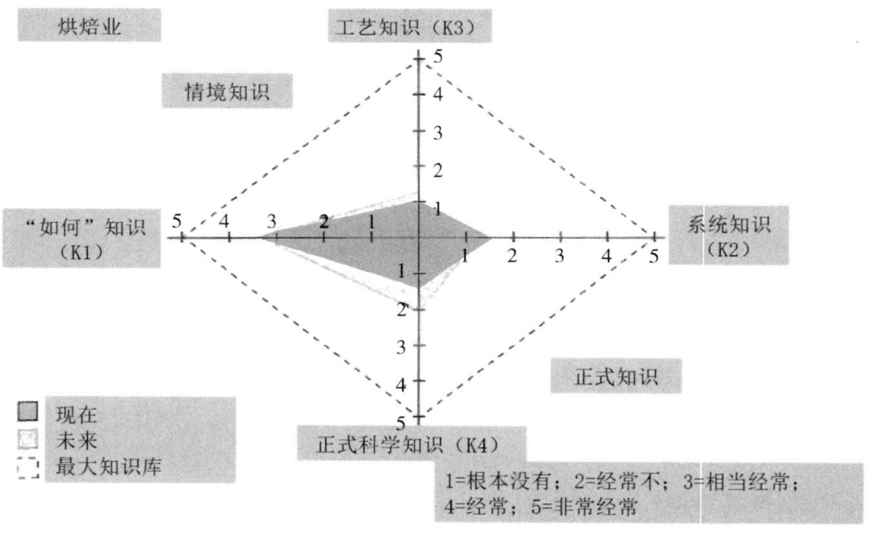

图 4 烘焙师知识库示意图

资料来源：Gamble（2016b：37）；亦可见 Gamble（2016a）。

烘焙业的知识库在广度和深度上都受到限制。最强的知识类型是 K1，它指的是在工作中学到的情境化的"如何"知识，通常不会写下来。这种知识类型被认为属于"相当经常"使用的（平均得分为 3.5）。还应注意的是，预期的变化强烈反映了该部门从业人员对有机会接受正式培训的愿望程度（如该图底部扩大部分所示）。换句话说，尽管目前 K4 知识被视为最接近于“根本不使用”（平均得分为1.2），但预计得分将变到2（“不经常使用”）。在这方面，斯皮思指出，目前“没有任何职业测试或任何其他方法允许烘焙从业人员使用烘焙师这个正式头衔”（Spies 2015：35）。同样，虽然情境知识似乎并不占当前知识库的大部分，但可以预测，它将构成未来知识库的稍大一部分。

如前所述，考虑工作过程的变化也很重要，以便能够充分理解工作变化带来的技能需求。在这一部门和各种规模企业中，研究证实地方和全国市场的大规模生产和利基生产之间存在巨大差异。这使得斯皮思（Spies 2015）识别出五种不同的“烘焙师”职业变体（见表2）。每种变体都是根据工作过程的变化来描述的。尽管这些变体中的一部分现在将被归为半熟练或非技术工作，但五种变体都被描述为：它们最初都源自自古以来就存在的“烘焙师”职业。

表2 **烘焙师工作过程类型**

大众市场			
类型	劳动分工	工具	生产资料
1. 工业烘焙	没有烘焙师。主管人员领导由半熟练或无技能的工人组成的生产团队，并确保烘焙过程顺利进行。生产团队监控在机械化生产过程中不同阶段使用的设备正常运行	烘焙过程完全机械化，通过使用日益复杂的设备来完成生产	面粉、水和酵母等基本烘焙材料，以及一种特殊的秘密配方
2. 零售烘焙	烘焙师生产部分或所有在店内出售或供应的产品，包括面包、羊角面包和糕点。有些工作是手工完成的，越来越多地使用工具来进行成型加工和烘焙产品	烤箱、烘烤机、搅拌机和模具、分隔器等工具	基本的烘焙材料包括面粉、水和酵母，以及预混合的配料和冷冻品
3. 家庭烘焙	烘焙师在家里烤面包和其他产品，然后卖给镇上的社区群众。从混合原料到成型和烘焙，一切过程都由手工完成	烤箱，可能还有搅拌机	面粉、水和酵母等基本的烘焙材料

续表

利基市场			
4. 手工烘焙师	烘焙师烘烤店里出售或供应的所有或大部分产品：面包、羊角面包和糕点。从混合原料到成型和烘焙，一切过程都由手工完成	电烤箱或木材烤箱、搅拌机、糕点成型机等	石磨面粉、水、酵母、发酵剂、农场黄油和奶油、散养鸡蛋
5. 手工烘焙师/拥有者	烘焙师烘烤店里出售或供应的所有或大部分产品：面包、羊角面包和糕点。从混合原料到成型和烘焙，一切过程都由手工完成； 烘焙师也是面包店所有者，负责市场营销、财务、未来规划、新产品和企业的总体组织	电烤箱或木材烤箱、搅拌机、糕点成型机等	石磨面粉、水、酵母、发酵剂、农场黄油和奶油、散养鸡蛋

资料来源：Spies（2015：25－27）。

这代表了劳动过程中经典的细分案例，类型4（手工烘焙师）是烘焙师的原型；类型1（工业烘焙）是完全客观、机械化和/或自动化的生产组织，由一名主管监督。烘焙业这个大规模生产行业希望将类型2（零售烘焙师）视为类似于类型4（手工烘焙师）。但工作观察表明，在烘焙过程中，一切都由手工完成的烘焙工作的风险远远大于使用预混合配料和工具（如铸模机和分割器）的生产过程。这些工具代替了手工制作，以确保产品标准化。手工烘焙师的复兴是一个相当新的利基市场。手工烘焙的特点是市场份额小，通过产品和业务多样化实现的增长前景有限，但手工烘焙师仍然是烘焙行业的“黄金标准”。

类型3（家庭烘焙师）的出现也是最近的一项商业创新。家庭烘焙师使用更便宜的材料和看起来类似的工艺，短短几天的培训不能与类型4（手工烘焙师）培训的学徒关系相提并论。但是，它是工业烘焙作为一种生计生产手段的自然向下延伸，它对自谋职业和企业的进一步扩张提供了广阔前景。

案例2：造船业

造船业正在建设它的第一个学徒培训项目，依靠的是以前引进的接受过正式培训和认证的造船工人，同时知识来自在职培训获得的情境知识。

因此，对中级造船技术的认可是最近才出现的。图 5 表明这个部门所依赖的知识库分布相当均匀，尽管目前尚未达到很高的水平。未来趋势表明，要完成标准作业程序（SOPs）中规定的工作和达到国际标准化组织（ISO）各项标准的要求，将需要把系统知识（K2）和正式科学知识（K4）结合起来。

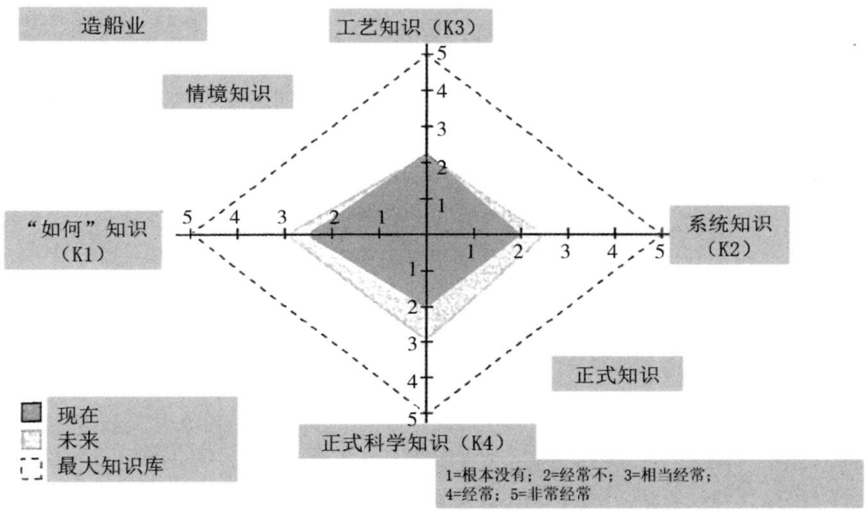

图 5　造船工知识库示意图

资料来源：Gamble（2016b：37）；亦可见 Gamble（2016a）。

人们预计，设计与生产的高度结合以及对创新的重视将推动知识库向外扩展，并增加对正式的原理性知识（K4）的需求。这也将为这个以出口为主导的全球标准化行业所需的高水平正式技术程序知识（K2）提供基础。基于这一预期，作为该行业中级技能工作的入门要求，达到 12 级国家高级证书（National Senior Certificate，NSC）水平的数学和科学知识将变得至关重要。

虽然造船行业引入第一个正式学徒制与"造船工"的职业头衔有关，但戴维森（Davidson 2015）确定了"造船工"的五个职业变体（表 3），在此行业中，制造和设计之间的关系趋于紧密。对这些职业变体的描述又是指工作过程的变化和工作自主程度。

表 3　**造船工工作过程**

类型	劳动分工	工具	生产资料
1. 助理/半技能工人	严格遵循指示；在风险时刻受到严密监控；专门从事某项任务/职能	使用手工工具完成重复性的基本任务	材料决定工作职责
2. 技工	多技能，可以在团队中完成不同的任务；更可能在小型公司工作；能够应用知识，因此能够以新的方式解决问题	通常使用电动工具和图纸。在行业内流动	合格的普通技工有现场专门分工；或具有海洋环境专业背景的专业人员，例如：木工、装配、模型加工等
3. 造船技师	间歇性工作；有时外包。不经常在造船现场出现，但出现次数在变多；系统和海洋环境专业。具有不同方式获得的丰富知识和丰富的在职经验；识别问题，并加以解决；自主性高	通常负责系统安装和维修	工作职责由工具、设备和材料决定
4. 中级和高级造船工	应急专业人员，国际雇员。具有交叉技能，了解整船建造任务，掌握多种技能，理解所有任务，能对最终产品可视化；多年的在职工作经验；有自主性	具有管理角色或进行结构组件装配；具有正式知识库，应用关系逻辑	基于工艺（有雄心）；海洋环境专业
5. 造船大师	对业务、生产、技术和设计进行监督；熟悉所有工作类型		对材料、质量和性能进行监督；制造/设计接口

资料来源：改编自 Davidson（2015：20－23）。

与烘焙行业一样，造船业涵盖的职业领域很广泛，显示了大规模生产劳动过程对技工知识和技能需求的影响。类型 1 指的是半技术工作层面的狭义专业化。类型 2 代表了技工这类传统职业具有通过丰富的工作经验获得的海洋背景知识，是一项附加要求。

类型 3 这种技术人员是一种新兴类型，这种类型是通过向基于信息和通信技术（ICT）的技术转移而增加系统复杂性所产生的。与类型 2 或类型4相比，类型3造船技师拥有更高的自主性，但制造范围较小。这种系统层面的工作更具有专业性，但同时受到更多限制。

在职经验以及供应商培训和再培训被认为至关重要。类型4（中级和高级造船工）也是一个新兴的类型，需要造船过程中所有方面的专业知识。这种类型标志着古老的造船工艺的延续，但是要在具备正式知识库的条件下掌握先进技术。最后，类型5（造船大师）是专业造船者，他从相关的专业领域进入本行业，例如从工程学，或具有商业背景。在这个层次上，需要理解的一个关键维度是接口设计与制造。

如前所述，从历史上看，这一部门没有经过正式培训。在2006年之前，有资格的造船工人都是来自海外。最近注册的游艇和造船学历与国际造船课程紧密结合，作为国家资格框架（NQF）2—4级的学习内容。最近南非将造船工和船舶维修工列为一项职业，将引入学徒制和正式的行业测试。人们预计，此行业的专业化过程已经开始，它将把行业标准提升到一个新水平。在此水平上，国家高级证书（NSC）12级的数学和科学将成为正式进入该行业的标准要求。同时，在职培训和经验将继续得到高度重视。

案例3：影视制作（调查职业：摄影助理）

本研究关注的另一个对象是影视制作部门。作为一个充满活力的新兴产业的例子，它具有广阔的未来发展潜力。这一行业没有使用“技工”这一职业类别。然而，尽管没有正式的技工培训体系或职业测试，但该行业的培训是在学徒制的传统模式下进行的。此前的一项研究将该行业描述为：

> 这是一个年轻的部门，既面向来访的电影制作人，同时也在发展本地产业。它的特点是工作环境相对宽松，具有丰富的多样性，涵盖范围从小型的个体生产单位到大型企业。电影摄制组成员往往不是受雇于一个制片厂，而是属于一个摄制组团队，并与不同的制片厂签订合同。当外国电影企业将南非作为固定拍摄地点时，工作是有季节性的，不能保证重复就业。
>
> 培训学习的资源与体系往往没有正规化。所有新成员，不管他们以前是否持有正式的资格证书，都是先从杂务或摄制助理做起，并至

> 少工作一个拍摄季，以全面了解电影拍摄过程。较大的制作公司每一次拍摄都雇用一到两名实习生来紧随技术人员，并且每年雇用大约三名带薪志愿者。小型独立制作人通常处于制作的最前沿，他们很少有资源进行培训，尽管有些制片人向电影学校的高年级学生提供无薪实习机会。(Gordon et al. 2007)①

根据上述描述，加拉格尔报告了国际内容的商业电影制作和基于社区的本地内容电影制作之间的明显区别：

> 近年来，以社区为基础的影视制作公司纷纷出现，以满足特定群体、利益集团和有关人权问题的收视需求。这些小型公司有两个主要目标：一方面是制作本地内容的影视作品，另一方面是对来自贫困家庭、没有接受过正规教育而有抱负的电影制作人进行培训。在这里，这些电影制作人接触到电影摄制的方方面面。(Gallagher 2015：6)

调查显示，处于中级水平的大部分知识库是程序性的，和设备相关（K2）（见图 6）。由于这是一个自由职业者的行业，摄影助理作为独立的承包商，负责自我培训，并与快速发展的技术保持同步。尽管主流观点认为，实际接触电影制作的所有方面（前期、中期和后期）能够提高专业技术知识，但人们还是希望正式知识库有所增长。

过去十年里，影视制作经历了根本性的技术变革，从模拟格式转变为数字形式。这包括将模拟内容转换成计算机可读的二进制代码。从将模拟格式的磁带或胶片装入摄影机，到将数字卡装入摄影机，这一转变彻底改变了影视制作这一行业。从图中可以看出，数字化作为一项快速发展的技术，在逻辑上强调正式的系统知识（K2）。

此外，根据对该行业工作过程的分析和深入调查，加拉格尔（Gallagher 2015）发现了几种职业变体。表 4 列举了这些变体，同时涵盖了电影行业的两个非常不同的组成部分。因此，本研究报告了商业电影行业的“第一摄像助理”和“第二摄像助理”的职业头衔，以及受资金驱动的本地内容部门的“电影制作人”的职业头衔。将这两种职业联系起来的是，

① 另据 Gamble（2012：12）引用。

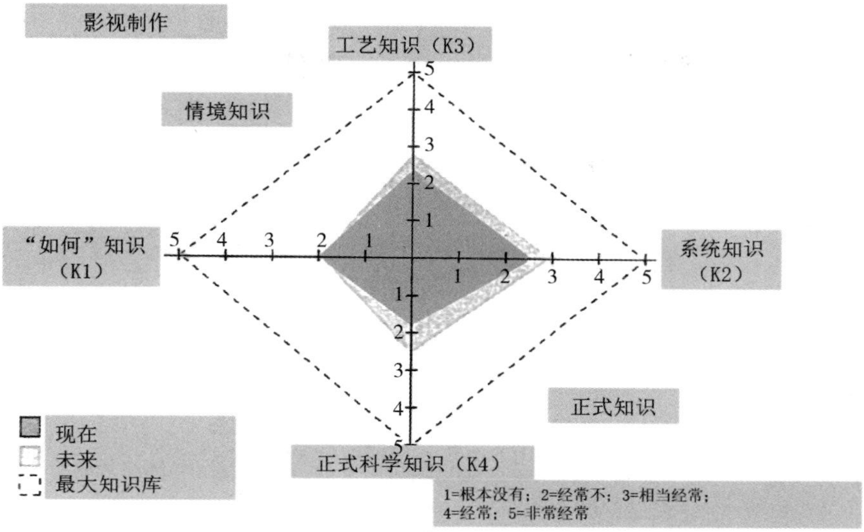

图 6 摄影师知识库示意图

资料来源：Gamble（2016b：37）；亦可见 Gamble（2016a）。

两者都代表了这个行业中技能形成的非正式学徒传统。表 4 列出了不同电影制作公司如何进行分工以及他们使用哪些工具等方面的信息。

表 4 **电影制作人类型及其劳动过程**

电影制作人类型	分工	工具和（或）材料
以资金和资源为导向的公司专注于本地/区域内容，重点培训来自弱势背景的有抱负的电影制作人		
1A 型： 复合型电影制作人（多面手）：在小型公司制作本地内容	复合型电影制作人拥有全面的专业知识，负责电影在制作前、制作中和后期制作的所有基础工作。由于公司规模较小，数字化的明显程度依赖于可用资金规模。新旧技术混合使用。由于需要复合电影制作技能，构思和执行明显结合。电影制作人能够发挥自己的主动性，并拥有高度的自主权	摄像设备、音响设备、照明设备、编辑套件、混音设备、网络和社交媒体
1B 型： 复合型电影制作人（更专业）：在大型公司制作本地内容	大型公司的复合型电影制作人越来越多地具有广泛的专业知识，主要负责摄像设备操作和后期剪辑镜头。电影制作人在前期制作、制作中和后期制作的某些方面有所表现，但往往更关注电影制作的某一方面。数字化的明显程度取决于可用的资源。由于需要复合电影制作技能，构思和执行明显结合。电影制作人能够发挥自己的主动性，主要是独立运作	摄像设备、音响设备、照明设备、编辑套件、混音设备、网络和社交媒体

续表

关注国际内容的商业驱动公司		
2A 型： 摄像助理（多面手）；在小型公司制作国际内容	摄像助理是摄像师或摄影总监的助手。履行制作职责，但可以经常履行后期制作职责。完全数字化和最新技术是显而易见的。构思和执行主要是分开的，但也可以结合。决策能力有限，但由于职责超出了摄像助理的范围，风险较高。具有有限的自主权，属于摄像师或摄影总监的管理范围	摄影推车、手推车、电子拍板、钢笔、笔记本、镜头、相机、偶尔会用编辑套件和软件
2B 型： 摄像助理（更专业）；在大型公司制作国际内容	摄像助理具有专业知识，主要职责是作为摄像师的助理。工作在多个摄像团队中进行。严格制作——不接触工作中的摄像机。采用全数字化和先进技术。构思和执行完全分开。自主权和决策权并不明显。由于视频技术人员和数字成像技术人员存在，因此风险有限	摄影推车、手推车、镜头、笔记本、钢笔、电子拍板

在商业驱动的企业中，数字化创造了摄影团队的新职位，例如数字成像技术员和数据管理员。数字成像技术员是摄影部门的工作人员，与摄影总监合作，处理工作流程、相机设置、信号完整性和图像处理等方面的工作，以实现高数码图像质量，达到创作目标。数据管理员的职位是辅助岗位，负责管理、传输和保护通过数字电影摄影机在片场获取的数字数据。摄像助理的工作受到这些新职位的极大影响（Gallagher 2015：7）。

值得一提的是，电影制作是唯一一个有补救策略的部门，可以应对涉及本地和区域内容的剧本创作和电影制作的需求。此类举措与政府以奖励和/或退款形式对该行业的大力支持也有直接联系。本地内容的电影制作（和培训）再现了传统工艺模式，也就是说，“多面手”电影制作人是在影视作品前期制作、制作中和后期制作整个过程中成长起来的。和烘焙业一样，电影制作行业实际上被分为两个不同的子部门，每个子部门对应不同的市场，它们之间没有连续性。

案例 4：机电一体化

机电一体化（工程）可以在自动化工作环境中提供技术服务和维护，它的知识库比其他所有行业的都要深厚（见图 7）。通过增强正式的科学知识库（K4）和减少“如何”（K1），表明了人们对技术复杂性增加的预期。

与此同时，人们非常强调增强生产过程的自动化和计算机化控制水平，这预示着正式的系统程序（K2）。

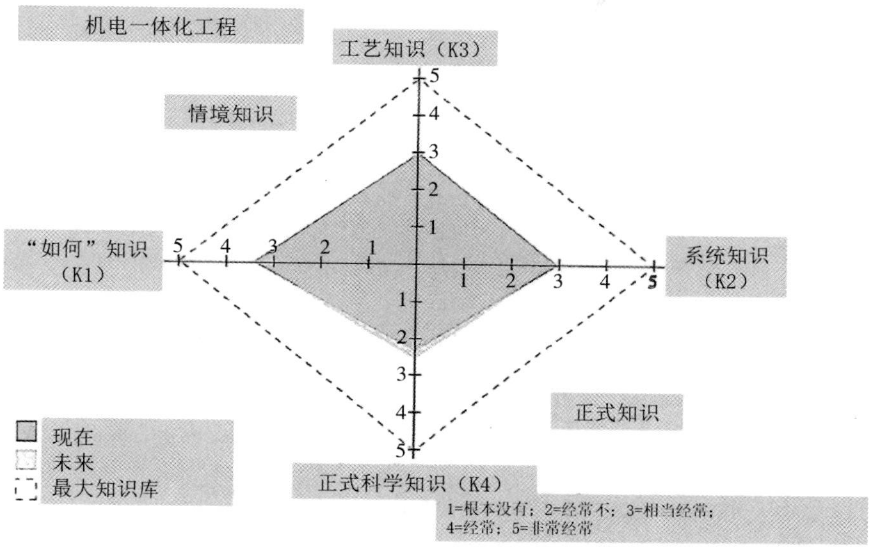

图 7　机电一体化技工知识库示意图

资料来源：Gamble（2016b：37）；亦可见 Gamble（2016a）。

尽管预测到了变化，但是知识库仍然非常稳定。这可以归因于工程是一个职业领域，根据正式获得的资格条件由严格的职业划分来管理，但它也是一个新兴的实践领域，其中当前的知识最接近未来的期望。

图 7 反映的知识库在所调查的四个行业中是最复杂的，因为所有四种知识类型在诊断和解决问题时得到了均衡利用。未来趋势表明，知识库将继续保持稳定，预计不会发生剧烈变化。

在考虑工作过程时，加里施（Garisch 2015）发现，从事技术服务与维护的技工和技术员之间存在职业上的差异。机电一体化技术员（OFO 代码 671203）这一新职业已经获得认定，它具有职业技术教育与培训（TVET）的资格证书。这一职业的等级位于传统职业之上，但在专业自动化技术员之下。表 5 列出了不同的类型，并根据自动化工程工作场所所需的技术服务和维护中的故障探测和问题解决方面进行了描述。

表 5　　　　**中级机电一体化工作类型**

类型	分工	任务和职责（反映工具和（或）材料类型）
类型 1：工程技工	这些技术人员组成故障探测和解决问题（无论是由设备故障还是错误引起的）第一道防线。如果他们不能在规定的时间内解决问题，问题就会提交至上级技术和专业人员。在基于机电系统进行生产的传统工程工作场所中，技术服务和维护支持功能由专门的电气和机械技工执行，或者由机械安装工或机电工程师以组合方式执行	与生产机械或设备的电气和机械部件的实例化、维护服务和修理相关的任务是真实的，可以实际操作；任务是切实可行的，与安装、维护服务以及生产机械或设备的电气和机械组件的维修有关
类型 2：机电一体化技术员（OFO 代码 671203）	拟议中的新机电一体化技术人员旨在填补位于传统职业之上的一个职位，取代此类工匠，但低于专业自动化系统相关技术人员的职位； 理论上，预计第 2 类的机电一体化技术人员将具备足够的技能和知识，能够执行与传统机电相关职业相关的功能，以及与机电系统关联的自动化相关或计算机化控制功能，但水平低于自动化或机电一体化技术人员的操作水平	机电一体化职业测试尚未注册。最密切相关的注册职业是双职业机械安装工（dual-trade millwright）或机电工程师（OFO 代码 671202），其关注重点跨越电气和机械系统，但在自动化或软件方面有所欠缺。该技术人员将具备编程和软件方面相关的工作知识，例如理解可编程序逻辑控制器（PLC）上的错误代码，进行计算机诊断，但实际并不编程
类型 3：自动化技术员	此通用术语用于指拥有自动化相关工程（例如机械、电子、电气或机电工程）国家文凭的人员； 项目工作：一些项目在根本原因分析后进行，但据报道，大多数项目在相关主管或经理批准后自行启动，以支持生产优化； 技术人员负责所有的计划和管理，包括部件采购和程序方面等。项目工作包括技术人员的大部分工作，本质上是程序化的。据报道，独立开展研究正成为一项关键要求	测试新设备的功能，并检查是否遵守预定规范：现场设备、可编程序逻辑控制器（PLC）和监控和数据采集系统（SCADA）之间的一体化状况（基于远程网络的"主动"故障检测）。对单个机器和整个系统以及网络环境的生产和操作设备以及与过程相关的性能数据进行持续性监控和分析，以确保生产线以最佳水平运行。故障检测、根本原因分析、问题修复和重大故障报告。包括仔细检查与设备和生产过程相关的日志和性能数据

资料来源：改编自 Garisch（2015：28 – 30）。

机电一体化与其他三个案例存在两个关键区别。第一，机电一体化指的是技术服务和维护职能，而不是指导生产职能。因此，此工作领域不容易受到大规模生产过程对劳动分工的影响。第二，工程行业长期以来一直受到正式技术和职业资格的监管。工人只能从事他们有资格做的工作。因此，工作划分遵循正式资格，具有职业资格的技工和具有高等教育资历的技术员之间的界限得到严格维护。由于这个原因，新兴的“机电一体化技术员”（OFO 代码 671203）在该领域是一个有争议的话题。在考察过的工厂中，占主导地位的观点是，机电一体化技术人员（NQF 6 级）制定了行业标准；要在自动化工程环境中发挥积极作用，“未来的技工”应该达到技术人员级别（NQF 5 级或 6 级）（Garisch 2015：45）。

技工和技术工作中的职业变化

也许不足为奇，总的来说，分析显示，正式的科学知识目前仅在有限的程度上得到使用（如果有的话）。然而，在所有行业中，人们都期望正式知识成为复杂技术的一个必要组成部分和未来的一种资源。在某些情况下，趋势是人们所期望的，而不是实际的。

总的来说，研究主要结果表明，技工和技术人员层面的诊断和解决问题所依据的知识类型发生了变化，而且这种变化与劳动力过程的变化相结合，如何对劳动力市场产生重大影响。有证据表明，人们正在转向可预测的标准化工作和不可预测的风险工作。行业部门要么只朝一个方向发展，要么同时表现出两种趋势。后者导致技能提高和下降混合出现。正如工作过程调查结果所表明的那样，技能提高和下降模式的影响是，没有哪个部门只提供所研究的指定职业或专业职业中的一种模式。在每个部门中，至少有两种或两种以上的变体和（或）子变体共存。所有部门的技工和技术人员诊断和解决技术问题，但他们所利用的知识存在显著差异：知识的类型、深度和广度都不同。

这些类型的组合显示了一个职业领域是如何变得支离破碎和被淡化的，也显示了它是如何在市场需求和对职业根源的追溯向往的共同作用下复兴和重建的（Shatto & Shaw 1982）。这对培训和技能发展途径产生重大影响。

从需求方角度看待技工和技术人员的工作和资格前景

这项研究通过研究工作过程本身的性质，而不是研究如何让人们做好工作准备的各种方案和课程，从需求角度出发，为未来的技工和技术人员的技能规划提供信息。这项研究选择了四个差异极大的部门进行调查，包括成熟部门和新兴部门、大型和小型企业、为技工和技术人员建立了资格认证途径的部门以及提供大多是非正规的和在职培训的部门。就技能规划可以为未来的技工培训体系提供信息方面，这些研究发现能告诉我们什么？

学徒制度是主线

虽然工程或金属部门通常是研究技工培训的重点，但同样重要的是要注意其他部门的发展趋势。机电一体化（工程）部门的研究表明，机电一体化相关技工型工作的概念知识库在向上转变，朝着工程领域的技术专业化方向发展，并不是转向传统的技工行业。然而，其他部门的共同之处在于，每一个部门都以自己的方式，从始至终重视基于全面专业知识和工作控制的工艺模型。在烘焙行业，指定的“烘焙师”几乎已经不存在了，然而最近的一项研究发现，生产主管表示需要更强的职业认同感，这可以通过与手工烘焙经验相结合来实现（Tennison 2014）。在造船部门，造船工需要了解造船各方面的专业知识。在这个生产和设计越来越紧密的行业中，造船工作为首选的工作和培训模式正迅速崛起。在影视制作中，为培养有抱负的电影制作人而确定的模式同样需要全方位的专业技能。在这个行业的商业驱动部分，尽管数字化已经对行业进行重组，降低了以前被认为是手工艺水平的工作技能，但手艺作为全方位专业技能的意识仍然存在。

从学徒制度作为一种学习方式的重要性来看，对全方位专业知识的持续重视的影响值得人们深思。这些调查结果与国际上的调查结果一致，即公众和雇主继续对“学徒制”作为工作准备的一种手段持积极态度（Maguire 1999）。尽管获得全面专业知识的机会减少，加之工作常规化的趋势明显减弱，但学徒制依然有价值。研究还发现，雇主认为，当学徒制被“重新包装”或被其他方式的培训取代时，员工不会有同样的职业认同感和主人翁感（Fuller & Unwin 2001）。

此外，考虑到不同部门手工劳动同时出现技能提升和下降的趋势，这就增强了技能规划的重要性，来支持和促进发展一个具有多个切入点和退出点以及不同实施类型的多元体系。鉴于实证趋势，单一的技工职业资格是不足的。从教育方面而言，对于那些完成学业或辍学、教育程度低的年轻人来说，他们将面临被定位在具有过高水平的风险；或者他们的专业技能水平过低，无法满足行业的工作需求。

从这些结论中可以得出技能规划的两个关键方面：

- 回归学徒制：有证据表明，雇主持续相信全面专业知识的价值高，因此建议回归学徒制具有可行性，它可以作为在中等劳动力市场实现技工资格的主要方式。
- 在所有部门引入基础学徒制：基础学徒制不需要与尖端技术和设备挂钩，也不需要数学和科学方面具有国家高级证书（NSC）要求的合格分数。所有工人都应该能够通过一个认可先前学习的过程进入基础学徒制。在这一层次上取得成功将标志着该行业现有知识和技能的基线。基础学徒制之后可以是中级和/或高级学徒制，有更严格的入门要求，以提供行业内的晋升途径和发展机会。

如同在其他国家一样，这项研究表明，与工作有关的知识和技能复杂且具有多面性，涉及不同的、甚至有时相互矛盾的方面。它阐释了对工作过程变化及其对诊断和解决问题的影响的理解在中级水平上如何为供应方规划提供坚实的基础。这种规划的出发点不是“设想中的课程”，而是指实际的工作过程及其在大小企业和不同行业部门中的差异。

课程响应能力和学生就业能力：制度分析

沃尔克·韦德金德（Volker Wedekind）

政策制定者、政治参与者和公众不断向教育机构施压，要求它们的课程方案能够满足经济和社会的需求。在社会变革的背景下，在诸如高失业率等更广泛的经济和社会问题普遍存在的情况下，这种压力日益加剧，部分原因是格鲁布和拉泽森（Grubb & Lazerson 2004）所称的“教育福音”，即相信教育可以解决棘手的经济问题和社会问题。一般来说，人们期望教育机构既要提供高质量的教育体验，又要根据雇主的需求提供针对性的服务。教育机构成功的程度通常是根据参加教育项目的学生可就业的程度来衡量的。然而，就业能力的确切含义却受到广泛争议，同时教育机构及其项目能在多大程度上影响学生的就业能力也存在争议（Taylor 2005；Watson 2014）。

本文探讨不同类型的资格证书和课程项目如何带来不同的就业机会，从而为这一争论做出贡献。本文的重点不在于教育内容和教育过程，而在于劳动力市场中的各种参与者（特别是学生和雇主）如何理解资格证书。

本文利用一个项目的案例研究数据，该项目旨在理解南非各种不同教育和培训机构的组织中的学生就业能力、课程设置和组织响应能力之间的关系。[①] 从这些案例中可以得出，响应能力和它们对就业能力的影响方式差异很大，甚至在某些方面相互矛盾。我认为，为了理解响应能力的不同运作方式以及教育机构提高学生就业能力的模式，需要对教育资格和过程制度化的方式进行分析。

制度视角不止于从政策、教育实践或课程设置方面来思考，而是审视

① 获取研究项目的最终报告（Wedekind & Mutereko 2016a），请访问 http：//www. lmip. org. za/document/employability-and-curriculumresponsiveness-post-school-education-and-training。

了政策、组织和实践如何成为具有监管、规范和文化认知要素的制度（Scott 2014）。通过案例分析，我认为教育项目毕业生的就业能力在很大程度上受教育机构及其实践的制度化程度的影响，同时也受到学生和雇主对这些实践的理解程度的影响。在分析案例研究之前，我首先简要介绍就业能力和响应能力的概念，然后概述制度理论的主要特征，如何将理论应用于理解教育机构及它们在政治、经济和教育系统中的互动。

就业能力和课程响应能力

近几十年来，“就业能力”（employability）这个概念已成为有关教育的辩论的核心话题。就业能力与就业（employment）的概念密切相关，它密切关注个人，而并不关注就业或失业的系统性或结构性特征。关于什么使一个人“可就业”（employable）的问题，关注的焦点是个人拥有的技能和特质，这些技能和特质使得他们在劳动力市场上具有强大的吸引力，因此提出的问题就是关于个人在获得和展示这些技能和特质方面的责任以及教育或培训机构在传授学生需要的知识、技能和价值观方面的作用（Frankham 2016；Watson 2014；Wedekind 2014）。

研究文献中特别关注的是可扩展的各种可迁移技能和软技能。显而易见，这些技能对于人们能否就业和保持就业至关重要（Taylor 2005）。这些技能各不相同，有常见的过程技能（例如解决问题的能力），也有能够在组织环境中进行交流和共同行动的能力（Curtis & McKenzie 2002）。

人们越来越多地把失业问题归因于个人不具备就业能力，而不是某个特定时期的经济结构特征。因此，教育机构在实现其毕业生就业成果方面的成功被用来衡量该机构的项目方案和课程设置（并暗示组织本身）的价值（Cremin 2010）。尽管越来越多的文献对就业能力的概念提出质疑，但几乎没有迹象表明就业能力在教育政策制定中的核心作用正在减弱。就业能力被视为衡量大学的一个标准，大学应该根据这一标准进行评价和排名，大量资源被集中用于确保毕业生获得难以掌握的就业能力技能方面（Frankham 2016）。

本文所依据的研究项目的核心问题是教育机构如何应对就业能力带来的挑战。它研究了教育机构和雇主之间的关系，特别是教育机构如何调整课程设置以确保他们的学生能够掌握使他们能够就业的技能。该项目团队在甘布乐（Gamble 2003）和莫尔（Moll 2004）研究的基础上，提出了响应能力（responsiveness）的概念，该概念探索了教育机构为设置课程而必须关注的各种课程驱动因素。尽管教育机构面临的主要压力是课程设置如何更好地满足工商业需求，但甘布乐和莫尔都认为，必须在更广泛的意义上理解响应能力。莫尔（Moll 2004）指出，需要对产生知识的学科群体、学生需求和更广泛的社区需求等因素做出响应，而甘布乐则认为，教育提供者必须维护自身角色，对来自经济、市场和社区的信息做出阐释（Gamble 2003：69）。

因此，该项目的概念框架（Wedekind & Mutereko 2016a）将课程响应能力理解为与五个驱动因素的相互作用：（1）雇主（作为劳动力、教育和培训方面的需求和供应的驱动因素）；（2）学生/工人/求职者；（3）政策法规；（4）社会和环境问题；（5）教育和培训机构的内部动态和资源。课程响应能力的这些驱动因素一方面描述了课程和资格证书之间更复杂的相互作用，另一方面描述了这些课程和资格证书在多大程度上提高了学生在劳动力市场的就业能力。

然而，正如将从案例研究中可以看出的，认识到响应能力的多重驱动因素仍然不能充分解释劳动力市场对资格和其他教育方案理解方式的差异，这些模式因情况而异。为了解释这些差异，有必要了解这些教育方案或提供这些方案的机构的制度化程度。为此，有必要简要介绍制度理论（institutional theory），该理论已经在社会学、政治学和组织学中取得了发展（Lowndes & Roberts 2013；Mahoney & Thelen 2010a；Scott 2014；Thornton et al. 2012）。

制度主义

制度（institution）概念很模糊，目前还没有一个单一的定义成为标准。在日常语言中，术语“制度”经常与“组织”（organisation）互换使用。然而，制度也被理解为比组织的概念更广或更窄。从某种意义上说，一种特定的实践或行为模式（例如传统）可以被称为一种制度（Dacin & Dacin 2008）。这可以是一个组织内的特定实践，也可以是例如婚姻制度这种更广泛的社会实践。

此外，制度的大多数定义都强调其持久性、可再现性和规避变化的特征（Palmer et al. 2008）。同时，组织是由规则、规章和程序组成的客观正式结构。当组织“得到社会规范和与之相关的执法能力的支持”时，它们也可能成为制度（Streeck & Thelen 2005：12）。组织内的特定实践也可以制度化。与组织分析（通常侧重于技术环境——即任务、功能和法规）不同，制度分析更广泛，包括支配性的社会力量，如组织中人们的期望、规范和标准（Kraatz & Zajac 1996）。

制度主义有各种流派。自 19 世纪末和 20 世纪初的基础研究以来，制度主义研究领域有了长足发展。但出于讨论的目的，我借鉴了自 20 世纪 70 年代以来一直在发展的新制度主义（new institutionalism）和制度逻辑学观点（Lowndes & Roberts 2013；Scott 2014；Seiznick 1996；Thornton et al. 2012）。新制度主义关注制度规则，但也关注合法性问题以及制度在不同背景下发展相似结构和模式的程度（Meyer&Rowan 1977）。新制度主义方法试图融合社会学、经济学、政治学和组织学中的有关制度理论的关键内容。

我特别借鉴了斯科特的研究成果。他对制度的定义如下："制度由监管、规范和文化认知要素组成，这些要素与相关的活动和资源一起为社会生活提供稳定性和意义。"（Scott 2014：48）斯科特指出了制度的三大支柱：

- 第一个支柱是制度最普遍理解和研究的方面，即监管结构或系统。监管结构或系统"通常是正式的、明确的、法律认可的，由规则和法律表明，通常由国家执行"（Palmer et al. 2008：741）。由于其明确的性质，通常假定使用这些结构来描述制度的总数。
- 制度的第二个支柱被称为规范结构，它是通过道德规范，而不是法律或规则来实现合法化的，并以社会义务为基础。它们包括价值观（什么是可取的或不可取的）和规范（应该如何做事）。规范系统通常会产生角色，这些角色定义了对某些个人的期望。制度的规范性概念并不排除正式规则，但一般来说，制度秩序基于共同的信仰和价值观。
- 制度的第三个支柱是文化认知层面。这些都基于对社会现实的共同的、通常被认为是理所当然的理解。斯科特对文化认知概念的使用指出了外部文化模式之间的相互作用以及这些模式是如何塑造内部解释过程和如何由内部解释过程塑造。换句话说，制度是由个人感觉、思维和行为模式塑造的，同时制度也塑造个人感觉、思维和行为模式，直到这些模式呈现出一种可能是神秘的、但通常也非常稳定的持久性。

虽然我们可以区分和分析制度的这三个支柱，并且可以解读它们不同的组成假设，但制度往往呈现出重叠的逻辑。例如，如果一种制度在规范和监管机制中得到体现，或者如果文化模式符合规范性期望，那么它的合法性就会得到大大加强。显然，相反的情况也是正确的，即如果在同一个领域有其他制度的竞争逻辑在发挥作用，制度就会被削弱。

新制度理论使用场域（field）的概念作为“特定制度在其中运作的领域范围”（Palmer et al. 2008：742）。换句话说，一个场域由“空间”（space）组成，在此空间里，一系列组织围绕一个共同的意义或符号系统相互作用。这些组织不一定是类似的组织或参与者，而是共同组成一个社会部门的参与者。场域可能重叠（例如特定行业的生产领域以及与该行业相关的教育和培训领域），制度可以在多个场域中运作。

制度主义已经发展成为一个成熟的理论和实证研究领域。它已经成为许多社会科学分支的核心，包括政治学、社会学、经济学、政策研究和商业研究（Greenwood et al. 2008）。教育研究是制度主义理论发展的基础，并特别关注国际教育体系的同构性（Boil et al. 1985；Meyer et al. 1977）。最近的研究成果包括对教育管理的关注（Meyer&Rowan 2006），并且已经出现了一个发展良好的工作体系，它将政治学文献中“资本主义的多样性”的观点应用到不同的国家技能体系之间的差异上（Busemeyer & Trampusch 2011；Mahoney & Theien 2010b；Soskice & Hall 2001）。

对不同形式的资本主义之间的差异进行政治经济学分析，特别是盎格鲁－撒克逊放松管制的市场模式以及欧洲和亚洲的协调实例，为理解职业结构的差异以及教育和培训与劳动力市场之间的关系提供了基础（Moodie et al. 2013）。在南非，这项工作对审查技能系统和批评如国家资格框架（NQF）（例如，见 Allais 2012c；Kraak 1999，2004b）政策的研究人员带来影响。这项工作侧重于正式的、主要是监管的层面，并刻意避免非正式的、规范的和文化认知的层面。在教育研究文献中，从制度的角度在微观层面上理解教育过程的研究并不多见。

在探索制度分析为理解案例研究中的课程响应能力和学生就业能力带来什么结果之前，有必要先介绍案例研究并总结其发现。

案例研究和总体发现

一组研究人员[①]对两套相互关联的案例进行研究。案例来自南非经济的农业加工部门和汽车制造及维修部门。农业加工案例包括以下研究：

- 南非糖业协会（Sasa）和南非林业协会（FSA）在教育和培训方面的作用；
- 制糖业和林业中化学工程师的培训情况；
- 由三所大学提供的专门针对林业的项目和一个由制浆造纸工业赞助的专业工程项目。

汽车制造和维护案例包括以下研究：

- 汽车维修和保养国家（职业）证书（NCV ARM）的课程设置和实施；
- 非正规部门技工的技能需求；
- 一家著名汽车制造商的技工发展计划；
- 一所理工大学的机械、工业和电气工程课程；
- 一家重型设备制造商提供的完善的学徒和内部培训项目。

从案例研究中获得的广泛见解与五个课程驱动因素相结合，然后进行专题讨论。

就雇主而言，主要发现是，关于使个人可以就业的原因以及雇主在培训方面的具体责任是什么，观点不一致。最关键的是，雇主们主要是根据教育机构的声誉和对它们的信任进行资格评估。新近获批的不为人知的资格往往得不到重视。人们普遍担心普通教育水平低，这与通常与就业能力中的软技能直接相关（Williams et. al. 2016）。

案例研究包括雇主和教育提供者之间的一些积极伙伴关系，各方都普遍愿意参与。还有一个问题是，项目应如何与特定行业紧密结合，保持一致，因为这实际上可能会限制就业能力，并最终使方案失去吸引力（该问题在 Wedekind & Mutereko 2016b 中进行了详细讨论）。

案例中学生需求各不相同。结构化的支持计划或仅仅有爱心的讲师会带来变化。对大多数学生来说，最大的障碍是物质方面的，如住宿、交通和食物等。

---

① 最终报告中对整个团队表示感谢（Wedekind & Mutereko 2016a）。

政策（或政策缺乏）限制了课程设置，并且在某些情况下限制了目标的实现。例如，国家资格框架（NQF）的要求使得很难在一个面向工作的项目中将不同层次的知识和目的结合。工作学习一体化（work-integrated learning）的要求（以工作安置的形式）给整个系统带来障碍，超出了教育提供者的控制范围。政策和法规还促进了部门或行业内部的协调，从而更容易应对技能需求。虽然政策或法规要求在合规和制裁威胁的基础上做出响应，但也面临社会和环境压力和关切，要求在道德和社会正义的基础上做出响应。例如，改变传统的带有种族或性别歧视的招聘模式，或提高对浪费或工人权利的意识，可能是课程中需要考虑的重要问题，但它们有时会与雇主的观点发生冲突。然而，我们发现这些问题确实提供了一种途径，通过它可以教授更广泛的通用技能。

最后一个影响课程设置的驱动力是组织本身。课程总是由一个组织中可用的各项能力和资源来调整，并且必须与组织程序保持一致。课程决策由人员需求、组织体系和优先事项以及战略决策（如跨项目成果）决定。总体而言，对案例研究的分析表明，响应能力取决于多种因素之间的复杂相互作用，而不是雇主需求和项目实施之间的简单对应关系。

案例研究的结果可以总结如下。第一，课程响应能力需要被理解为跨越与雇主之间的单向关系。在这种关系中，雇主的需求更好地反映在课程设置中。教育机构必须平衡各种驱动因素。这些因素塑造了课程，增强或阻碍了毕业生的潜在就业能力。第二，尽管从案例研究中发现了某些模式，但这些模式在何种方案会增加就业机会以及为什么该方案会增加就业机会这两方面也存在巨大差异。这些案例表明，雇主和教育提供者之间的关系似乎增强了毕业生的就业前景，但这种关系的性质因案例而异。此外，正如在其他地方所发现的那样（例如 Moodie et al. 2013），与受管制职业相关的项目往往可以为学生提供更好的就业途径。然而，尽管这一发现在大多数情况下是一致的，但情况并非总是如此。如下所述，有些资格尚未得到正式确认，但仍然受到雇主的欢迎，而其他符合所有就业标准并受到监管的正式资格证书在劳动力市场上却反响平平。

同样，雇主与教育提供者之间的互动对课程的影响程度也有很大差异。部分雇主提供的直接投入很少，其他雇主则在确定课程方面发挥了重要作用，还有在其他情况下，课程设置是通过对话制定的。因此，就最佳做法而言，不可能得出任何具体结论。

鉴于这些发现不太具有确定性，那么，人们如何分析是什么塑造了行为模式呢？下一节将说明新制度理论为理解数据中的异常现象提供了一个有用的视角。

通过制度视角深入研究案例

在后文中，我将更详细地探讨案例研究中的一些例子，并利用前面讨论过的制度主义的三大支柱（监管性、规范性和文化认知性），来考察案例研究中的项目如何制度化以及制度化对参与这些项目的学生的就业能力意味着什么。

制糖业

南非糖业协会（SASA）提供了一个范例，说明如何将一系列组织和做法制度化，以确保系统中各组成部分的参与者了解在制糖业就业的人群需要何种技能。

南非糖业协会是南非制糖业的协调机构，机构中包括糖类作物的生产者（农民）和糖类产品的生产者（加工厂）。南非糖业协会及其附属机构还通过南非甘蔗研究所（SASRI）和制糖研究所（SMRI）对食糖生产周期的各个方面进行研究，在产出新知识方面发挥直接作用。这些机构通过培训项目传播新知识。此外，舒克拉培训中心（Shukela Training Centre，STC）对该行业从业人员提供技术技能方面的直接培训。

随着时间的推移，南非糖业协会和各种实体及附属机构已经在多个层面实现制度化。在监管层面，南非糖业协会相当不寻常，因为它是一个受议会法案管辖的法定机构。这确保了它有权要求行业内的所有参与者都参与进来。通过各种正式安排，每个人都理解并同意南非糖业协会制订的有关南非制糖行业、行业技能需求以及培训方案和资格的决定。这种监管环境与南非糖业协会提供给附属机构的价值有历史共识。在采访南非糖业协会官员和制糖业的从业人员时，南非糖业协会的价值和制糖行业的特殊组织方式一再被强调，其方式超出了正式的监管层面。在南非糖业协会，工作角色的习惯化有一个规范性的层面。南非制糖业出现以来，该行业内已有数十年的历史和文化积淀。

这种共识反映在南非糖业协会内部的培训过程中，同时也反映在组织外部的技能招聘模式中。业界共识的核心是南非糖业协会提供的两门认证课程。在与雇主的访谈中，我们多次了解到，“行业中的每个人”都明白，南非糖业协会提供的初级和高级证书涵盖了制糖业从业者需要了解的关于制糖过程的一切知识。不论是被农场主认定为未来技术工人的农场工人，还是新近招聘的拥有博士学位的科学家，或者是管理人员，人们都认为业内的每一位从业者已经完成了证书学习。这种情况甚至适用于非洲其他制糖地区的人群。然而，这些证书在南非教育系统中尚未获得正式批准，因为它们没有在国家资格框架（NQF）中注册。每一位受访者，无论是课程参与者、课程教师还是雇主，似乎都不担心缺乏正式身份。答案总是一致的：“制糖业的每个人都知道并意识到这一点，这有什么区别吗？”当南非糖业协会的官员被问及他们决定不在国家资格框架中注册该资格的原因时，他们解释说，他们曾经对此进行了了解，并试图完成注册程序，然而，许多因素导致他们决定不进行注册。

其中一个影响因素是，南非糖业协会提供的初级和高级证书不符合国家资格框架预定的资格和级别。当他们试图将资格与某一特定级别相匹配时，他们发现他们的知识和技能组合与任何一个特定级别的规定都不匹配。这些证书在一定程度上是入门级的，因此必须处于较低的级别，但证书的内容包括一些超过该级别的技术和科学知识。

考虑到大多数从业者都具有丰富的行业经验或先前学历，因此学生成分是复杂的。如果资格注册级别高的话，录取可能会受到限制，因为一些参与者没有必需的先前学历；因此，需要对以前的学习过程进行综合识别。如果资格被正式确定在较低的级别，人们担心证书会失去它们在行业中的声誉，从而会损害它们的价值。此外，证书课程项目不能与国家资格框架的所有资格证书所遵循的每年 120 学分的要求保持完全一致。

另一种选择是将资格证书注册为一系列单元标准（unit standards），但这将破坏对课程起基础作用的制糖周期逻辑。最终，我们被告知，如果调整证书方案，与所获相比，它将失去更多，即使这意味着证书获得者不能把学分转到其他资格证书，并且证书的合法性也会受到质疑。然而，即使证书的可转让性似乎也没有受到影响，因为有这样的例子，当学生离开制糖业进入其他以农作物为基础的行业时，他们持有的证书得到制糖行业以外的雇主的认可。在这种情况下，资格证书不是通过规章进行制度化的，而是通过规范进行的制度化。

南非制糖协会提供的所有课程并不是都在正式法律框架之外运作。舒克拉培训中心是一个半自主的培训机构，它提供一系列不同领域的课程。培训中心必须遵守监管框架，因为许多资格课程并不限于制糖业。例如，锅炉制造工或电工等职业的培训是在注册的培训地点和职业测试中心进行的，而且毕业生将具备符合通用标准的资格，而不是满足制糖业的特定需求。然而，鉴于国家课程的过时特性和制糖业所需的特殊技能，官方课程添加了一些“填补空白”的模块。例如，因为起重设备严重依赖气体力学，技工培训将此方面知识作为项目的一部分，尽管职业测试中并不要求进行测试。舒克拉培训中心的主任解释道，规定的课程和评估系统是需要涵盖的最低限度，而不是涵盖范围的极限。这样一来，学生能够达到国家标准，而培训中心根据行业要求进行了培训，并能够做出响应。在这种情况下，制度化通过监管和规范过程以相辅相成的方式发挥了作用。

林业

林业的例子可以用来进行比较。南非林业协会（FSA）是一个更松散的协调机构，以自愿参与为基础，资金来自其成员的捐款。虽然它代表90%以上的木材种植园主，[①] 但它并不具有法定地位。它不直接参与培训，而是与培训系统互动，在纤维加工和制造方面的行业教育培训管理局（FP&M SETA）的机构中代表该行业，并直接与主要的教育提供者互动。斯泰伦博斯大学（Stellenbosch University）通过开设一个林业和木材科学专业项目，传授高级科学技能，培训高级管理人员。FSA 与该大学相关院系保持定期沟通，并在他们的课程开发过程中提供帮助。

中级林业职位，如护林员和造林员，在纳尔逊·曼德拉大学（NMU）的萨斯维尔德（Saasveld）校园接受培训。该校园前身是一所林业学院，于 1985 年并入伊丽莎白港技术学院（Port Elizabeth Technikon），随后于 2005 年并入纳尔逊·曼德拉大都会大学（现 NMU）。几十年来，纳尔逊·曼德拉大学的林业项目一直是南非林业行业的主要技能培训基地，以至于“萨斯维尔德”一词被广泛认为是该行业特定培训级别的标志。在各种企业招聘广告中，萨斯维尔德（而非实际资格）被明确列为从事林业资格的一项先决条件。从一个规范的以及文化认知的层面上来说，斯泰伦博斯大学和萨斯维尔德已经成为进入林业行业的制度化途径。它们代表着一种教

① 见 http：//www. forestry. co. za/general-information-about-forestry-south-africa/。

育产品，业内人士都知道并理解这一点（高度类似南非糖业协会颁发的证书），部分原因是几乎所有在业内身居高位的人士都是通过这些途径获得相应从业资格。从这个意义上来说，它是一种基于共识和信任的价值假设，并未直接与课程的具体内容产生关联。

南非还有许多其他机构（大学和学院）提供从事与林业相关的资格。这些资格的名称和级别在技术层面与斯泰伦博斯大学和纳尔逊·曼德拉大学提供的资格相同。对课程和学习成果的分析发现它们的课程设置高度相似。然而，从其他院校毕业的学生很难在这个行业找到工作，而从斯泰伦博斯大学和纳尔逊·曼德拉大学毕业的学生就业的机会极高。导致这种现象的原因是什么？当被问及这一问题时，南非林业协会的高级官员表示，这些机构并没有就这些项目的需求适当地征求他们的意见，他们并不熟悉这些项目的内容，一般也不能证明其质量的优劣。人力资源招聘官员和负责招聘的管理人员给出了类似的表述。一些人不知道已经有机构提供这些课程，并质疑它们的必要性，因为拥有悠久历史的多所大学已经为南非林业系统提供了足够的教育项目。

从本质上来说，通过这些历史模式以及南非林业协会和大学之间、雇主和新聘人员之间的反复互动，从特定大学获取资格的模式已经制度化。随着时间的推移，这已经成为一种文化认知结构，它再现了一种不受监管但被该行业从业人员理解的做法。不了解这些文化认知的教育机构试图进入这一领域，结果就是学生无法获得能使他们就业的资格证书。尽管事实上，在技术层面上，这一证书与其他机构提供的证书是完全一致的。

制浆造纸业

林业中的另一个例子是制浆造纸业。它突出了制度化的安排如何随着时间的推移而改变以及上述那些制度化的做法如何发生改变。人们发现制浆造纸业中从事研磨相关工序的中级工程技术人员的供应存在缺口，该行业因此与一所特定的理工大学建立了合作关系，以提供定制项目，为这些职位培训学生。[①] 业内人士认为，这些级别的普通化学工程项目没有充分关注制浆造纸业所涉及的具体工艺，而且还认为培训从事这些工艺的人员是有好处的。从许多意义上讲，该项目在伙伴关系安排方面堪称典范。课

① Wedekind 和 Mutereko（2016b）对此案例研究进行了详细描述。

程由行业机构和大学共同设置，经验丰富的员工被临时派往大学任教，由行业支付教学费用，他们还能提供来自工作场所的经验，因此该项目的毕业生具有很强的就业能力——事实上，他们毕业后就业几乎都有保证。此外，该行业还有慷慨的奖学金计划，资助大多数学生，确保他们能够吸引最优秀的毕业生进入制浆造纸业工作。

这种伙伴关系已经保持了二十多年，在这段时间内已经制度化，为制浆造纸业提供了稳定的技能渠道。然而在研究过程中我们发现，很明显这种伙伴关系没有以前那样稳定了。许多与背景和组织相关的因素导致了对伙伴关系各个组成部分进行逐步调整，原因是这些组成部分开始削弱伙伴关系的价值。原因之一是这种伙伴关系是在行业扩张并实现盈利的时候建立的。然而，该行业寻求各种方法以削减成本开支，特别是在全球经济衰退和货币贬值导致投入成本增加之后。保持这种合作关系需要大量资金投入，而且也被认为是非核心业务。能够实现节约的领域之一是学生招聘。历史上，奖学金一直提供给在学校最后两年学业优秀的学生。从学校招聘学生的程序取消了，剩下的几笔奖学金在学生完成注册后提供。这导致申请者的质量逐渐下降（以学校成绩衡量），因此对于那些没有被化学工程录取的学生或那些无法获得其他资金来源的学生来说，这个项目越来越成为一种后备选项。

外部经济环境发生变化，伴随的是大学自身的组织环境也出现了变化。该项目是在该学校还是一所职业技术学院①时制定的，当时行业联系对于该机构尤为重要，而且工作经验是遴选教职工的主要标准。然而，一旦职业技术学院成为学位授予机构，尤其是在他们获得大学地位之后，它的组织使命和文化发生了转变。工作人员在从事研究和获得更高学位方面面临的压力越来越大，学生入学的动机也转向获取学位和研究生项目方面。该项目在大学中的地位和价值下降，要求工作人员专注于研究的压力日益增加，导致该项目的价值逐渐降低。

学生自己对这个项目的期望也发生了变化。部分原因是，由于该项目不再招收学校中的成绩最高的学生，所以入学的学生将来不一定会从事制

① 南非的职业技术学院（Technikon）是以职业为导向的高等教育机构，提供与行业相关的资格证书，与英国和其他地方的理工院校非常相似，2003 年，这些大学被改为可颁发学位的理工大学。

浆造纸方面的工作。受访的学生都表示，他们不知道有这个项目或行业，直到他们到大学注册其他项目时，才意识到有这个机会。他们中没有一个人有强烈的意愿从事制浆造纸业工作。虽然该项目仍然确保学生拥有良好的就业前景，但学生们对这一点持负面态度，因为这个项目仅仅与制浆造纸业这一个行业紧密相关。学生们最关心的一个问题是，该项目虽然得到了行业中雇主的认可，但它并没有得到南非工程理事会（Engineering Council of South Africa，ECSA）的认可和授权，因此项目没有为毕业生进入其他相关行业提供就业机会。

诸多因素（包括环境、机构及其内部动态变化、行业自身做出的战略决策以及学生对长期流动能力的渴望等方面的结合）导致制度的规范和文化认知支柱发生改变。因此，尽管监管层面保持不变，但随着时间的推移，共识发生了变化，制度也就被削弱了。

汽车维修和保养

最后一个例子来自汽车行业。该行业引入的新资格证书——汽车维修和保养（职业）国家证书（NCV ARM）为汽车维修和保养方面的一系列职业提供一种基本资格。该资格证书在国家资格框架上注册，由公立大学提供，国家高等教育与培训部（DHET）资助。然而，我们发现，尽管课程内容涵盖了汽车维修相关职业所需的大部分知识和技能，但雇主们要么对具有这种资格的毕业生浑然不知，要么对雇用他们不感兴趣。汽车维修和保养领域的各个机构与教育提供者大学之间似乎完全脱钩。与上面列举的几个例子不同，汽车维修和保养行业是一个迅猛发展的非正规行业，它的协调性要差得多，行业中有无数中小型企业，它和少数几个大型跨国公司关系并不密切。

当雇主被问及他们的招聘方式时，他们回答的招聘途径五花八门。非正式作坊的学员通常来自亲友网络（Okoye 2018），许多较小的公司也是如此。规模较大的公司继续重视与过时的课程和职业测试相关的传统学徒途径。这是基于对一个人如何进入这个行业的规范和文化认知的制度性理解，建立在雇主个人职业道路的共识之上（类似林业的例子）。由于没有监管这一领域的法规，汽车维修和保养（职业）国家证书（NCV ARM）似乎不太可能成为进入该行业的一条制度化途径；因此，拥有这个国家证书的这些学生被认为不适合就业。然而，有特许服务中心经营权的大型跨国公司已经开始与大学和国家高等教育与培训部合作，重新设置该国家证书课程，以更好地满足他们的需求。有迹象表明，该课程设置最终可能会被行业接受，成为进入结构化的学徒制或一些初级职位的基础。如果这一发展成为现实，汽车维修和保养（职业）国家证书（NCV ARM）可能会逐步得到认可。因为许多在小型企业工作的人都在大企业接受过培训，这种模式可能会成为制度化的规范。然而，这是一个缓慢的过程，由于毕业生未能在大型企业参加培训，因此缺乏就业能力，进而影响该国家证书的可信度。

上述各个示例都说明了资格和雇主在特定领域中互动的不同方式。领域本身受到监管的程度差异很大，而且机构参与者的互动正式化的程度差异也很大。资格证书的地位也不尽相同，无论是在官方法律地位方面，还是在该领域的规范（和文化认知）地位方面。最后，下一节将讨论这种制度分析对于考虑课程响应能力和就业能力方面的政策和实践方面有何种意义。

认真对待制度安排

本文重点讨论的是加强或削弱实践制度化方式的机制。研究揭示了雇主、决策者和教育提供者在某个领域内进行互动的一些不同方式以及对该领域内学生就业能力的影响。

这些案例研究强调了教育机构必须应对的一系列复杂的驱动因素。这表明，必须清醒地认识到，仅仅关注雇主的需求不一定是可取的。即使课程设置能够满足雇主的需求，这本身并不能保证学生具有就业能力。上述分析表明，一个项目或资格证书要想成功地让学生具有就业能力，就需要在特定行业或领域内将其制度化。项目制度化的方式各不相同。它可以通过制定和执行规定来实现，例如许多专业领域要求从业者持有特定的资格证书。通常，随着时间的推移，规则成为规范，因此几乎不需要强制执行。这是穆迪等人（Moodie et al. 2013）在研究澳大利亚职业教育与不同职业的联系时提出的加强监管的观点。然而，在诸如南非这种监管和执行能力薄弱的国家，试图通过强制手段实行制度化可能会导致类似汽车维修和保养（职业）国家证书的后果。

强大的制度是逐步建立的，并通过监管、规范和文化认知的制度化过程相互加强，从而产生一种难以改变的弹力。研究中的多个案例都指出了这一点，不同程度地强调了制度各个支柱的重要性。就制糖业而言，监管支柱薄弱，但规范性和文化认知强大。就学徒制而言，监管支柱更强，但也因为深层次的规范性和文化认知，从而制度化得到加强。传统的和学徒制挂钩的资格证书与今天的没有什么关系，似乎主要是基于从业者根据自身经验达成的共识。政府试图通过取代相关的国家认证技术教育文凭（ATED）资格来改革这一制度，但却遭到了强烈抵制，以至于不得不撤销监管决定。

尽管弹性是制度化实践的一个特征，但这并不意味着制度不会随着时间的推移而改变和削弱（Mahoney & Thelen 2010a）。一些制度化的实践已经变得越来越脆弱（例如制浆造纸业的例子），并且有可能在适当的时候，类似汽车维修和保养（职业）国家证书这样的资格认证会被制度化。

虽然将一种实践制度化不能一蹴而就，但认识到制度的三大支柱是相辅相成的就意味着教育方案改革和为学生带来积极成果的战略应该针对这三个方面。法规的制定和执行是第一个层次，也是决策者的关注焦点。颁布新的资格证书、建立质量保证体系、在资格证书框架上对活动进行编码以及课程标准化都是用来界定教育领域的监管机制的一部分，而且也是制度建设过程中重要而且必要的一个环节。然而，如果不认真对待其他两个支柱，就不可能成功，或者说需要更长时间才能成功。归根结底，人们应该试图在现有的规范和文化认知理解的基础上实现制度化，或者发展新的理解，最终消除对监管和执法的需要。这可能要求对现有的规范提出质疑、替换或重新设计，并承认或质疑文化认知假设。这不能通过法令来实现，需要包括雇主、协会、学生和教育工作者在内的一系列利益相关者之间进行更广泛的对话。这些过程的可预测性很低，观点也会受到质疑。但如果没有这种层面的参与，监管改革最多只会带来薄弱的制度。因为制度化的过程通常是缓慢的，因此，与完全改变现有做法的各个方面相比，基于现有制度的制度化可能更容易。如果政策制定者更多地关注特定行业领域的共识（例如，认可传统的学徒制、有崇高声望的资格名称，或者认可某些教育提供者），那么他们可以在这些共识的基础上巩固加强现有制度或逐步建立新制度。

制度分析揭示了一幅相当混乱的画面。从国家的角度来看，自然倾向于试图通过监管来施加秩序，这在威权主义和强制的情况下是可能的，但它几乎不可避免地会产生不可预见和不受欢迎的后果（Scott 1998）。在民主的、异质的且往往更脆弱的国家，自上而下的实行强制措施也不太可能成功，尤其是当监管与短暂的政治周期挂钩时。只有在高层次上才能达成更深层的共同理解。他们需要来自企业、协会分支机构和学生教室层面的参与。这是一项复杂的工作，但其结果将是制度具有弹性，并且会长期存在，制度会确保培训和教育为所有人带来真正的好处。

要了解职业途径的范围以及如何加强这些途径，需要开展更详细的工作，针对具体行业进行研究。我认为，从制度角度出发，着眼于监管支柱以及规范和文化认知支柱，为思考如何加强整个领域以支持教育机构、雇主提供了一个更富有成效的视角，最重要的是给那些努力想获得工作的年轻人提供机会。

第三部分

为技能规划和发展设计有效的制度安排并为其提供资源的新方法

国家发展政策要求企业升级技术并进行创新，以便企业能在全球和国家经济中提高生产力和竞争力，并在高失业率背景下创造更多就业机会，实现可持续和包容性增长。这意味着教育、培训和所需技能的性质正在迅速变化，对校后教育和培训（PSET）机构提出了挑战，要求它们更有灵活性、适应性更强、响应更迅速。

在第二篇文章中，约翰·布坎南（John Buchanan）提出了一个替代占主导地位的技能发展模式，即基于“能力—强知识”（capabilities-powerful knowledge）的技能规划来设计一种新的技能提升方案。值得注意的是，有效的响应不仅仅需要可靠的数据来预测未来的技能需求，还需要“为有效的制度安排进行设计和资源配置”。第二部分各章提供了详细的实证证据，说明这种“复杂的制度安排”是如何在不同部门的技能层面上运作的。这种任务不是政府所独有的特权，而是由私营部门、市场和民间社会组织的利益、行动和制度安排决定的。它们在职业群体、工作场所、教育和培训机构的中观和微观层面进行互动。

类似的一个关注促成了本书第三部分论文中的各个研究。劳动力市场情报伙伴关系（LMIP）的研究小组提出了一种不同的、系统的、动态的范式，这种范式偏离当前的静态和线性的供求关系模型。它的实证重点是三个部门创新系统（sectoral system of innovation，SSI）：夸祖鲁－纳塔尔省的甘蔗种植和加工（Petersen 2015）、东开普省的汽车零部件制造（McGrath 2015）以及全国范围内的天文学和平方公里阵列射电望远镜（SKA）项目（Gastrow 2015）。

在第七篇文章中，格琳达·克鲁斯（Glenda Kruss）和伊尔－哈姆·彼得森（Il-haam Petersen）提出了研究框架，接下来的各章在不同的实证案例中使用了这一框架。在第八篇文章中，迈克尔·加斯特罗（Michael Gastrow）、克鲁斯和彼得森分析了针对 SKA 制定的创新和技能发展体系，说明南非支持学习和积累新知识的预先规划能力以及在南非发展高技术、前沿科学部门的能力。在第九篇文章中，彼得森和克鲁斯分析了制糖业创新系统的参与者、关系网络和制度安排，以阐明公共和私营中介机构在技能发展中发挥的关键作用。该研究强调了向系统性思维转变的必要性，并指出协调对于弥合公共和私营目标之间的差距至关重要。

在第十篇文章中，克鲁斯、西蒙·麦克格拉斯（Simon Mcgrath）、彼得森和加斯特罗比较了上述三个案例，分析了高等教育在技能发展中的作用。这项研究强调大学需要提高在组织、网络和系统中的互动能力和创新能力。这也就意味着这种技能规划模型也解决了大学塑造其核心教育和培训活动的能力问题，并通过感知变化、协调和整合大学内部的各种新机制和结构，更加注重组织学习。

理解行业创新系统中技能发展能力的框架

格琳达·克鲁斯（Glenda Kruss）
伊尔－哈姆·彼得森（Il-haam Petersen）

劳动力市场情报伙伴关系（LMIP）的一个研究小组提议采用基于进化经济学（evolutionary economics）的创新系统方法，而这一个概念框架在南非尚未被系统地或广泛地用来指导技能规划。就创新系统方法而言，解释经济增长和发展的核心是关注企业的知识、技能和学习能力与教育和培训子系统的知识、技术和创新能力之间的一致性。

> 基本上，创新系统分析所依据的理论是关于学习过程的，涉及具备技能但并不完善的各个理性主体和组织。它假设：各个组织和主体有能力通过搜索和学习来提高能力，它们是在与其他主体的互动中这样做的，并且这反映在创新过程和结果中，表现为各种创新和各项新能力。（Lundvall 2010：331）

创新系统分析提供了一种系统方法，描绘了关键系统和子系统中的主要参与者，以及它们之间的联系和网络；它追溯了随着时间的推移而发生的变化以及以前的历史轨迹和条件如何产生可能的结果；它侧重于互动，绘制知识和资源在行为者之间的流动状况，以促进学习和创新；它以学习、能力和互动为重点，使我们能够发现组织内部可能存在的弱点，这些弱点与组织的制度安排和能力相关，或者能使我们发现系统外部的弱点，包括网络之间的错位、缺失的组织以及知识和资源流动的关键障碍。

劳动力市场情报伙伴关系的研究小组提出，这种方法将有助于进行分析，突出企业、校后教育和培训（PSET）机构以及中介机构的能力，从而实现有效的技能发展。良好的技能发展网络的一个范例是一所理工大学的工作学习一体化办公室（work-integrated learning office）。该大学具有制度地位，可以调配足够的资源来协调跨专业和院系的活动，与企业建立长期伙伴关系，指导和支持学生，使其融入大学教学活动中，并确保学生能够接受高质量的工作场所学习以毕业。

另一个范例是行业咨询委员会，它是企业和理工大学在特定职业和学科领域进行互动的一项有效机制，并可能提供一种模式，从而更有效地加强各大学或职业技术教育与培训（TVET）学院的知识和资源流动。或者，可以在更大范围内复制各私营行业部门协会在联系企业和大学或学院的特定院系方面发挥的关键作用。

还有一些现有做法会带来障碍或者扩大差距。例如，企业可能不愿意出于融合工作和学习的目的来接纳实习生，这阻碍了合格毕业生的流动。大学学者可能会对企业提出的要求做出负面回应，因为他们可能会认为这是一种强加的狭隘的工具性导向，与他们为民主未来培养全面发展的公民的使命背道而驰。或者，一所职业技术教育与培训学院可能不具备最新的技术基础设施，无法按照企业要求的方式培训学生，这导致企业建立替代性的内部培训或私人培训机制。

这种能力的缺乏导致企业和公立高校之间的错位，并导致在不同层次具备特定部门或职业所需技能的可就业毕业生的短缺。通过系统分析，我们能够确定提高技能发展能力的具体方法，并提高教育和培训机构的灵活性和适应性。

这种概念方式也带来了方法上的创新。南非的技能发展和规划研究倾向分散校后教育和培训体系的子系统。有些专家研究高等教育的作用、贡献和挑战，有些研究关注职业技术教育与培训，还有专家研究成人基础教育和培训（ABET），等等。相比之下，本研究关注的是一套全面的和概念上整合的部门创新系统的案例比较，因为该系统在一个特定的空间位置进行整体运作。这些案例研究以综合交叉的方式调查了所有类型的企业、校后教育和培训子系统和中介机构内部和之间的技能发展安排。

从设计阶段开始，我们的计划就是在这些案例研究完成后对其进行分析，用对比的方式研究关键问题。例如，如果我们比较每一个部门系统满足其技能需求的程度，我们能够确定在这些具体情况下运作良好的组织形式以及这些形式推广到更广泛的其他行业和环境的相关性和可应用程度。如果我们综合所有案例来调查共同之处，我们就可以确定具有重要意义的制度安排、能力、激励机制和干预措施。因此，从实证模式的分析中抽象出来，我们就有能力为政策辩论提供信息，从而发展技能规划和发展的新模式。

为什么要专注于构建网络和互动能力?

该研究框架借鉴了以往关于大学在国家创新和发展体系中的作用的研究成果。有许多研究关注的是发展中国家的大学和企业之间的互动，互动目的是促进创新和经济发展。这项研究的对象扩展到分析大学与一系列外部社会伙伴的互动，这些伙伴包括政府、社区和民间社会组织（Kruss 2005；Kruss，Visser et al. 2012）。研究重点是了解能够促进或限制不同形式的互动的制度政策、结构和机制以及它们相应地对一个部门的各个企业和大学带来的益处。这项研究主要侧重于大学在知识创造、研究和创新方面的作用。然而，创新和技能发展在本质上是相互关联、相互依存的；因此，大学进行教学时的知识传播作用与创新密切相关。因此，尽管这不是主要关注点，但之前的创新研究结果强调了为高技能专业和职业培养具有高技能的毕业生方面相关的动态因素。

劳动力市场情报伙伴关系的研究小组决定去研究新问题和新见解。新问题将会被提出，如果要更系统地应用创新方法，直接关注整个校后教育和培训系统的技能发展，可能会带来新见解。国际文献中这方面的研究成果越来越多。拉尔的研究成果（Lall 1992，2001）强调了在各个劳动力层次发展技能的重要意义，突出了校后教育和培训机构在所有技能层次上的重要性。最近，伦德瓦尔和洛伦兹的研究强调了职业教育和培训对发展中经济体“企业学习”的重要性，并提出，职业教育和培训不应该只关注学历，还应该关注“在培训熟练工、技术人员和工程师时，要发展实践技能，促进基于经验的学习”（Lundvall & Lorenz 2012：13）。在这方面，出发点是首先确定对企业而言较为重要的各种技能和能力，并考虑企业如何建设这些能力，以提高生产率，促进技术升级，从而促进经济增长。

为案例研究设计方法和工具而突出分析单元和提供可操作的概念需要若干步骤。第一，创新系统研究通常把企业置于分析的中心位置，而研究文献在分析企业方面则要强大得多。文献中挖掘的概念可用于启发对大学的研究，并借鉴了高等教育文献中的概念，以促进更深入地分析国家创新体系中的校后教育和培训系统。第二，现有的研究工作必须扩展到调查大学以外的其他校后机构（post-school organisation），如职业技术教育与培训学院，它们具有明确的知识重点、战略目标和组织形式。第三，这些概念需要重点关注和理论化校后教育和培训系统在技能发展中的作用。研究小组提出，最合适的概念区分来自冯·滕泽尔曼（Von Tunzelmann 2010）的研究框架，它强调网络中参与者的一致性、各项能力和互动能力（Von Tunzelmann & Wang 2007）。

本文概述并界定了案例研究中的关键概念，这些概念将在随后的章节中根据实证趋势进行详细阐述和完善。

网络和互动能力框架

考虑到各个工业部门在知识库、技能需求和制度条件等方面存在巨大差异，因此分析的重点是部门创新系统（sectoral system of innovation，SSI）。部门（sector）不仅仅强调产业集中程度，它是“一组共享一些基本知识的活动，一些相关的产品组把这些活动统一起来，以满足特定的或新兴的需求”（Malerba 2005：65）。

图 1 提供了南非部门创新系统中的参与者、潜在流程和交互式学习的总体表现形式，说明了如何映射该系统是研究技能开发网络和主要参与者互动能力的基础。我们整合了马勒巴（Malerba 2005）的部门创新系统框架和冯·滕泽尔曼（2010）的互动能力和网络协调框架，并确定了四个主要的构建模块来分析调整技能需求和供应的性质和程度，即：

- 共同知识库和类似技术；
- 参与者和网络；
- 制度；
- 互动能力。

对处理日常活动的互动能力的关注使实证关注点转移到系统各部分之间的网络协调方面（Von Tunzelmann 2010；Von Tunzelmann & Wang 2007）。就我们而言，我们关注互动能力，这使得重视系统和制度环境中参与者的（组织）能力变得至关重要。

需要强调的是，需要了解特定部门现有技能发展的结构、主体、机制/策略和动态。分析单元是部门创新系统中的来自校后教育和培训机构、企业和劳动力市场中介机构等方面的主要参与者之间的互动，从中可以确定影响政策干预措施的挑战和瓶颈。

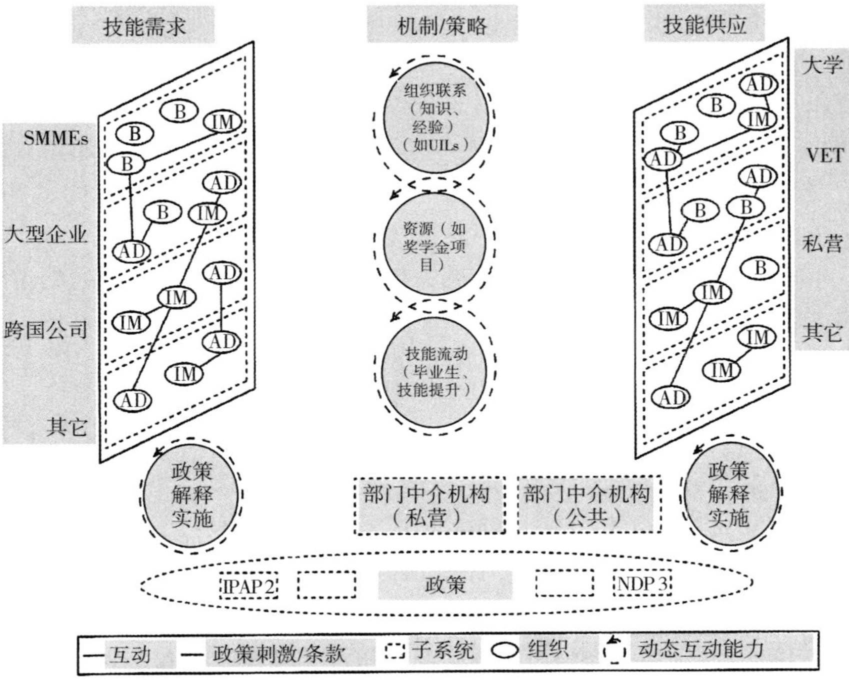

图 1　部门层面的能力建设过程

注：AD：高级互动能力；B：基本互动能力；IM：中级互动能力；IPAP2：行业政策行动计划 2；NDP3：国家发展计划 3；UILs：大学 - 行业联系；VET：职业教育和培训。

该研究方法需要数据来描述关键的参与者（企业、大学、学院、政府机构）以及这些参与者之间的关系，重点是技能的产生和流动（Lorentzen et al. 2011）。图 1 提供了一个映射部门创新系统的框架，作为研究网络和互动以及主要参与者的互动能力的基础。我们将在本文的后续部分中详细阐述支撑四个构建模块的各个概念。

四个构建模块

四个关键性概念提供了该研究方法的基础，我们下面依次介绍每个概念。

知识库和技术

部门创新系统方法强调知识和学习在创新过程中的作用。假定是：一个部门的各企业都围绕相似的知识库进行搜索以促进其生产活动，都面临相似的技术（以及与国家和全球技术发展相关的挑战），都从事相似的生产活动并且受到相同制度环境的影响（Malerba 2005）。因此他们的学习和组织模式都是相似的。但是，就某个部门的各企业先前的学习经验、能力、组织惯例和文化以及机会条件而言，它们在某种程度上又可能各具特色，互不相同。

企业的知识库和适当技术的可获得性可能会限制创新和学习。同样，企业所搜寻的部门知识库有可能带来技术升级和创新的障碍或机遇。部门创新系统中的互动性和动态相互依赖关系可以成为学习、组织变革和创新的源泉。因此，需要对网络加以重视。

参与者和互动网络

创新是一种互动的或“网络化”的活动，由参与者所处的机构来开展。参与者网络包括企业（例如生产商、原料供应商）和“非企业”机构（例如大学、政府机构）之间的互动，还包括子部门（例如研发部门）或组织团体（例如行业协会）以及通过市场和非市场关系建立联系的个人（例如科学家、企业家）。因此，分析一项部门创新系统就要调查各类参与者，与创新及其商业化相关的知识的产生和交换过程中都涉及它们（Malerba 2005）。互动和网络的结构与性质因部门系统而异。部门创新系统分析的中心并不是参与者（通常是公司）的类型，而是“将动态、过程和转型三者置于分析的中心位置”（Malerba 2005：64）。因此，部门界限不是给定的，也不是静态的，而是动态的。

结构网络分析（SNA）用于绘制网络的参与者、结构和互动情况，从而能够识别不同形式的组织、（实际的）网络中介机构以及缺失的组织和关联。然而，SNA 的局限性在于它提供的网络“图像”是静态的。也就需要额外的数据来阐明部门创新系统中各组织的互动和技能发展战略的动态和利弊。

制度

制度环境在塑造部门创新系统中参与者和参与者网络之间互动的结构和性质方面发挥着关键作用。制度泛指行为的各种规则或指南。部门创新系统方法认可不同类型和层次的“行为指南”：正式的（例如制度政策，国家政策）和非正式的（例如组织文化）、有约束力的（具体规定的）和通过互动产生的（例如合同）、国家层面的（例如专利系统）和行业部门的（例如行业劳动力市场）。这里，还确定了制度的“子系统”（例如大学、继续教育和培训学院），每个子系统都有自己的“行为指南”。

因此，部门创新系统方法的主要假设是，创新和学习（技能发展是这些过程的核心）在由制度环境形成的网络中进行，参与者改变制度或被制度改变。

能力、互动能力和动态互动能力

冯·滕泽尔曼的研究方法对我们当前的研究目的最有用的是，它突出了有效互动所需的特定能力集合的重要性。

能力（competences）源于生产商品和提供服务方面的投入，即个人和企业的预设属性，通常由例如校后教育和培训机构的组织产生（Von Tunzelmann & Wang 2003）。在我们的研究框架中，能力有两种形式，即：

- 包含在组织的人力资源和组织惯例中的隐性知识；
- 存在于组织结构、技术、正式政策或其他物质资源中的可编码知识。

一个参与者的组织过程或常规是由它的能力决定的，它的能力和它可利用的战略选择都取决于途径（Teece et al. 1997）。能力还包括影响学习的认知方面，例如信念和态度。例如，对于希望采用新技术的企业来说，招聘大学毕业生或技工可能是一项必需的内部能力（Audretch & Vivarealli 1994，Lammarino et al. 2009）。然而，仅仅雇用毕业生或有资质的技工并不能保证企业成功地学习到或采用新技术。

这需要“互动能力”——在此定义为组织进行学习和积累新知识的能力，以及组织将行为、社会和经济因素整合到一组特定结果中的能力（Von Tunzelmann & Wang 2003，2007，引自 Lammarino et al. 2009）。互动能力是适应性学习过程的结果，在其集体维度中可以高度本地化，从而得到系统能力。这意味着，在一个特定的区域或场所，高素质人力资源的集中本身不是一种能力，而是一种资源（所拥有的能力），这种资源通过学习，可能会成为企业的技术能力，成为校后教育和培训机构或整个系统的学术能力。与人力资源或与外部参与者的合作联系相关的所有变量都应被视为组织能力的决定因素之一。

在动态变化的背景下，就动态竞争和制度变化而言，部门创新系统中的参与者需要一套额外的能力，即有效地且高效地应对非常规环境变化的能力。环境的变化也经常导致组织能力发生变化。在研究文献中，这种能力通常被称为"动态能力"，它强调战略管理在做出适当调整、整合和重新配置内外部组织技能、资源和职能能力以适应不断变化的环境时发挥的关键作用（Teece et al. 1997：515）。

根据冯·滕泽尔曼（Von Tunzelmann 2010）以及冯·滕泽尔曼和王（Von Tunzelmann & Wang 2007）的研究成果，我们将此类能力称为"动态互动能力"，它区别于日常活动所必需的互动能力和需要更灵活应对非常规环境变化时的互动能力。帕夫洛和埃尔·萨娃（Pavlou & El Sawy 2011）确定的四种动态能力对我们的研究很有帮助：感知、学习、整合和协调（见图 2 和图 3）。

如图 1 所示，一个组织，比如一家企业或校后教育和培训机构，有效而且高效地应对业务和制度环境变化的能力，取决于通过其组织过程或常规活动适当运用组织能力。因此，管理层需要识别（或感知）给组织带来机遇、风险或约束的环境变化，并识别组织做出常规响应的能力。组织的适当响应需要利用组织的能力，并且通常涉及新知识和能力的获取。企业或校后教育和培训机构（通过学习）转化了这些新知识和能力，同时这些新知识和能力（的学习）也改变了这些企业或校后教育和培训机构。然后需要把这些新知识和能力整合到现有的组织结构和流程中。最重要的是，这一进程的成功取决于管理层和领导层的有效协调。

这里，马勒巴和冯·滕泽尔曼的研究框架都有不足之处。两者都没有提供必要的分析工具来分析关键个人的技能在寻求相关知识和协调学习中的作用。弗莱格斯坦（Fligstein 2001）以及弗莱格斯坦和麦克亚当（Fligstein & McAdam 2012）提出的"社会技能"概念很适合此目的。研究文献中的战略管理通常指的是管理技能或领导技能的关键作用，但对这些技能并未给出明确定义。本质上，社交技能指的是"引导"一个组织或其他任何领域的各参与者进行"合作的能力"（Fligstein & McAdam 2012：46）。通过社会技能的概念，我们就理解为何那些处于管理和领导地位的个人（例如作为项目主要调查者的管理人员）必须具有感知外部环境变化的有效技能，并熟悉组织所具有的能力。他们应该能够感知到哪些外部变化对组织来说是相关的，适合组织采纳，并制定有效的策略来协调新知识，将其整合到组织中。这些策略可能包括确定适当的合作者，以便和它们进行合作，从而更好地应对这些变化和提高组织的绩效。这种协调和整合的过程包括识别能力是否匹配和找到有效的方法让组织内的个人和群体适应变化。有技能的、有策略的参与者拥有一系列它们可以适当使用的社交技能（例如以中立参与者的身份设置议程）。

这一框架强调了互动中参与者之间进行反馈的重要性以及参与者与其所处的更广泛的制度背景两者共同发展的重要性。框架还强调了子系统（例如企业或行业）或相关子系统（例如大学）中参与者能力的相对兼容性，这些子系统代表的是参与者可以从中获取基本知识和其他资源的“资源库”或“网络”。因此，在构成创新系统的子系统中，参与者网络之间能力和目标的协调发挥的作用尤为重要。同时还要注意到，组织内部的各单位在互动能力方面可能会有所不同。

对技能发展至关重要的参与者和网络

我们研究的重点是校后教育和培训子系统的参与者和不同部门的企业之间的网络和协调情况。在这里，我们详细阐述了对部门创新系统技能发展至关重要的每个主要参与者和网络组成成分：企业/农民、教育和培训机构、部门中介参与者（公共和私营）。

企业/农民

部门创新系统的技能需求不仅仅是“类似购买者的集合”（Malerba 2005：67）。相反，系统中的技能需求包括不同种类的企业，或者包括农民，因为经济主体会以不同的形式出现，在发展中国家尤为如此。每一类别都“以知识、学习过程、能力和目标为特征，并受社会因素和制度的影响”（Malerba 2005：67）。

确定技能需求需要理解就业能力，这取决于对企业学习和技术升级的理解（Gamble 2003）。拉尔（Lall 1992，2001）的研究对技术升级或技术能力建设进行了重要阐述。技术能力可以定义为在一个企业或部门中产生和管理技术变革所需的专门资源，包括技能、知识和经验，以及制度结构和联系（Beil & Pavitt 1995：78；Costa et al. 2001）。我们称这些专门资源为能力和互动能力。

尽管发展中国家越来越多地发展自己的能力，但它们最初主要是从更发达的国家获得产业技术。因此，建立能力的过程始于引入和使用其他国家开发的技术（Sato & Fujita 2009）。其中主要的技术挑战是掌握、调整和改进进口知识和设备，让它们符合当地情况。拉尔（Lall 1992：166）指出，掌握新技术需要接受企业具有相应的技能并付出努力，但是掌握程度无法确定。一旦确定了技术，它的有效使用需要企业经历另外一个昂贵的、有风险的和漫长的过程来开发新技能和新知识来掌握它的隐性要素（Lall 2001）。这一学习过程的特点是外部性和协调问题，它们可能会限制学习过程。尽管一国的企业可能不会在技术前沿创造新产品的意义上进行创新，但它们确实需要在技术努力方面进行投资，需要企业学习和技术发展过程（Beil & Pavit 1995；Fransman & King 1984；Lall 1992）。技术能力建设需要付出有目标的和渐进的努力来收集新信息，尝试新事物，创造新技能，改进操作程序并建立新关系（Lall and Pietrobelli 2002：262）。在南非，我们有企业在技术前沿创新方面占据领导地位，但大多数创新型企业正在掌握从其他国家或地区获得的机器设备和技术。

学习过程依赖于学习途径并且是累积的。企业倾向于沿着特定的轨道前进，在这些轨道上，过去的学习有助于特定的技术变革方向，而来自过去的经验则巩固了现有的知识和专门技术储备（Bell & Pavitt 1993：168）。以往的能力和惯例为企业发展能力应对新技术变化提供了基础。因此，可以根据企业在关键领域所拥有的技术能力水平（即初级、中级和高级）来划分它们。由于不同技术能力水平的企业拥有不同的知识积累、专门技术、结构和关系，因此它们面临的挑战和制约也不同。因为有些技术需要的学习过程更长、更不确定，而且涉及更先进的技能、需要投入更多的技术努力，还面临更多的外部问题和协调上的问题，因此它们比其他技术更难以掌握，成本也更高。

研究文献指出了学习和积累技术能力的各种战略机制，如员工培训、员工招聘、绩效反馈系统、与外部代理商的互动、聚集、关系网建设和研发活动（Costa et al. 2001）。技能基础——由国家校后教育和培训系统培养的具有合适资格的人才库——被认为是企业学习和技术能力建设的一个关键因素。

因此，对企业的研究侧重于了解它们如何通过与国家校后教育和培训子系统的互动，获得所有职业层面上所需的合格人力资源。

拉尔在这方面的一个重要贡献是强调企业要在各个层面上发展技术能

力。技术升级不仅涉及研发或各种高级技能，还取决于企业各个层面的非正式活动和学习。

> 能力建设需要各个层面的努力——车间、生产过程或产品工程、质量管理、维护、采购、库存控制、外运物流以及与其他公司和机构的关系等。（Lall 2004：12）

总之，拉尔的技术能力建设方法提供了关键的见解，指出了具体的隐含资源（包含在人力资源和组织惯例中的隐性知识）和非具体化资源（可编码的知识，包括适当的结构、技术和其他资产）对于日常运营活动和发展竞争优势的重要性。这些资源可以获得，可以进行开发：

- 通过内部的工作场所学习、正式培训、反馈和研发活动；
- 通过与外部参与者的联系，利用各种策略和机制（例如知识转让、培训、招聘和金融投资）。

这些（通用）资源和能力建设过程如图 2 所示。要区分对环境中的常规和非常规变化做出有效、高效响应所需的各种能力，要增加一个重要内容，即动态互动能力集。

教育和培训机构

部门创新系统中的供应与需求相似，不是由校后教育和培训机构的同类组织提供的。校后教育和培训机构的活动对企业的技术能力建设至关重要，技术能力建设对于部门和国家层级的创新和经济发展是必要的。技术能力的概念可以从企业扩展至校后教育和培训机构。与企业一样，校后教育和培训机构也需要专门的资源来培养可就业的毕业生，颁发文凭，并有效地应对组织内部、教育环境和更广泛的制度环境等方面的变化。

文献中普遍缺乏分析校后教育和培训机构如何学习以及他们用于满足部门创新系统中技能需求的策略的研究。利夫纳和席勒（Liefner & Schiller 2008）在拉尔的技术能力框架的基础上引入了与大学相关的“学术能力”（academic capabilities）一词，我们借鉴这种方法并把它应用到其他的校后教育和培训机构。与企业一样，校后教育和培训机构的能力可以区分为内部有形资源和无形资源，校后教育和培训机构需要利用这些资源来满足行业和社会更广泛的需求。它们通过使用内外部的各项机制和战略（即内部

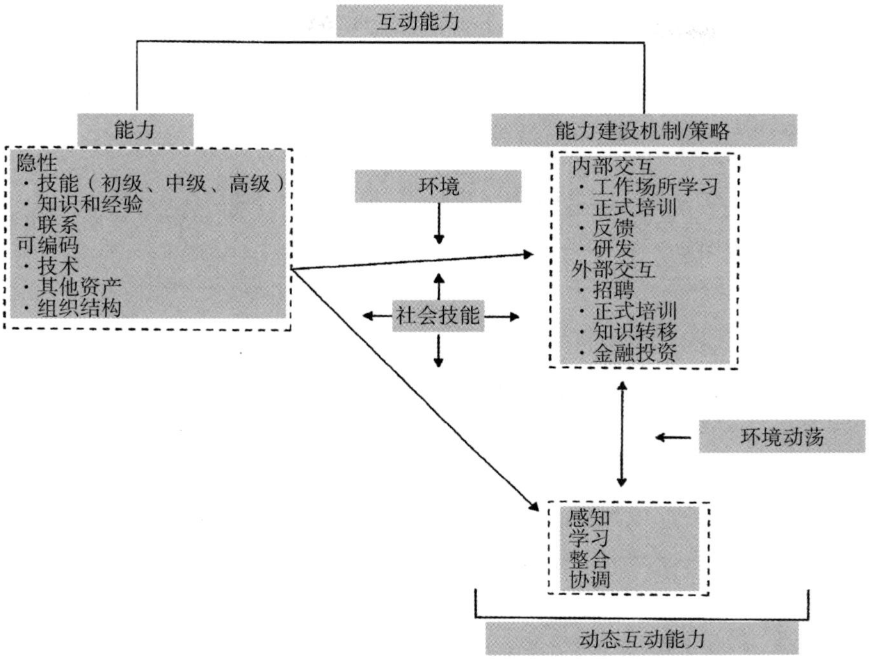

图2　组织层面的能力建设过程：企业/农民通用框架

和外部衔接结构）来实现这一点。它们使用的策略取决于它们的知识储备和其他资源（或内部能力）以及它们现有的常规或组织流程，也就是它们的互动能力。它们使用的策略还取决于它们可以利用的机会（环境条件和情况）。

利夫纳和席勒（Liefner & Schiller 2008）根据大学的三个能力水平（初级、中级和高级）对大学进行了分类，涉及四种职能能力（教学、研究、外联和功能整合）和三种组织能力（预算、管理和制度建设）。表1列出了与所产生的能力领域相关的不同水平的学术能力。

表1　**按能力水平和能力领域评估学术能力的框架**

初级能力	
教学	项目组合有限（如仅有本科教育），课程设置陈旧，主要根据教科书教学，课程质量和数量不足
研究	对现有研究成果进行适应性吸收，有内部补助，缺乏设备，没有声望

续表

初级能力	
外联	偶尔的临时联系、有咨询和实验室服务、直接聘用教师、有个人联系
功能整合	学术任务分散，不同的活动之间没有交叉融合
组织	预算：细目化的公共预算，增量变化，除学费外没有自营收入 管理：官僚主义，以政府政策为主导，以教学为重点，只有传统院系，没有专业化单位 制度建设：评价效率低下或无评价机制，不允许开展行业外联活动
中级能力	
教学	有一些组合方案，课程设置新，研究型教学，质量不高
研究	适当采用优秀国际研究成果，竞争性研究资金，在全国享有盛誉
外联	定期联系，合同研究，培训课程，毕业生就业方案，代表大学的官方联系
功能整合	学术任务之间偶尔会有协同作用，通过外联活动发挥学术能力
组织	预算：公共资金、基于绩效的资金、有一些自有收入来源 管理：部分学术自主权，有限的学校管理权，传统的学术重点，专门化的研究中心 制度建设：内部和外部评估，学术卓越的人员享有奖励，外联活动的规章制度缺乏
高级能力	
教学	项目组合（如本科、文凭项目、博士），研究型教学，需求型课程（来自行业、社区等）
研究	以创新研究闻名，竞争性研究资金
外联	战略联系，联盟，协作，对劳动力市场和社会需求的响应能力强
功能整合	交叉融合，协同增强学术任务，以劳动力市场和社会需求为导向的教学和研究
组织	预算：多元化资金、绩效和竞争性资金 管理：行政自主、领导有力、锐意进取 制度建设：绩效考核，规章制度明确，促进外联

这些区别有助于根据能力水平对大学进行区分，同时允许评估所有大学作为一个整体满足部门创新系统技能需求的能力。目的是根据研究的实证结果，在特定部门创新系统的技能发展方面为其他校后教育和培训机构制定这种区别。

功能整合能力（functional integration capability）是我们研究校后教育

和培训机构的动态互动能力中的一个重要概念，因为它强调部门和单位之间的网络化和学习的必要性以及大学或学院内跨功能的知识整合（例如，将通过研发大学—行业联系获得的知识整合到教学中）的必要性。我们可以使用功能整合的概念作为分析动态互动能力的一项指标。然而，功能整合只是校后教育和培训机构在组织学习或能力整合过程中使用的一种内部衔接策略。图 3 说明了校后教育和培训机构在学习和能力建设过程中可能使用的其他策略和机制。

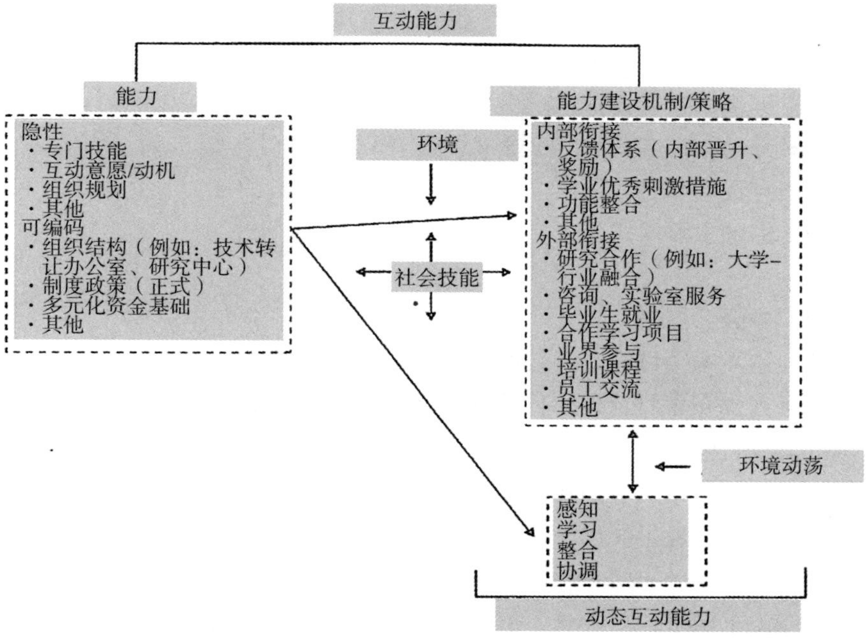

图 3　组织层面的能力建设过程：校后教育和培训机构通用框架

校后教育和培训机构可以通过与其他组织（例如企业、其他校后教育和培训机构）进行互动以及管理教育环境的变化，发展新的或增强现有的能力和（或）开发更好的方式来进行日常活动。例如，通过与企业的合作研究，大学可以拓展研究生的技能，教工也可以学习到新的和当前的技术来教授学生。然而，他们需要对学习这些新技术并将其纳入课程设置持开放态度，这也需要得到大学的制度文化和正式政策的支持和促进。因此，对组织能力的分析非常重要。

因此，本研究集中于可能增强或限制校后教育和培训机构与部门内各企业进行互动的能力和环境。我们考虑了不同类型的校后教育和培训机构的具体特点。主要在中级和初级技能水平层面运作的职业教育和培训（VET）机构在国家创新体系中发挥着非常独特的作用：知识传播，而大学发挥的作用是知识创造和知识传播①（Toner 2005，2011；Toner et al. 2004）。职业教育和培训机构具有更明确的经济角色，并有更直接的联系来满足当地企业的培训需求。他们的角色涉及传播生产过程中的实用技术技能和知识，也涉及“设计、安装、调试、改造、操作和维持新技术和现有技术”等（Toner n. d：10）。上述分析可以为制定一个类似于表1的职业教育和培训机构的表格提供帮助。

该框架强调有必要探讨隐性和可编码能力以及内外衔接机制如何在职业技术教育与培训学院（公立和私立）和部门教育与培训局（SETA）的技能发展方案（例如学习能力）中得到体现。他们的能力、互动能力和动态互动能力的主要形式是什么?

部门中介参与者

部门创新系统可能是分散的、脆弱的，并且具有系统故障的特征；因此，一系列中介参与者发挥了关键作用。他们可以促进企业和其他参与者之间的协调，解决系统性问题，或者创造条件促进联系和协作，以应对部门创新系统的失败。它们在解决用户需求和供应方之间的差距方面发挥了作用，特别是在通过技能、人力资源和研发等进行的知识流动方面（Intarakumnerd & Chaoroenporn 2013b）。部门中介机构也可以被确定为部门创新系统技能需求网络的一部分。例如，一个行业协会可能为毕业生提供高度专业化的培训，以满足该部门中企业的特定技能需求。它们还可以在协调一个部门的技能发展和提供特定部门技能培训以填补技能缺口两方面发挥关键作用。因此，部门中介机构处于一种适当的位置，能够洞察该部门的知识和技术变革、相关的技能需求，以及技能发展的挑战、限制、风险或促进因素和任何瓶颈，以便为制度机制提供更有针对性的建议。

公共和私营部门中介机构的作用是不同的，因为它们的主要职能不同

---

① 托纳开展了一系列有参考价值的研究，重点关注组织在中级技能水平方面的作用（Toner et al. 2004）。

（Intarakumnerd & Chaoroenporn 2013b）。图 4 说明了与部门中介机构有关的几个关键方面，提到每种情况都可能存在的特征，均出于说明的目的。

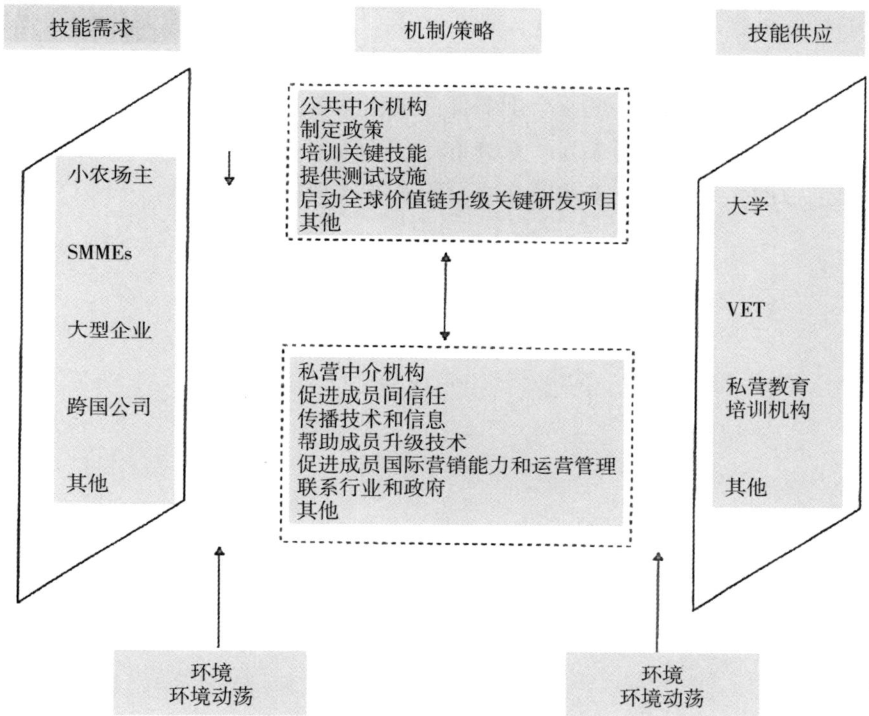

图 4　部门中介机构角色（通用框架）示意图

公共部门中介机构包括支持某一部门企业技术升级的机构，它们提供培训或研发等对单个企业来说成本高昂的“公共产品”，同时它们还与关键参与者建立联系。公共部门中介机构可能包括：

- 政府资助的部门主管机构［例如国家农业营销委员会（NAMC）］；
- 政府资助的部门方案或总体计划（例如汽车行业发展方案）。

除了支持职业教育和培训子系统之外，部门教育与培训局（SETA）也在一个部门中发挥关键的中介作用。

私营部门中介机构为这些活动提供支持和信息，它们包括：

- 行业和贸易协会；
- 专业协会；

- 研究和技术机构；
- 私人基金会。

公共和私营部门中介机构之间的协调和一致对于它们在部门创新系统中的有效运作至关重要。例如，如果一家公共中介机构没有足够的资金用于其技能方案，或者如果角色没有明确界定，公共中介机构就可能与私营中介参与者展开竞争，进而会削弱部门创新系统。

这一概念框架被用来为一系列部门创新系统案例的实证研究和数据分析提供帮助。本书接下来的各文将分析这些案例研究。

高技能和劳动力市场的一致性：平方公里阵列射电望远镜案例

迈克尔·戈斯特罗（Michael Gostrow）
格琳达·克鲁斯（Glenda Kruss）
伊尔-哈姆·彼得森（Il-haam Petersen）

正在加速的全球技术变革和科学进步带来了不断变化的目标和巨大的机遇，从而提出了这样一个问题：像南非这样一个高度不平等的发展中国家如何发展技能和能力，在全球技术前沿进行竞争？

一方面，知识密集型和高科技部门本质上面向的是具有高技能水平的雇员，为吸纳劳动力和具有低技能人群就业提供的机会相对较少，从而将边缘化群体排除在外；另一方面，南非未能在知识密集型部门发展各种能力，可能会对我们发展知识经济的雄心产生负面影响。包容的必要性和高科技产业发展的必要性之间的根本矛盾很难调和或解决。在全球范围内都能感觉到这种紧张局势，例如，人们对第四次工业革命的影响感到担忧，因为这有可能使高技能人群受益，同时导致低技能人群失业。

南非的政策制定者认识到，在努力促进包容性发展的同时，还必须追求高科技行业的增长，而技能发展是这一进程的关键部分。在南非不均衡的技能发展格局中，存在着局部优势，那里存在优质的资源、网络和能力（Wolhuter et al. 2003）。为了提高知识密集型行业的能力，一个有效的战略是联结这些局部优势，以便获得在全球范围内的竞争优势和临界质量，从而利用现有的知识资产为国家整体利益服务。

平方公里阵列射电望远镜（Square Kilometre Array，SKA，以下简称射电望远镜项目）是一个巨型射电望远镜陈列，最终将由3000个大型射电碟状天线和成千上万个小型接收器组成的孔径阵列网络组成。这座巨型射电望远镜将成为非洲有史以来最大的科学项目，是世界上最强大的望远镜，也是世界上最大的科学装置之一。射电望远镜项目的参与方包括澳大利亚、加拿大、中国、德国、印度、意大利、荷兰、波兰、南非、瑞典和英国，总部设在英国的桥卓尔班克天文台（Jodrell Bank Observatory）。2003 年，根据其优越的天文自然条件和现有天文学能力，南非与其非洲伙伴博茨瓦纳、加纳、肯尼亚、马达加斯加、毛里求斯、莫桑比克、纳米比亚和赞比亚等国一起，首次参与竞标成为射电望远镜项目建造地点。

从 2003 年到 2012 年，南非射电望远镜项目办公室致力于提高本国技能和技术来支持竞标。在申请过程中，南非开发了一套包括七个碟状天线的样机，即 KAT-7，并开始建造一台由 64 个碟状天线组成的 MeerKAT 望远镜。在此期间，南非射电望远镜项目还建立了正式和非正式的机制，以促进所需技能的开发，并确保与其创新系统相关的其他参与者保持一致，目的是汇集局部优势，使南非在国际上能够与澳大利亚和新西兰组成的竞标对手相比更具有竞争力。南非已经做出决定，通过学习射电天文学专业知识及设计和建造射电望远镜所需的工程技能来支持学生，其总体目标是为 MeerKAT 以及最终为射电望远镜项目提供所需的研究能力和支持能力。中央政府通过增加资金水平和专门立法支持了这项决定。

2012 年 5 月，射电望远镜项目基础设施的选址公布：项目大部分将位于南非及其非洲伙伴国家，其余位于澳大利亚和新西兰。该项目继续在设计和施工阶段进行。因此，南非开发本国能力以利用其地理优势的战略是成功的。

这样，射电望远镜项目作为一项成功的部门技能规划工作的典范，成为一个合适的研究案例，该项目通过建立系统和能力来提高教育和培训系统的能力供应与劳动力市场技能需求之间的一致性。因此，我们重点关注大学、学院、企业、中介机构和射电望远镜项目本身所具备的动态互动能力如何使部门创新系统中的局部优势之间的联系成为可能，从而成功地开发出技术探路者和先驱工具，建立相关的技能开发系统，与国际竞争者竞标，并继续朝着建设科学应用性的方向前进。

本文在微观和中观层面上对天文学领域的国家技能发展方案进行了分析，反映了对设计、建造和操作射电望远镜所需技能的为期十年的结构性投入。我们研究了这个项目的主要参与者是如何应对科学和工程技能领域不断变化的需求的。我们主要关注这些参与者之间的互动以及这些互动是如何促进或限制技能供求之间的一致性的。从概念上讲，我们采用创新系统方法，并结合技能发展网络背景下的互动能力分析。在动态变化的背景下，例如在射电望远镜项目运行环境变化的情况下，参与者需要一组附加的能力，使他们能够有效地和高效地应对环境中的非常规变化。环境和情况的改变也经常导致组织能力的改变。冯·滕泽尔曼（Von Tunzelmann 2007）提到“动态互动能力”是为了区分常规活动所需的互动能力和那些支持更大灵活性以应对环境动态变化的互动能力。帕夫洛和埃尔·萨娃（Pavlou & El Sawy 2011）确定了四种动态能力：感知、学习、整合和协调。像射电望远镜这样的机构能否有效和高效地应对业务和制度环境变化的能力，取决于通过其组织过程和（或）常规活动能否适当利用它的能力。因此，管理层需要识别（或感知）环境中能给组织带来机遇、威胁或约束的变化，并能识别组织通过其组织常规做出响应的功能。适当的应对措施需要利用组织的功能，通常包括获取新知识和新能力。组织通过学习转化这些新知识和能力，同时它们也改变着组织。这些新知识和新能力需要被整合到现有的组织结构和流程中，我们将使用这些概念来指导我们的分析。

从实证方面来说，我们借鉴了对关键参与者的一系列深度访谈，也借鉴了天文学部门创新系统（SSI）和射电望远镜项目创新网络的建模。结论反映了该创新网络中每个主要参与者的动态互动能力如何促成劳动力市场的调整。对于寻求学习这一成功做法的决策者来说，就提出了以下问题：这些技术能力是如何建立起来的？国家教育和培训系统中现有的局部优势是如何与射电望远镜项目的技能和技术要求相匹配以促进这一成功的？

研究方法

研究方法的第一步是进行桌面研究，画出以射电望远镜项目为重点的部门创新系统中主要组织参与者的示意图。雇主包括项目本身、相关的科学设施（例如其他望远镜）和企业。这些机构形成了一个以射电望远镜项目为顶点的价值链。技能发展领域的参与者主要包括南非多所研究型大学以及一所理工大学和一所职业技术教育与培训学院。另一组关键参与者是中介机构，包括公共部门和私营部门的参与者（参见图 1）。

从 2013 年 9 月至 2014 年 2 月，我们共对参与天文学部门创新系统的主要参与者中的高级工作人员进行了 71 次访谈，他们包括来自射电望远镜

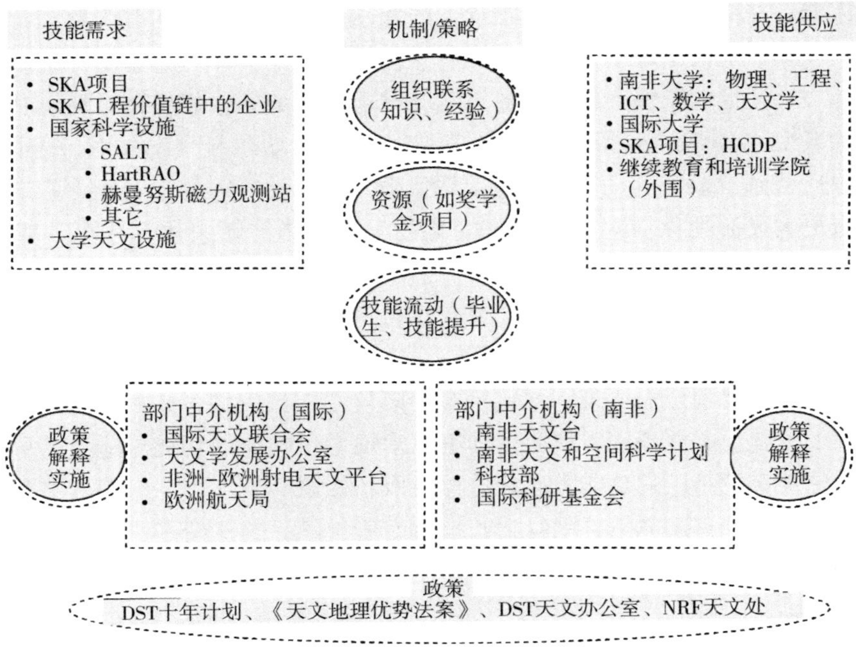

图 1　天文部门创新系统能力建设过程示意图

项目的高级管理人员和科学家、项目创新网络中的三家企业、七所大学、七家公共中介机构、一家私营中介机构、一座科学设施和一所职业技术教育与培训学院。对大学学者和管理人员的访谈侧重于他们教育和培训组织内部的能力、互动能力和动态互动能力，涉及他们活动的三个方面，即他们的教学内容（部门的技能需求如何促进教学项目）、他们的教学方法（让毕业生做好工作准备的方法和机制）以及他们如何促进劳动力市场准入（与雇主互动，支持劳动力市场转型的方法和机制）。访谈中介机构的目的是了解它们在沟通需求方和供应方参与者方面发挥的作用。雇主包括射电望远镜项目及其创新网络中的企业，他们访谈的问题集中于该部门进行创新和技术变革的驱动因素，雇主用于满足其技能需求的战略以及高、中、低技能水平的技能限制（Gastrow 2015）。

平方公里阵列射电望远镜项目和天文学部门创新系统

至少在经济学文献中，天文学不是通常意义上所称的“部门”。然而，它作为一个明确界定的部门进入部门创新系统的分析之中：围绕天文学科学和天文学工程的核心生产活动，并在适用于南非天文学的独特地理和制度背景中组织起来的一组参与者。作为一个经济部门，天文学在微观层面上并不严格以市场为导向。然而，在宏观层面上，全球对天文学设施（体现在观测和处理能力上）和天文学研究有总体需求，同时天文学设施和研究能力也有总体供应。

在这个市场上，南非的天文学部门正在寻求扩大（设施和研究人员）的供应，并在全球需求中寻求获取更大的份额。自 1820 年在开普敦建立第一个天文台以来（Paterson et al. 2005；Wild 2012），南非正规天文部门的增长一直是基于南非天文学拥有的强大比较优势：基础设施充足、天空晴朗、大气透明度高、光污染低以及无线电频率干扰少等。此外，银河系平面横跨南半球的天空，这使得南半球的观测能力对于观测我们自己的星系至关重要。南非拥有许多望远镜，包括南半球最大的单透镜光学望远镜：非洲南部大望远镜（Southern African Large Telescope，SALT）。南非在遥测和防御领域从历史上继承了多项能力（Kahn 2006），它们提供的一系列专业技能已经在日益增长的天文学领域得到应用。

非洲南部大望远镜、KAT-7、MeerKAT 和新生的射电望远镜项目促进了部门创新系统的整体扩张，增添了新的科学设施，提高了技能需求，增加了对研究的资助，提升了具有相关技能的本科生和研究生的数量。例如，拥有博士学位的天文学家的数量在 2005 年至 2010 年几乎增长了一倍（Bharuth-Ram 2011；Paterson et al. 2005）。在射电天文学这个专门领域，这一特征尤为明显。在最初 SKA 竞标时，南非只有五六名射电天文学家。在射电望远镜项目完成后，南非天文学家和工程师的数量将需要增加几个数量级。仅仅为了充分使用有 64 个碟状天线的 MeerKAT 望远镜（Bharuth-Ram 2011），博士级射电天文学家的数量就需要从 6 名增加到 60 名，更不用说拥有 3000 个碟状天线的射电望远镜项目了。

部门创新系统的技能需求来自射电望远镜项目、非洲南部大望远镜、南非哈特比斯索克射电天文台（Hartebeesthoek Radio Astronomy Observatory，HartRAO）、南非天文台（South African Astronomical Observatory，SAAO）等南非的国家科学机构以及南非国内领先的研究型大学。这些大学开展一些天文学领域的活动，因为它们也需要天文学技能来进行教学和研究。对工程技能的主要需求来源于射电望远镜项目的供应链和创新网络中的企业以及科学设施。部门创新系统的技能供应，包括科学和工程，主要来自南非主要研究型大学中与天文学相关的特殊领域。然而，部门创新系统中很大一部分天文学家是外籍人士，因为在南非历史上天文学家的供应量远远低于它的总需求。

天文学部门创新系统内部的互动得到一系列在多个层面和环境中运作的中介组织的支持（参见表 1）。南非主要的公共部门中介机构包括南非科技部（Department of Science and Technology，DST）和南非国家科研基金会（National Research Foundation，NRF）。国际公共部门中介机构包括非洲－欧洲射电天文平台（African-European Radio Astronomy Platform，AERAP）和美国国家射电天文台（National Radio Astronomy Observatory，NRAO）。私营部门中介机构包括国际天文联合会（International Astronomical Union，IAU）及其关联的天文学发展办公室（Office of Astronomy of Development，OAD）。

表 1　**公共和私营中介机构功能表**

中介功能	公共中介机构	私营中介机构
资金和资源	南非科技部、南非国家科研基金会、非洲—欧洲射电天文平台	
战略方向	南非科技部	
技能规划	南非高等教育与培训部	
网络建设	非洲—欧洲射电天文平台、南非科技部	国际天文联合会、天文学发展办公室
知识转让与传播	非洲—欧洲射电天文平台	国际天文联合会、天文学发展办公室

射电望远镜项目的创新网络，虽然部分位于该部门创新系统内，但也跨越了国际边界，可以被视为一个全球创新网络（global innovation network，GIN）。Chaminade（2009）将全球创新网络定义为“由参与创新开发或创新传播的企业和非企业机构组成的，具有相互关联和综合的功能和业务的全球组织网络”。射电望远镜项目的创新网络覆盖欧洲、太平洋地区、中国、印度和非洲等地。虽然非洲伙伴国家主要作为基础设施所在地参与项目，但能力发展和联网合作正让这些国家的科学家、工程师和学生越来越多地参与到项目活动中来，将这些国家小的专门能力领域与射电望

远镜项目更广泛的创新系统联系起来。

射电望远镜项目分为若干个子项目、研究联盟和科学项目。例如，项目的技术开发分成十个联盟，每个作为一个全球创新网络运行，为望远镜的一个特定部件开发技术。接下来，在第三个层面，与全球化创新网络相连的本地化创新网络得到发展。从网络的角度来看，射电望远镜项目实际上是众多创新网络的枢纽，每一个网络与其他网络都是相互关联的，而且每一个网络都是全球性的。这一复杂的结构需要高级的内部协调能力，从而使系统中的国际伙伴之间和南非参与者之间有效运作。

南非射电望远镜项目的互动能力

射电望远镜项目组织需要科学、工程、信息和通信技术和管理领域的高级技能以及场地基础设施建设所需的技工和职业技能。项目科学目标的实现需要来自天文学、物理学、数学和宇宙学等领域的专家共同付出努力。通用组织技能也是技能需求的一个重要方面，包括办公室管理、人力资源管理、供应链管理、项目管理和财务等方面的技能。

这些技能要求也在迅速变化中。快速的技术变革对能力建设机制提出了挑战的同时，也需要强大的动态互动能力。尤其是信息和通信技术在持续快速发展，因此需要射电望远镜项目能够预测技术变革，并将其纳入技术和技能规划过程。为此，他们与英特尔和 IBM 等大型企业进行互动。快速的组织发展要求有在合适的时间要将所需技能纳入组织所需的动态互动能力，类似“边开飞机边造飞机”的场景。这是通过各种策略的组合实现的，包括所有关键参与者之间持续进行互动以确定未来的技能要求以及持续评估未来的技术方案及其技能要求带来何种影响。此外，对于组织内部的人力资源管理来说，快速增长需要维持现有模式，同时需要不时对技能需求进行内部评估，并采取行动引进这些技能。

因此，射电望远镜项目制定了一系列战略和机制来满足它的复杂而快速变化的技能需求。这些机制中最重要的是人力资本发展项目（Human Capital Development Programme，HCDP）。到 2017 年，该项目已经发放了 900 多笔奖学金、助学金和研究生奖学金，并设立了五个首席研究岗位，作为南非研究首席计划（South African Research Chairs Initiative）的一部分。人力资本发展项目的管理人员密切监督项目支持的奖学金获得者和研究职位，并对所涵盖的学科和技能范围保持控制。人力资本发展项目向来自非洲伙伴国家的学生发放助学金，以提高整个非洲大陆的能力。对技能领域和研究课题的资金分配是通过与大学和射电望远镜项目自身的科学家和工程师的密切互动来实现的。一名可以轻松接触最高管理层的高级管理人员为资金分配提供便利，她可以广泛征求意见和建议，并与许多不同参与方进行正式和非正式的互动，以协调流程、优化射电望远镜项目的技能和知识需求与人力资本发展项目资助的技能和知识创造之间的匹配情况。人力资本发展项目的评选小组是一个强大的互动机制，负责遴选奖学金和研究基金的申请者。来自主要合作伙伴大学的学者和国家科研基金会的代表在评选委员会任职，从而促进对未来的技能要求和现有的能力和技能的讨论。

除了人力资本发展项目以外，射电望远镜项目还加强了与大学的紧密联系。项目与大学高级管理人员建立了良好的关系，例如与校长、副校长和各级学者。这些关系基本上是非正式的，他们关系成功的基础是默契的互动能力，使高级工作人员之间能够迅速地进行非正式沟通。大学工作小组（Universities Working Group）这一非正式的、非制度化的外部联系机制也促进了项目与大学之间的联系。该小组定期召开会议，讨论项目进展、研究项目范围以及与大学和项目之间互动相关的其他话题。

射电望远镜项目的组织拥有高级互动能力，与企业和公共部门参与者进行互动。项目的业务开发经理负责建立和维持与企业之间的联系，还负责评估企业的能力是否与项目的技能和知识要求保持一致。对来自射电望远镜项目、科技部和国家科研基金会的高级管理人员的采访表明，这三家机构之间正式和非正式形式的互动很频繁。它们的管理层无论是以正式身份还是通过个人关系，都会定期会面。这些互动有助于通过协调能力建设的战略、管理和资金来促进技能需求和潜在的技能供应之间的一致性。

企业为解决技能需求采用的策略

实证研究的重点是三家知识密集型和技术先进的企业，它们为设计和制造射电望远镜组件做出了贡献。这三家企业采用一系列策略来有效地与高等教育系统中的专门领域建立联系，从而满足它们的技能和知识要求。一家拥有密切关系网络的小企业认为它的人际关系、学术网络和口口相传的策略足以满足它的技能需求。一家规模更大的老牌企业报告称，随着企业的发展，它对个人关系网的依赖越来越少，而更多的是依赖外部招聘机构。它还通过非正式网络和个人互动与大学进行联系，以了解大学的课程内容，并在很大程度上影响教学内容。这家企业利用这些信息吸引即将毕业的学生加入他们的实习项目。这三家企业中规模最大的一家报告说，满足技能需求的策略有限。他们未与大学直接互动，更倾向于依赖招聘机构。因此，在上述三家企业中，规模较小的企业更加依赖非正式网络，而规模较大的企业更加依赖于正式机制和市场结构。就射电望远镜项目而言，这两家企业建立企业和高等教育机构之间的互动策略都是有效的。

中介机构的作用

中介机构在天文学部门创新系统中的主要作用是筹资、战略研究、规划、管理监督、网络建设和知识转移（见表1）。就政策和资金而言，南非科技部是核心的公共部门中介机构。近年来，天文学方面的公共支出，特别是射电望远镜项目的公共支出大幅上升，预计在项目中期内将持续增长（National Treasury 2013，2017）。立法支持的主要形式是《天文地理优势法案》（2007 年第 21 号），该法案通过限制工业活动、建筑或任何会产生电磁干扰的开发项目来保护适合天文学的地理区域。

除了明确立法之外，我们不应该低估对射电望远镜项目政治上的默认支持。从构想的早期阶段开始，项目竞标就被视为一项具有巨大潜力的国家级旗舰项目，不仅对南非科学、技术、技能和经济发展具有重要意义，也是南非拥有世界级科技成就的国家象征（Gottschalk 2007）。这种带来政策和资金支持的政治支持，一直是项目技能发展努力背后的关键因素，最终也是整个项目取得成功的关键因素。

南非国家科研基金会（NRF）是射电望远镜项目的一个重要合作伙伴，它代表南非科技部履行机构职能，是南非射电望远镜项目的资金来源和直接管理机构。另一个公共部门中介机构是南非高等教育与培训部（DHET），它作为国家基础设施规划（National Infrastructure Plan）的一部分，为 18 个优先战略综合项目（Strategic Integrated Projects，SIP）进行详细的定量技能规划。射电望远镜项目是 18 个项目之一，项目已经和南非科技部合作，进行未来技能规划，提供资金帮助人力资本发展项目。

私营部门中介机构在部门创新体系中发挥的作用较小，但依然很重要。它们主要侧重于网络建设，将研究伙伴和可能的融资渠道聚集在一起，特别是在国际背景下。国际天文联合会（IAU）是一家国际天文学协调机构，成员包括专业天文学家。它的中介机构活动包括主办国际研讨会和举办关于大型项目（如射电望远镜）的研讨活动。非洲—欧洲射电天文平台是一个由行业、学术界和公共部门组成的利益攸关方论坛，成立的宗旨是确定和实施非洲和欧洲之间的射电天文学合作中的优先项目，包括射电望远镜项目。

大学的能力和动态互动能力

包括7所大学样本的案例研究反映了射电望远镜项目对研究型大学的总体定位，项目与高等教育系统的23家其他类型大学的互动程度较低。它的重点合作伙伴中只有一所理工大学，没有综合性大学。与此同时，它的合作重点也放在具有历史优势的大学上，样本中只有一所大学曾经处于劣势。这两种结果的原因是以前处于优势的研究型大学普遍具备更高水平的制度能力，或者是大学在射电天文学和相关工程专业特别相关的能力和核心专业素养方面具有更高的水平（见表2）。

表2　**SKA 合作大学样本**

大学	类型	天文学能力
开普敦大学（UCT）	研究型大学	天文学部门创新系统和射电望远镜项目创新网络中最活跃的大学。南非唯一自治的天文学系
罗德斯大学（RU）	研究型大学	由于与南非哈特比斯索克射电天文台的合作，成为射电天文学领域的主要参与者
斯泰伦博斯大学（SU）	研究型大学	射电望远镜项目最大的工程技能来源
西开普大学（UWC）	研究型大学（曾处于不利地位）	物理系具有新兴的天文能力
夸祖鲁-纳塔尔大学（UKZN）	研究型大学	跨学科研究小组专注于天体物理学和宇宙学
威特沃特斯兰德大学（Wits）	研究型大学	西开普省以外的主要高等教育合作伙伴——科学学院中不断出现的天文学人才
德班理工大学（DUT）	理工大学	唯一一所在技术技能方面与射电望远镜项目关系密切的高等教育机构

这再次指出了不平等的问题。与射电望远镜项目相关的教学和研究资金帮助一些历史上处于不利地位的大学，包括西开普大学（UWC）和德班理工大学（DUT），在能力和教育成果方面取得巨大的进步。对职业技术教育与培训学院的支持提供了另一种方法来解决不平等问题、促进地方能力建设、增加机会和成功概率。尽管如此，与射电望远镜项目合作的竞争态势通常会导致高等教育整体格局中不平等现象重复出现。

制度层面的能力是发展天文学特定能力的促进因素，也是培养大学与部门系统其他参与者的基本互动能力的推动力。以前占优势的研究型大学占据了射电望远镜项目大学合作伙伴中的大多数，这些大学的基本制度能力也是最先进的。这些能力包括强有力的制度规划功能、对大学教职员工提供完善的专业支持和发展空间以及能提供让学生向工作场所过渡的有效方案。

近年来，南非许多大学的天文学能力迅速增长，样本中所有大学在天文学相关领域的教职员工和学生数量都在增加。威特沃特斯兰德大学（Wits）、夸祖鲁—纳塔尔大学（UKZN）、罗德斯大学（RU）和西开普大学四所大学目前正在设置天文学本科专业。这在一定程度上是资金流入的结果，也得益于射电望远镜项目对未来学生和学者的吸引力。这表明了这些大学的动态互动能力发展良好。它们感受到外部环境的变化，评估射电天文学领域对技能的需求在中期内将会增加，就相应地调整教学、学习和研究的制度安排。

正式化的互动能力在很大程度上来自大学院系内部，而个别学者则强调隐性的互动能力（见表3）。来自工程系学者和管理者的互动能力的结构和特征与理科的学者存在差异。斯泰伦博斯大学（SU）的工程学院提供一个范例：斯泰伦博斯大学拥有与天文学部门创新系统相关的良好的互动能力。该学院的教学大纲和学习方法对天文学部门的变化，特别是射电望远镜项目对射电天文学工程师需求的变化，做出了迅速响应。2012 年，该校工程学院启动了一个为期一学期的射电天文学研究生课程项目，专门面向射电望远镜项目奖学金获得者。这门课程的目的是填补天文学和工程学之间的差距，主要是让工程师在天文学领域发挥作用。

表 3　与天文学部门创新系统有关的大学互动能力概览

制度层面	互动能力
大学主要功能	- 制度规划 - 专业支持与发展 - 转入工作场所
院系	理科和工程系： - 快速响应的教学 - 快速响应的研究和创新 - 研究和创新网络 - 与外部参与者的合作研究项目 - 学术网络 工程学院： - 咨询委员会 - 五年审查进程 - 与行业合作的学术时间分配 - 行业的合同制研发 - 设备资金 - 与工程专业机构密切联系 - 来自企业的演讲者
学者	个人关系和网络发挥重要作用，隐性互动能力
非正式/隐性	以强大的隐性互动能力和非正式机制为基础的关系和资源调动

对斯泰伦博斯大学的学者和管理人员以及样本中的所有其他大学的访谈都表明，与研究生层次相比，本科层次的响应水平较低。本科课程的内容是基础性的，因此，相对而言改变比较缓慢，而且课程设置的调整需要漫长的审批程序。相比之下，专业化发生在研究生阶段。在研究生阶段，学者的灵活性更高，因此更有活力。

然而，当技术迅速变革时，例如就与射电望远镜项目相关的受信息和通信技术驱动的技术而言，本科层面的缓慢响应可能导致本科毕业生掌握的知识和技术和雇主的要求不相符。在某些情况下，例如在斯泰伦博斯大学的计算机系，学院管理层为更快速优化本科课程提供了便利条件，从而提高了随之而来的学生能力变化与雇主要求的相关性。

工程学院利用许多正式的衔接结构和机制来支持其在动荡的外部环境中感知和整合变化的能力。机制中包括一个顾问委员会，它在雇主和学者之间提供了一个关键的衔接点。还包括一个五年审查程序，其中半数的审查成员必须来自潜在的雇主。学院还与许多雇主建立了合同制研究伙伴关系，研究中心的领导也在积极培养这些关系。南非工程理事会（ECSA）是一个法定专业机构，它发挥了关键的中介作用，为工学士（B. Eng.）学位制定规范，批准该学位的通用培养方案。它直接对所有大学的工程课程进行设置，以适应职业的变化。

最强大的互动机制之一是为外部参与的时间分配。每年给学术人员分配400个小时（大约每周一天）在学院外开展工作，主要是作为私营部门的顾问。这种机制有很多好处。学者可以获得额外收入，与雇主和知识需求中心的合作启发了最新的研究思路。这种机制在学者和雇主之间建立网络，并使学者和研究生的研究活动满足雇主的需求。制度实践中的先例可以直接应用于SKA网络中，工程学院的成员向SKA供应链和创新网络中的企业提供咨询，并组建自己的公司，参与这些网络中的活动。

非正式的互动模式也很重要。工程学院定期邀请来自企业和潜在雇主的演讲嘉宾，向毕业年级学生介绍他们的需求。学院通过校友职能和一支研究生团队与许多雇主建立联系。个别学者主要利用非正式机制进行互动。例如，一个关键的合作者与大学同事们进行松散的合作，而这些同事与企业在天线和碟形天线设计以及缓解射频干扰方面进行合作。这些关系基于长期形成的学者互动能力，从而加强了他们利用网络连接技能和知识供求关系的能力。

隐性和非正式的互动能力在所有大学都很重要。开普敦大学（UCT）的天文学系显然拥有强大的隐性互动能力，它已经证明了自身在大学内部和外部调动资源和联盟的能力。在罗德斯大学，来自与天文学相关的各个领域的学者之间有非正式的内部合作，着眼于协调和一致。罗德斯大学规模小，学者们发现很容易通过松散的和非正式的网络进行互动。非正式的互动机制在其他研究型大学也同样重要。例如，在威特沃特斯兰德大学，来自南非研究首席计划（SARChI）的学者与来自射电望远镜项目的同事进行互动，将项目信息带回学校。然后学者在学校进行内部讨论，并在可能的情况下把相关信息用于指导教学和研究实践。在德班理工大学（DUT），参与部门创新系统在很大程度上是由一位具有强大互动能力的个人推动的，几年来他使用非正式和隐性机制与射电望远镜项目互动，说明了德班理工大学在项目所需的技术培训方面发挥了作用。

大学还发挥中介作用，为部门网络的力量和运作做出了贡献。这方面的一个范例是南非国家天体物理学和空间科学计划（National Astrophysics and Space Science Programme，NASSP），这是一个设在开普敦大学的全国性的研究生协调方案。它从结构上来说，旨在最大限度地利用南非在空间科学和天文学领域的不均衡和分散的能力。巴鲁斯－拉姆（Bharuth-Ram 2011）报告说，在2011年之前的几年里，该计划的申请人数迅速增加，部分原因是射电望远镜项目对未来的学生和学者具有吸引力。

在制度层面，南非国家天体物理学和空间科学计划代表的是高度的合作。它由南非国家科研基金会资助，通过南非天文台（SAAO）管理，由开普敦大学协调，涉及南非全国所有活跃于天文学领域的大学。因此，它代表了天文学技能发展领域进行合作的参与者之间的真正融合，并基于开普敦大学强大的组织和互动能力而实现。该计划建立了一个天文学技能渠道，这对南非成功竞标射电望远镜项目至关重要。它是通过长期规划和制度建设阐明技能供求关系的一项重要机制。

南非国家天体物理学和空间科学计划依靠此“网络中的网络”的参与者的强大互动能力，支持它进行课程设置。课程设置研讨会是一项关键的互动机制，部门系统的所有主要参与者都参加，他们在会上讨论并确定未来的需求。关键合作者都报告说，他们参加了这次研讨会，讨论了天文学部门创新系统（包括SKA）的各个雇主在未来短期、中期和长期的技能和研究要求。该计划指导委员会包括射电望远镜项目代表、学者和天文学家，为这些参与者提供了另一个交换意见和信息的渠道。有数名获得射电望远镜项目的人力资本发展奖学金的学生参加了该计划，因此这两个计划的主要参与者之间的交流至关重要。

互动能力和职业技术教育与培训学院

很明显，射电望远镜组织已经与南非的大学建立并进行了广泛的联系，在许多情况下与已经存在多年的技能网络交织在一起。项目与职业技术教育与培训学院的联系就不一样了，因为这些学院在历史上并没有以部门技能网络为特色，先前也没有建立非正式关系的基础。

射电望远镜规模大，它的建立需要大量的技工技能库和技术技能库，人力资本发展项目和职业技术教育与培训之间的关系也在不断发展，旨在使用与大学相同的模式来支持发展这些技能。有证据表明，职业技术教育与培训学院与项目网络的联系非常薄弱。在开展本研究时，职业技术教育与培训学院的技能发展方案并不十分成功，毕业生很少。考虑为什么会这样，很有启发意义。

人力资本发展项目方案评估了南非职业技术教育与培训的现状，并决定最初将重点放在金伯利职业技术教育与培训（Kimberley TVET）学院，因为该学院在地理上最接近射电望远镜项目的核心场址。人力资本发展项目工作人员开始与学院的领导层持续接触。然而，与面临多重政策变化和整体能力薄弱两方面挑战的整个职业技术教育与培训体系一样，该学院显示出相对较弱的动态互动能力。有证据表明，金伯利学院与射电望远镜项目的沟通受到限制，同时其规划和制定方案以满足特定技能要求的能力也有限。

射电望远镜项目做出响应，与金伯利职业技术教育与培训学院合作，启动了长期和持续的能力建设，分配资源并采取措施培训职业技术教育与培训方面的工作人员，建立基本能力，以便为改善关系和增加相关技能的产出提供平台。与此同时，人力资本发展项目与该学院互动的能力随着经验的增长而增长。因此，它的毕业生人数有所提高，课程设置与射电望远镜项目要求的衔接程度也有所提高。

人力资本发展项目和职业技术教育与培训学院之间的关系与该项目和大学之间的关系形成了鲜明对比：职业技术教育与培训学院内部薄弱的互动能力制约了劳动力市场的整合。然而，这个例子也说明了如何有目的地开发这些互动能力，以提高效率。

射电望远镜项目和天文部门的技能和互动能力

本文重点阐述中观和微观层面的技能发展网络。在中观层面，分析了在高风险、高技术和知识密集型部门发展技能创新系统的结构和动态。在微观层面，探讨了这些网络中的关键参与者如何表现出动态互动能力，使他们的组织能够互动、协调、合作，努力实现共同的部门技能发展目标。

我们发现，天文学部门创新系统的知识和技术结构影响了射电望远镜项目创新网络中的组织互动和劳动力市场整合的独特性。作为一个高度专业化的利基领域，非常稀缺的天文学技能不能被视为技能“商品”（商品意味着大量具有标准化资格的毕业生进入由众多潜在雇主组成的劳动力市场）。相反，就天文学而言，少数天文学家和高度专业化的工程师进入了只有少数雇主的劳动力市场。此外，每个雇主都需要确定的技能范围，以至于他们很大程度上都清楚系统中哪些特定的个人拥有这些技能或者正在开发这些技能。同样，研究生或受聘的天文学家和工程师很大程度上也清楚系统中哪一组参与者需要他们的特殊技能。可以看出，这种结构是在一个拥有较大基础的技能金字塔的塔尖上运作的。

注重学习、能力和互动有助于发现企业和校后教育和培训机构中的优势和实力，这些优势和实力与它们的动态互动能力以及它们在校后教育和培训或部门体系中所处的环境有关。就技能发展网络本身而言，主要的中介机构和知识资源流动的关键推动者在动态过程中将射电望远镜项目的技能和技术需求与校后教育和培训供应方联系起来。案例研究表明，将技能、知识、技术、网络、中介机构和资金结合的能力对于确保大学成功应对当前和未来的技能需求至关重要。

这些实证性和理论性的见解对政策领域有所启示。如果要在其他知识密集型项目和部门复制射电望远镜项目网络模式，公共部门和私营部门的主要参与者需要培养什么样的制度安排和能力？

射电望远镜项目技能规划的成功得益于四个关键的有利条件。第一，有一个密集的网络结构和各种强有力的协调机制，它们促进了关键参与者和利益攸关方在部门层面上进行互动。第二，网络结构和协调机制由项目组织内部强大的互动能力驱动和协调，受到正式的机制以及非正式的、隐性的、长期的个人关系的支持。第三，公共和私营中介机构在联系网络中的参与者方面发挥了关键作用。更重要的是，公共中介机构得到了高层政治和财政的强有力支持。第四，南非处于领先地位的研究型大学的专门学科领域具有很强的能力和动态互动能力。大学管理人员和学者有意愿、有能力去感知项目需要什么，并相应地调整他们的教学和研究，同时不影响学术项目。

技能规划和发展的一个关键点是需要针对和支持网络机制，而不是市场机制。促进射电望远镜项目中互动和技能网络的结构、机制和激励措施有助于依赖高水平技能的其他利基部门的战略开发。然而，包容的必要性和高科技发展的必要性之间的紧张关系仍然存在。项目的顺利发展，一部分是由于强大的互动能力。项目给一些历史上处于不利地位的大学增加了资金、促进研究和教学的发展，并为一些职业技术教育与培训学院提供了支持，从而解决了校后教育和培训机构的准入和成功问题。总的来说，参与射电望远镜项目创新网络在很大程度上给历史上处于优势的研究型大学带来益处，这似乎是参与高科技部门的基本竞争驱动因素的一个功能。但可能需要积极的政策干预，才能使成果目标变得更公平。具体来说，为提高先前处于不利地位的大学的动态互动能力而提供的特定支持以及对职业技术教育与培训学院的制度支持，可能有助于抵消它们在网络准入和财政资源方面的一些劣势。

中介机构在应对不断变化的技能需求方面的作用

伊尔－哈姆·彼得森（Il-haam Petersen）
格琳达·克鲁斯（Glenda Kruss）

技能发展越来越被描述成一个“合作项目”，涉及来自私营部门和公共部门的参与者，包括政府、企业、大学和学院以及中介机构（DHET 2013a：9）。这意味着技能发展带来的特定利益很大程度上取决于哪些参与者被纳入其中以及谁发挥主导作用。因此，如果技能要在减少贫穷、消除不平等现象和降低失业率的国家发展目标方面做出重大贡献，缩小公共利益和私人利益之间的差距尤为重要。我们的问题是，如何才能建立“正确”的联系，进行有效的协调，从而弥合公共部门和私营部门在实现国家发展目标方面的差距。

在南非，技能方面的文献强调了中介（Kraak 2008a；Kraak et al. 2006）和政策的重要作用（DHET 2013b）。最近的研究表明，公共部门或私营部门的中介机构是否最适合发挥领导作用，取决于以下三方面因素的影响：所涉及的参与者和网络类型的部门和空间差异，具体的技术和知识挑战以及相应的技能需求、制度环境（Intarakumnerd & Chaoroenporn 2013b；Petersen et al. 2016）。这表明各种情境化和系统化的方法需要考虑职业、空间和部门三方面的动态变化。“一刀切”的方法是不合适的。

因此，本文认为需要更好地理解推动实地技能发展的参与者网络，特别是来自公共部门和私营部门的中介机构在促进联系和信息流动、协调和决策过程中的作用。我们的实证研究的重点是制糖行业，这是一个资本密集型和劳动密集型的行业，对农村贫困地区的经济和就业做出了重大贡献。分析的重点是价值链中的甘蔗种植和加工环节，这些环节集中在夸祖鲁－纳塔尔（KwaZulu-Natal）地区。这是一个有趣的案例，值得研究，因为它对包容性发展具有直接的重要性，并且因为该部门在初级、中级和高级技能水平的所有方面都经历了不断变化的技能需求，所以需要与各个级别的校后教育系统保持一致。

鉴于有关技能的文献中对中介的研究有限，我们利用创新研究中的文献（这类文献中，对中介概念研究是最深入的）来深入了解技能发展中中介机构扮演的角色。创新研究方面的文献提出了一个系统性观点，通过创新系统视角，强调学习和互动以及宏观、中观和微观层面之间相互作用，来理解中介机构的作用。因此，这种方法超越了宏观层面的分析范畴，跨越了国家与市场之间的相互作用，而后者往往是南非技能发展的主流政治经济学方法的重点（Brown et al. 2001）。

在本文中，首先，利用创新研究文献来讨论中介机构的类型和作用，区分公共部门和私营部门的中介机构。其次，我们描述了技能挑战、关键制度以及负责制糖业技能发展的参与者和网络。最后，我们回顾了为应对不断变化的政治形势和不断变化的技能需求，南非的技能发展如何随着时间的推移而发展的历史。分析表明，所涉不同参与者的目标与他们应对不断变化的技能需求的战略之间必须保持一致，此外，更广泛的制度环境也在影响他们。动态互动能力，即通过互动学习、感知和应对变化的能力，被认为是达成有效协调和一致的一个决定因素。在强大的私营部门和公共部门中介机构的支持下，制糖业发展了一个协调一致的“自给自足”的技能发展系统，可以满足常规技能需求。新的技能挑战促使人们寻求新的战略和合作方式。在本文结尾，我们讨论了技能规划和政策的意义。

中介机构在技能发展中的作用

根据有关创新中介机构的研究文献，我们将部门中介机构定义为连接、转化和促进信息流动的机构（Van Lente et al. 2003：248），能提供系统中必需的但又不容易获得的服务。

部门中介机构（以下简称中介机构）可以建立一对一或一对多的关系，不仅是为了促进或调解参与者之间的关系，也是为了增强学习，创造活力。为支持技能发展和规划而提供的服务可能包括培训、咨询、质量控制、资金等。我们遵循达尔泽尔（Dalziel 2010）的观点，关注中介机构的组织目的，而不是关注它们开展的活动，因为中介机构除了联系不同类型的参与者和协调交易之外，在创新方面可能还具有许多其他功能。

英塔拉库姆纳德和朝恩波恩（Intarakumnerd & Chaoroenporn 2013a，2013b）进一步区分了一组对我们研究有用的概念：公共中介机构和私营中介机构。公共中介机构指的是主要关注公共利益目标，特别是与政策相关的目标，并由公共资助的机构；私营中介机构则由私人出资，更多地关注行业或企业特有的问题。这种分类很有用，因为它考虑了中介机构的制度结构和主要目标，这两者影响组织的管理方式和绩效评估形式，同时它还考虑了中介机构的职能（Intarakumnerd & Chaoroenporn 2013a，2013b；Klerkx & Leeuwis 2008；Smits & Kuhimann 2004）。

正如克莱克斯和刘维斯（Klerkx & Leeuwis 2008）指出的那样，具有混合制度结构（即公私合营）的组织也可能成为中介机构。他们表明，这些中介机构主要在公共和私营部门参与者之间的衔接方面进行联络活动，并负责系统内的衔接管理。①

英塔拉库姆纳德和朝恩波恩（Intarakumnerd & Chaoroenporn 2013a，2013b）比较了公共和私营中介机构在不同部门创新系统（SSI）中的传统角色。他们的研究借鉴了广泛使用的四种角色。

- 顾问：在相关知识产权或知识和技术能力的识别、获取和利用方面提供信息和建议；
- 经纪人："在两个或两个以上当事方之间提供交易中介服务"（Intarakumnerd & Chaoroenporn 2013b：109）；
- 调解人：独立第三方，协助两个组织达成互利合作关系；
- 资源提供者：确保资金和其他物质支持，以便此类合作取得创新成果（Howard Partners 2007：13，引自 Intrakumnerd & Chaoreonporn 2013 b：109）。

彼得森等（2016）研究人员确定了中介机构在南非技能发展网络中的第五个作用：协调员。由于没有一家机构能够在一个系统中扮演所有的角色，所以多家机构可能在系统中发挥不同的中介作用。因此，至关重要的是要在一定程度上协调这些组织的努力，因为缺乏有效的协调可能导致冲突和错位，这反过来又可能弱化该系统（Intarakumnerd & Chaoroenporn 2013a，2013b）。例如，如果一家公共中介机构没有足够的资金用于其技能方案，或者如果公共和私营部门中介机构之间的分工不明确，结果可能

① 本节部分内容摘自 Petersen et al. 2016。

是公共中介机构与私营部门中介机构之间发生竞争，进而削弱该系统。

根据英塔拉库姆纳德和朝恩波恩（Intarakumnerd & Chaoroenporn 2013a，2013b）的研究，虽然中等技术部门往往受到跨国企业的严格制约，但农产品加工行业通常包括少量的大型企业和大量的小型（主要是本地）企业。因此，农产品加工部门需要中介机构，在该部门众多参与者之间建立中介关系，协助能力发展，并确保产品和服务符合部门具体标准。杜特雷尼特等人（Dutrenit et al. 2012）以及克莱克斯和刘维斯（Klerkx & Leeuwis 2008）的研究补充到，明确表达需求尤为重要，因为农民经常发现很难把自己的需求表达清楚。与此同时，在中等技术部门，需要中介机构与跨国企业进行谈判，为当地企业能力发展提供援助。同样在高技术部门，中介机构的一项重要任务是紧随技术变革，在当地参与者与跨国企业之间提供中介服务。

政府机构和行业协会作为资源提供者和经纪人（在农产品加工部门）或调解人（在中等技术部门），往往发挥关键作用。在高科技部门，公共研究机构和国际性行业协会通常会成为主要中介机构。

中介机构必须了解该部门的参与者和网络及它们面临的主要挑战，以克服系统性障碍、弥合差距和解决问题。采取“一刀切”的政策干预措施或排挤私营中介机构可能是有害的（Dutrenit et al. 2012；Intarakumnerd & Chaoreonporn 2013 b；Klerkx & Leeuwis 2008）。这凸显了系统性思维的重要性，它对正处于转型阶段的系统尤其重要，因为在转型中，变化迅速而剧烈（Smits & Kuhlmann 2004；Van Lente et al. 2003）。史密兹和库尔曼（Smits & Kuhlmann 2004：18）指出需要促进系统功能的政策工具，并将其称为“系统性工具”（systemic instruments）。系统功能包括：衔接管理，不仅限于双边关系；建立和组织系统；为学习和实验创造条件；为战略情报提供基础设施；刺激有效的需求表达、战略和愿景发展（Smits & Kuhlmann 2004，转自 Van Lente et al. 2003：254 – 255）。

虽然文献中的关注点集中在中介机构的传统角色上（见 Howells 2006），范·伦特等（Van Lente et al. 2003：256）提出了一种新的类型：一种“系统性中介”。通常，这些中介机构的目标是通过增强反馈机制和刺激学习来满足需求，需求包括需要清楚地表达选择和需求、协调参与者和各种机会、支持学习过程等。

在南非，我们认为公共部门中介机构，特别是各部门的教育与培训局

（SETA），非常适合履行这些职能（Petersen et al. 2016）。这样，它们可以加强它们在技能发展中的作用。

上述不同的功能就中介机构为实现系统的发展目标做出贡献的能力方面而言，有助于系统中的网络协调，这涉及增强多个和不同网络之间的一致性。根据冯·滕泽尔曼和王（Von Tunzelmann 2003，2007）的研究，网络故障或称错位与系统层面技术和生产知识流动时受到限制有关。他们详细阐述了三种可能发生错位的方式。第一，促进技术和生产的知识流动所需的网络可能不存在。第二，这种网络可能存在，但它的目标可能不会促进系统发展。第三，网络可能存在且有一个发展目标，但它的运作方式可能无法实现这些发展目标。网络错位是一个系统发生故障的实例，而不是单个组织或单个网络的故障。

一个相关的概念是“互动能力”（Tunzelmann & Wang 2003，2007），它指的是通过互动建立联系并利用组织能力和机制进行学习的能力。这是一个有用的特性，对中介机构是有用的，对大学、学院和企业也一样有用。为了应对技能的不断变化，需要“动态交互能力”来持续感知业务、教育和政策环境的变化，适应对新技能的需求，并协调整个组织的变化。

本文中，我们运用上述概念，实证分析的重点是深入研究夸祖鲁－纳塔尔省甘蔗种植和加工行业的技能发展网络中，公共部门和私营部门中介机构的作用和互动能力。因此，我们按照部门和地理位置确定案例研究的范围。本研究是一项更大规模研究的一部分，大规模研究的目的是通过案例研究探索南非技能供求之间的一致性。[①] 可以通过项目网站（www.lmip.org.za）发布的一组报告（Kruss et al. 2014；Petersen 2015），了解该研究的方法、样本和数据分析详情。

南非的甘蔗种植和压榨

食糖生产涉及两项不同的活动：甘蔗种植和压榨。制糖产生的下游副产品包括糖蜜和发电。[②] 由于甘蔗体积大，容易腐烂，甘蔗糖厂必须临近

① 案例研究的设计包括一个桌面程序，以绘制系统中的参与者。社交网络确定互动的模式和强度。本研究与来自制糖公司、公共和私营中介机构、私营培训机构、公立大学以及职业技术教育与培训（TVET）学院的高级管理人员和知识领域负责人共进行了 67 次半结构化的深入访谈。桌面研究涵盖的内容包括各个参与者的目标、政策、结构和互动机制，对访谈数据起到补充作用。

② 本节和本文最后一节内容主要摘自 Kruss 和 Petersen（2016a）。

甘蔗产地，反之亦然。这使得甘蔗种植者和制糖工人之间存在相互依赖的关系，他们有强大的共同目标，共享知识库。

作为一个资本密集型和劳动密集型部门，制糖业为南非社会和经济发展做出了重大贡献。重要的是，制糖业在农村地区创造了就业机会，这些地区普遍贫困，失业率高。毫不奇怪，南非制糖厂集中的城镇和甘蔗种植地区的失业率远低于其他小城镇和农村地区（NAMC 2013）。该部门的大多数工作岗位是非技术的和半技术的（4941 个技术岗位、634122 个半技术岗位和 256382 个非技术岗位）（NAMC 2013）。

图 1 显示了 2013 年夸祖鲁 - 纳塔尔省部门创新系统的各个参与者。其中，AgriSETA 为农业部门教育与培训局；DAEA 为农业和环境事务部；DAEF 为农业、林业和渔业部；DHET 为高等教育与培训部：DUT 为德班理工大学；IPAP 为行业政策行动方案；merSETA 为制造业、工程及相关服务部门教育与培训局；MUT 为马古索托理工大学；NDP 为南非国家发展计划；NGP 为南非国家增长计划；NSDS 为国家技能发展策略；Sasa 为南非糖业协会；Sasri 为南非蔗糖研究所；SMRI 为南非制糖研究所；STC 为舒克拉培训中心；UKZN 为夸祖鲁 - 纳塔尔大学。该地区约占全南非糖产量的 85%（NAMC 2013）。在技能需求方面，甘蔗压榨环节集中在为数不多的大型本地企业中。甘蔗种植同样由少数大规模种植者主导。然而，近年来，在土地改革政策的鼓励下，出现了大量小规模的种植者，因为甘蔗种植方法并不复杂。

私营部门中介机构在确保关系网络一致性方面发挥着关键作用（Intarakumnerd & Chaoroenporn 2013b），这在制糖厂和种植者之间的共生关系中显而易见。这些中介机构早在 20 世纪 20 年代就已出现，目的是协调制糖行业的活动，并确保部门利益。早些时候，制糖业建立了自己的知识产生能力，其形式是两家在全球享有盛誉的研究机构。

公共部门的中介参与者包括与甘蔗种植有关的南非农业部门教育与培训局（Agricultural Sector Education and Training Authority）以及监督所有公共资源供应的高等教育与培训部（DHET）。DHET 批准为高等教育方案和资格组合提供资金以及为职业技术教育与培训学院进行国家级课程设置。

在技能供应方面，夸祖鲁 - 纳塔尔省的一系列公共教育和培训机构提供农业和工程方面的所有资格和技能方案。这些重要的机构包括：四所大学、九所职业技术教育与培训学院、两所农业学院和两家私营培训机构。

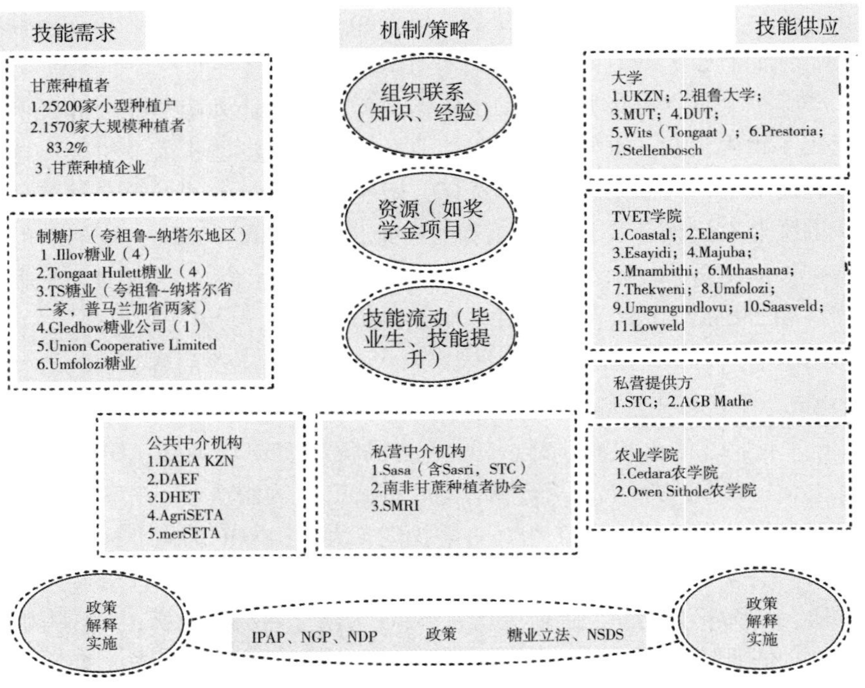

图 1　夸祖鲁 - 纳塔尔地区甘蔗种植和加工部门创新系统参与者示意图

注：研究采访了部分机构。由于其他机构不在夸祖鲁 - 纳塔尔地区或没有接受采访，故未列在受访对象中。

私营部门参与者之间强有力的互动和网络协调

企业、农民和私营中介机构存在共同的目标，但是这个部门网络中，所有参与者的一致性程度如何？在实践中，哪些参与者更有可能围绕技能发展进行互动？图 2 展示了对互动的规模和强度进行社交网络分析的结果，反映出存在一个紧密的核心网络，各参与者之间联系密切，突出显示在圆圈区域中。

核心网络包括私营部门中介机构、几家公共中介机构（特别是农业部）和该地区的几家公共教育和培训机构，特别是农业学院和几所大学，但不包括理工大学。

大多数公立职业技术教育与培训学院都不在核心网络之内，当地其他一些大学以及其他省份的大学或海外高校也不在核心网络中。对访谈的分

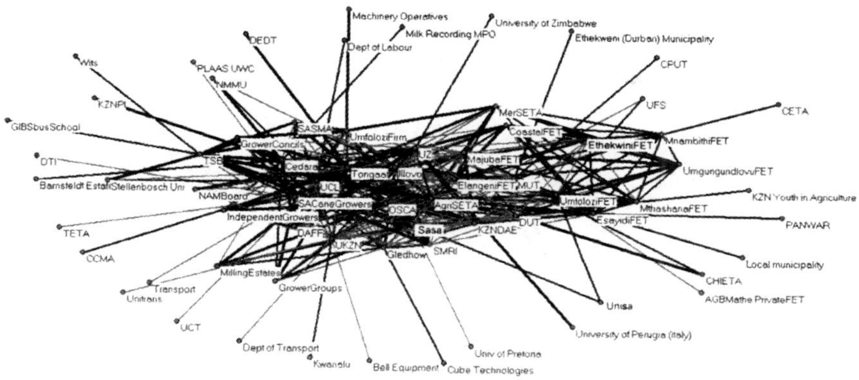

图2　阐述南非甘蔗种植和加工部门创新系统中技能发展网络的网络示意图

注：线条的粗细与互动规模相对应，即线条越粗，互动规模越大。

资料来源：研究项目数据。

析表明，一般来说，公立大学、理工大学和农业学院倾向于提供农业和工程方面的基础教育和培训，培养具有就业能力的毕业生进入一系列部门工作。私营部门中介机构为制糖业提供教育和培训，主要是通过它们自己认可的私立学院/培训中心。企业和农民在工作场所提供实地培训，受访的制糖厂证实了这一点：

> 是的，那儿是他们进行理论培训的地方。然后他们来这儿练习……所有学徒都必须到舒克拉培训中心（Shukela Training Centre）接受培训。（U制糖厂人力资源主管）
>
> 我们还有整个学习学院，那儿我们有内部培训辅导老师，特别是在工程方面和加工流程方面，同时，在每个工厂里我们也有流程和工程方面的培训师。（T制糖厂人力资源主管）

图3细分了私营部门中介机构与其他各类参与者之间的互动规模，证实了私营部门中介机构在网络整合中的核心作用。中介机构与企业的频繁互动是显而易见的。与公立大学、农业学院和公共部门中介机构存在互动，但不是很强。与职业技术教育与培训学院和其他私营机构的互动水平很低。因此，行业系统的技能目标似乎是由来自私营部门的参与者设定

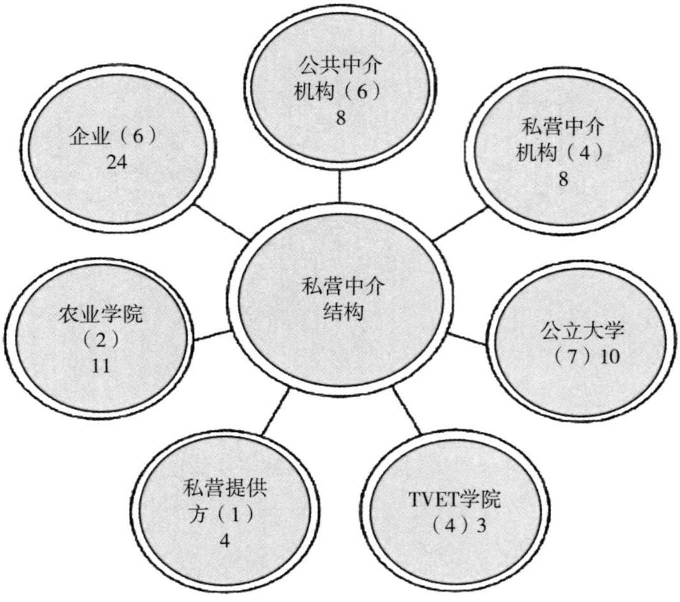

图 3　私营中介机构在甘蔗种植和加工部门创新系统中的平均参与程度

注：括号外的数字代表该类网络参与者的平均权重，计算方法是网络调查中报告的互动次数及其相对强度的乘积。括号内的数字代表被认为是伙伴的组织数目。

的。公共部门参与者只要能够提供专门知识或补充知识，似乎也被纳入网络之中。合作的重点可能仅仅是确保能够提供具有特定类型稀缺资格的技术工人，也可能涉及围绕培训自身性质开展的合作，以满足部门需求。

> 锅炉制造工，我们急需……我不得不打了三次广告，因为申请的人甚至不符合我们的标准……最好的情况下，我们在寻找 N4……我们专门去了几所理工学院，因为它们提供 N 培训课程。（LSZ 制糖厂人力资源主管）
>
> 农业部门教育与培训局为开展导师制提供了一些资金，还提供了政府支持，让我们尝试和测试其中的一些培训项目，因为它知道这不仅仅关乎个人的培训和认证。(南非糖业协会管理人员 L)

私营部门参与者并没有和公共部门参与者进行强有力的互动，而公共部门参与者是负责技能发展的立法者。那么在这种方式下，该网络是如何发展的？显而易见，这种错位不会限制私营部门的目标，因为这一系统已经存在了近一个世纪，但这种情况对实现国家发展目标是否可取？它是否解决了该部门所有参与者的利益（例如新兴的小规模农民）？本文接下来考察了南非制糖业悠久的历史及其结构的起源，展示了私营部门参与者在没有与公共部门和政府参与者进行强有力的联系的情况下如何以自给自足的方式发展网络协调的。很明显，私营部门决定自身需求，在受到政府技能政策限制时设法找到规避该政策的方法以及在国家政策有助于实现部门目标时，私营部门找到方法吸引公共部门参与者加入核心网络。

1994 年以前建立了自给自足的技能发展系统

从历史上看，南非制糖业的运作相对独立，受法律赋予的法定自治权力监管。

20 世纪 20 年代的起源

行业内部人士通常会指出，自 20 世纪 20 年代以来，围绕甘蔗种植者和制糖厂之间的共生关系，出现了一种“强大的集体结构”（NAMC 2013）。制糖厂被称为“大企业”，具备评估和解决自身技能发展需求的互动能力（南非糖业协会管理人员 1），而小型种植者的发展是整个行业关注的问题。

制糖业一直积极主动，确保行业拥有多种有效机制来培训“核心的或具有战略意义的产业技能”（南非糖业协会管理人员 1），即“特定部门”的技能。在 20 世纪 20 年代末和 30 年代，根据国家发展趋势（Wedekind 2013b），该部门依赖从其他国家（如毛里求斯）招聘熟练的技工，这不是一个可持续的战略（制糖厂学徒培训委员会报告，Report on the Committee on Training of Sagar House Apprentice 1930）。南非已经确定需要在当地发展技能培养的战略，并确定了核心的私营中介机构南非糖业协会（South African Sugar Association，Sasa）作为领导南非制糖行业技能培养战略进程的合适机构，直至今天南非糖业协会依然发挥着桥梁作用。

在南非糖业协会的领导下，中介机构参与者选择与当时相对年轻的公立大学和农学院合作，培养制糖厂和种植者所需的技能。典型的做法是建立伙伴关系，由中介机构提供专业教学知识，由公立大学和学院提供教学设施并进行资格认证。这一制度在种族隔离时期得到发展，以应对该部门不断变化的技能需求、政治领域的变化、管理公共教育和培训部门的政策等。

20 世纪 50 年代—20 世纪 80 年代的发展情况

20 世纪 50 年代，南非糖业协会开始发展内部农业培训项目。人们认识到，甘蔗种植者需要技能来理解和使用来自南非甘蔗研究所（South African Sugarcane Research Institute，Sasri）的研究成果和技术知识，因此南非制定了初级到中等职业层次正式和非正式的培训方案（Cleasby 1963）。这项培训方案并未获得认证，但由于甘蔗研究所在促进知识转让和传播、向农民提供培训和咨询服务以及通过其推广专家阐明技能需求等三方面拥有良好声誉，因此协会的培训项目得到了广泛支持。

从 20 世纪 70 年代开始，人们逐渐发现种族化的公共体系不能满足需求。因此，私营部门成立了自己的培训中心，专门培养制糖业技术发展所需的技能。

由于种族隔离制度对工作和培训的限制，制糖业面临的挑战是甘蔗糖厂缺乏具有中等技能水平的合格技工，特别是位于农村地区的制糖厂缺口更大。1974 年，南非糖业协会成立了一个私营培训中心，提供专门的制糖技工培训。尽管有种族隔离制度的限制，该中心向所有人群开放，包括被列为黑人的个人。制糖部门引入了另一种机制——向居住在甘蔗种植省份的人员提供奖学金，以解决农村地区技能缺乏的问题。

起初，制糖业和技术学院之间有着密切的联系。在 20 世纪 80 年代初，技术培训学院提供的制糖技术资格被取消，原因是制糖技术人员供过于求，同时学生抱怨课程过于专业，限制了他们的流动性（Oosthuizen & Dunsmore 1998）。此外，甘蔗糖厂的管理人员对大学学位的重视程度超过其他课程文凭和资格证书。此后，南非作出一项决定：由私营机构南非制糖研究所（Sugar Milling Research Institute，SMRI）提供培训。研究所开设了一个短期课程，由制糖企业的员工授课。

网络是随着需求的出现而建立的。例如，在 20 世纪 70 年代后期，制糖研究所与当地一所大学合作，针对制糖业提供专门培训，来满足对化学加工技术技能的需求。研究所为培训中的一些教学模块提供了教学人员，这些模块包括在普通应用化学课程中。在政治变革期间，这些模块被中止了（Oosthuizen & Dunsmore 1998）。

研究强调了该地区历史上形成的制糖厂、农民和私营部门中介机构之间进行了强有力的互动，且它们有协调一致的目标。研究还反映了选定的公共教育和培训提供者在需要时被纳入技能网络的方式。强大的行业协会是代表它的成员进行所有培训决策的主要驱动力。一所公立大学和选定的多所学院与企业和中介机构密切合作，提供基础课程和职业课程，也提供面向制糖业的专门技能和培训。因此，从 20 世纪 20 年代开始，尽管种族隔离制度限制了制糖业在全国层面上的技能和培训政策，但这一时期已奠定了能够管理自身技能需求的自给自足的部门网络的基础。

1994 年后的私人供应体系

图 2 显示，目前，公立的校后教育和培训（PSET）机构之间的联系薄弱，尤其是在中级技能层面。我们的证据表明，私营部门参与者已经确认技能发展的新立法和日益增加的政府监管是技能发展的障碍。遵守高等教育与培训部的新要求，注册为私营培训提供者，并对企业提供的基于工作的培训进行监管都被认为过于繁重和昂贵，因为部门教育与培训局（SETA）提供的角色要求和资金经常变化，职业技术教育与培训学院系统的不确定性和糟糕的管理也是如此。在这种背景下，南非糖业协会做出了一项战略决策，通过加强私营内部能力，而不是通过与公共部门组织的合作联系来满足种植者和制糖厂的常规技能需求。下面，我们将详细探讨目前这些技能决策是如何做出的。

公共教育和培训机构提供的基础资格

公立大学提供工程和农业方面的基础资格证书。制糖业参与者只是间接参与，主要是与一所大学合作，以确保有足够数量的合格毕业生。私营部门则掌控自己的实习项目，传授制糖业的专门技能。研究生获得奖学金开展相关研究，目的是解决农业和生物科学家严重短缺的问题。作为工程师培训方案的一部分，制糖企业向工程专业学生提供助学金，这项策略旨在使学生将来能够胜任中层管理工作。

公立的职业技术教育与培训学院明显缺乏网络一致性，这可能与它们能力缺乏有关。位于制糖业地区的大多数职业技术教育与培训学院报告说“持久”的各种差距和限制给整个行业带来挑战（Akojee 2010：269）。全国范围内学院的新定位和 DHET 的干预措施旨在以一种更具响应性的方式发展、稳定和引导职业技术教育与培训体系，这个过程显然仍在逐渐展开，还没有在各个学院扎根。职业技术教育与培训学院所报告的挑战包括资金受限、方案不灵活、课程不确定而且混乱、营销匮乏、工作人员工作量大和各项要求有官僚主义色彩。据称，与制糖行业接触有限的原因是工作人员工作量大、国家级课程设置僵化、缺乏历史联系、缺乏促进联系的中介机构等。

相比之下，私营部门中介机构和目前由国家和省级农业部门管理的公立农业院校之间的互动性相对较强（图3）。一个例子足以说明原因。一所成立于1968年的年轻的传统黑人学院经历了一段时间的制度动荡之后，从1996年开始作为一所农业学院，承担起提高学院声誉和建立联系的任务。该学院决定设立一个糖业卓越中心，因为它位于南非全国范围内小规模甘蔗种植者最多的地区。它采用的战略是依靠正式的合作安排和团队合作文化与外部参与者协商，以确保它提供的教学方案能够符合当地情况。该学院与私营部门中介机构和制糖企业合作，开发和提供针对制糖业的专门培训模块。它的创新型领导力和团队合作体现了强大的动态互动能力，这种能力鲜见于公立的职业技术教育与培训学院。因此，各农业学院与制糖业有着共同的目标，有能力提供缺失的专业知识并发展了动态互动能力，以此融入网络。

制糖业的专门技能：基于私营中介机构的培训

当谈及特定行业的培训和发展，以满足常规技能需求时，南非糖业协会就是一家“一站式商店”。

> 南非糖业协会不负责管理行业内其他雇主和那些第三方之间的关系……他们将按照自己的意愿寻找供应商。我们对此没有发言权。但是在提供核心的或具有战略重要性的行业技能方面，我们是满足培训和发展需求的一站式商店。（南非糖业协会管理人员1）

特定的行业参与者提供针对管理层或操作员和技工层面的培训方案。在公立职业技术教育与培训学院和各技能发展子系统频繁变化的政策背景下，各部门中介机构决定为所有培训项目建立一个经过认证的私营培训中心，它将是唯一一个负责跟得上立法和监管环境频繁变化的部门。由于监管的机会成本高，南非决定继续通过南非甘蔗研究所给私营部门提供农业课程，这些课程没有得到政府认证。每个地区的农民协会和当地种植者理事会将本地的发展需求反馈给私营培训提供方，有助于培训项目的实施。

这家私营培训中心有多种正式和非正式的机制，与企业和农民进行互动，并随时了解技能需求，如贸易工作组定期与行业代表会面。它充当了行业成员和例如农业部门教育与培训局等政府机构之间沟通的桥梁，让彼此都了解相关变化。这种做法有助于根据政策环境的变化对培训方案做出调整，并确保方案符合当前标准。它的组织结构包括一个“制糖业子部门”委员会，其代表来自多家私营中介机构、多家制糖企业和一个私营培训中心。

因此，在强大的互动能力的推动下，公共和私营中介参与者之间有充足的网络一致性。通过制糖业子部门委员会等机制，农业部门教育与培训局设法了解不断变化的技能需求，并获得有关它们机制和方法的反馈。互动能力的一个关键方面是通过互动来学习。

> 农业部门教育与培训局为开展导师制提供了一些资金，还提供了政府支持，让我们尝试和测试其中的一些培训项目，因为它知道这不仅仅关乎个人的培训和认证……在过去，它资助纯粹的培训，我们说服他们说，你知道“培训之后会发生什么?”你不能只是离开社区，你知道，这是一个更长期的支持项目。(南非糖业协会管理人员 L)

制糖企业倾向于采用一个标准方法，根据企业制定的学习途径提供长期培训。重点放在内部培训上，以确保企业对培训有控制权，并且受训者已为开始工作做好准备。制糖企业还为多所理工大学的学生提供在职培训，作为他们工作学习一体化项目的一部分。最后，学徒培训是南非制糖业一项悠久的传统，旨在确保技工队伍建设。

因此，南非糖业协会及其组成机构展示了强大的互动能力，从而支持企业、农民和私营培训机构之间进行互动。

不断变化的技能需求：推动与公共部门的新契合？

主管人力资源和技能发展的经理报告说，他们通常有稳定的技能渠道来满足常规技能需求，但他们的方法不能有效地满足不断变化的需求。

> 所以我们必须不断地训练自己的（技能）。我们开展学徒项目……你看，即使是在工程领域，尽管它们是稀缺的技能，但这些项目有所帮助，从某种意义上说，我们已经让它运行了，每年至少有两个人必须从项目中出来。这样，我们就可以确定这些人能够接受足够的培训，并在特定的岗位上行动起来。（L 制糖企业人力资源主管）
>
> 你知道，随着新的土地改革……刚进入的人数，以及缺乏任何农业知识，更不用说甘蔗种植了，已经带来了巨大的压力，因为那里技能差距很大……我们面临着如何解决技能差距的巨大挑战……我们一直在努力尝试改进这一问题。（南非糖业协会管理人员 S）

这可能会在更大程度上推动与公共部门参与者的联系。这里，我们用一个简单的例子来说明网络如何随着目标的改变而改变和再调整。新农民和合作社迅速增加，主要是因为国家政策强调土地改革和包容性发展。新农民通常对如何管理甘蔗农场知之甚少或一无所知，也没有能力进行内部培训或与公共教育和培训机构进行合作。他们主要依赖制糖企业和私营部门中介机构提供的服务，但他们提出了一项新需求，即软技能和商业管理方面的需求，这是制糖业无法在内部提供的。他们技能发展网络中的这些差距和瓶颈促使企业和私营部门中介机构在更大程度上求助于公共部门中介机构，主要是寻求资金开展培训活动，也是为了向合作社提供专门知识和培训，并建立一条“制糖业发展道路”（Sasa 2014）。[①]

对技能规划和政策的意义

我们通过制糖行业的技能发展网络来说明公共和私营部门中介机构在联系和调整网络以满足常规和不断变化的技能需求方面的关键作用。我们讨论了网络是如何随着目标的改变而改变和再调整的，以及参与者的包容（和排斥）是如何与他们的互动能力相关联的。在各个级别的政府、私营部门和教育参与者之间设立更强的协调一致的目标有什么意义？

在一个协调良好的技能发展体系中，如制糖业的技能体系，私营和公共部门中介机构发挥着不同但又互补的作用。私营部门中介机构能有效地

① 摘自未公布的备忘录制：糖业教育和培训发展方案（Towards a sugar industry education and training development programme）。

应对特定的行业目标。相比之下，公共部门中介机构立足于更广泛的“公共利益”，以私营部门中介机构无法做到的种种方式，努力实现国家的校后教育和技能发展政策目标。

私营部门中介机构可以在公共系统内部和与公共系统一起，推动、资助和协调一个自给自足的技能发展网络。在制糖业中，私营部门中介机构在管理技能发展和代表决策两方面发挥了主导作用，为它们所代表的甘蔗种植者和制糖厂带来了利益。他们这样做的时候，无论是过去还是现在，几乎没有多少来自公共部门参与者的投入，并且建立了机制来避免因遵守政府技能发展法规而导致的高机会成本。这些私营部门机构拥有必要的专门知识和互动能力，能够根据部门需要，将企业、公共部门中介机构和公共教育和培训提供者联系起来，提供和支持技能发展和规划。

公共部门的参与者可以从私营部门中介机构中学到很多东西，包括技能发展方法、部门互动机制、知识和资源流动、技能发展机制等。然而，在技能政策中，私营部门中介机构的作用很少受到关注。

具有强大动态互动能力的公共部门中介机构可以发挥桥梁作用，将公共和私营部门的参与者和目标联系起来。公共部门的中介机构，特别是部门教育与培训局（SETA）和高等教育与培训部，能够做出贡献的一个重要方式是通过解决系统中的障碍进行干预。一个重要的障碍与国家认证制度有关，特别是对私营部门参与者提供的课程认证方面的苛刻要求。分析表明，私营部门参与者在选择或发展满足其技能需求的机制时，是如何仔细考虑机会成本的。这意味着私营部门参与者可能选择在没有获得认证的情况下提供关键的培训方案，例如南非甘蔗研究所提供的专门针对制糖业的培训方案就很出名，但也没有获得认证。如果高等教育与培训部希望促进私营培训机构进行认证和合规操作，它就需要审查目前的认证程序，还要考虑如何在部门和行业层面理解和实施这些流程方面的实际情况。可能支持这一点的机制包括成立部门教育与培训局分部门委员会，这些委员会通过促进政府、行业与教育培训提供方三者之间的互动和知识流动来促进网络协调。

公共和私营部门目标之间的有效协调和一致，对于在促进基础培训和特定部门培训之间达成均衡至关重要。通过试验、不断反思和灵活的方法，私营部门中介机构与企业、大学和农业学院密切合作，开发了针对私营部门的培训方案来补充公共部门建立的坚实培训基础。历史分析强调了不同策略和模式的意义。针对具体部门的培训方案如果过于专业化，就导致毕业生供过于求，而且阻碍了他们的流动性。公立大学和学院要发挥作用，它们就必须通过提供与本行业相关的优质基础教育和培训，从而获得良好的声誉。对网络协调和互动能力的分析提醒人们要注意与私营部门参与者保持联系的重要性，以了解必要的技能和培训需求。公共部门中介机构完全能够提供必要的支持。

尽管存在潜在的风险，但值得探讨的是，各种形式的公私伙伴关系是否可以弥补网络协调的缺失。例如，对各种公私伙伴关系在公共卫生（Widdus 2001）和社会发展（Osborne 2006）中的应用进行反思，和对它们功效的研究（Osborne 2005；Wettenhall 2003），都可以指导的各种干预措施的设计。有必要的是，更深入地探讨这些公私社会伙伴关系潜在模式的制约因素和好处，以考虑在技能发展领域可以采用何种模式。需要设计各种机制，使公共和私营部门的中介机构参与者能够在推动变革中发挥战略互补作用，更有效地应对不断变化的技能需求，或解决技能严重短缺问题。

最后，我们建议，在制订国家计划、实施技能发展政策的过程中，应更多地关注私营和公共部门中介机构在部门和区域两个层面推动技能发展和规划的作用。在资源稀缺的情况下，如果目标能够协调一致，所有参与者的利益将得到更好的满足。中介机构在协调和连接公共和私营部门目标方面发挥着关键作用，从而解决削弱技能发展系统的问题。

高等教育与经济发展：技术能力建设的重要性

格琳达·克鲁斯（Glenda Kruss）
西蒙·麦克格拉斯（Simon Mcgrath）
伊尔－哈姆·彼得森（Il-haam Petersen）
迈克尔·加斯特罗（Michael Gastrow）

在这一篇文章[①]中，我们对高等教育如何促进技能发展和经济发展提供了另一种论述。虽然我们承认高等教育对发展的影响不仅仅只限于经济发展方面（例如，见 Walker 2015），但我们将把讨论限制在经济领域。我们的论述借鉴了国家创新系统方法（national innovation systems approach）（Freeman 2002；Lundvall 2011；Nelson & Winter 1982），方法强调教育、技能、工作、创新和生产对经济发展的重要性，在概念化高等教育的发展角色方面具有显著优势。此外，对组织（通常是企业，但可以类比大学）和网络层面的关注为高等教育与经济发展的关系提供了一种新的尺度和方法。与更为传统的新古典主义方法相比，这些理论和方法视角共同提供了多种截然不同的政策意义和可能性。这些替代方案可能有价值，可以与正统的政策方案并存或与之竞争。

研究关注的是技术能力（Lall 1992，2001）、部门创新系统（SSI）（Malerba 1999，2002，2005）和互动能力（Von Tunzelmann 2010；Von Tunzelmann & Wang 2007）等中层理论的解释潜力。利用这三种概念，我们研究了南非高等教育在促进经济发展方面的复杂定位方式。我们通过比较两个案例来实现这一研究目标：天文学部门的高技能案例，具体是平方公里阵列射电望远镜项目（Square Kilometre Array，SKA 项目）和汽车部

① 本文改编自 Kruss 等（2015）。

门，具体是东开普省的“一级”零部件供应商子部门。

在报告研究方法之前，我们先简要介绍一些关键的概念，接着，我们将通过概念框架的多个角度分别研究两个部门的案例，然后在结论部分将它们汇总在一起，结论部分还总结了这种思考高等教育和经济发展的方法的理论、实践和政策等方面的意义。

技术、能力和创新系统

在传统的新古典主义方法未能成功解释国家发展和增长模式变化的努力之后，出现了一系列替代方法，它们强调创新在经济发展中的作用，其基础是进化经济学（Freeman 1995；Lundvall 1992；Nelson 1993）。尼尔森和温特尔（Nelson & Winter 1982）率先提出了生产转型是经济发展核心的观点。这些学者认为，创新是一个非线性和非连续的过程，他们的观点与将前沿知识作为经济增长核心的线性技术发展模型相反。此外，他们从制度传统出发，强调技术变革和增长既取决于社会创新，也取决于技术创新。也就是说，他们认为在生产中同时发生多种过程，而这些过程反过来不仅需要研究能力和开发能力，还需要企业各级别的各种技能以及利用这些技能的过程和制度，以确保技术的有效传播和使用（Dosi 1988；Freeman 1995；Lundvall et al. 2002）。

技术能力

在发展经济学中，拉尔（Lall 1992，2001）最出名的是采用了这种方法。他强调，如果不投入技术努力来掌握、获取、适应和改进现有技术，就不能一味简单地引进技术（Lall & Kramer-Mbula 2005）。这一点至关重要，因为它违背了新古典贸易理论的核心假设，它突出的是发展中国家在技术和工业进步方面面临的实际困难。拉尔的研究成果强调，一个国家正是通过建设学习能力来提高它的发展能力。能力建设涉及企业各个层面的努力，还涉及掌握新技术的隐性要素所需的新技能和新知识。拉尔的“能力”方法不仅提出学习需要组织能力，而且还要突出国家层面的努力，强调国家也需要学习技术能力，这是对发展型国家概念的重要贡献。

这意味着网络发挥着重要作用，它是弥合企业和国民经济层面之间差距的手段。因此，这种方法侧重于国家系统中各参与者之间的联系能力。与大学、研究机构和其他组织的科技联系和知识交流对技术能力建设至关重要，同样重要的是与那些培养企业所有职业层次所需技能的各种组织或参与者的联系。最近，赛萨尔－西里纳赫等研究者认为，在这一传统中生产能力决定了经济多样性的现实选择和利用潜在机会的能力：“学习可以建立动态能力，而动态能力是弥补技能和经济发展的关键驱动力。”（Saiazar-Xirinachs et al. 2014：2）因此，根据这一论述，一个有抱负的发展型国家的一项核心作用就是支持学习过程，以发展各个层面的动态技术能力。

从教育视角出发

企业已经几乎应用了进化经济学和创新系统方面的研究成果。这些文献研究虽然强调学习的中心地位，但它们和教育和技能发展方面的研究没有太大关系。虽然高等教育是这些文献的研究重点，但它们的主要研究内容与它们作为企业学习来源的价值有关。因此，我们研究的部分贡献是在这些论述和教育理论各方面之间建立联系。我们将创新系统方面的文献引入教育领域，研究高等教育部门如何在组织层面发展和培养互动能力、部门技能发展中介机构在这一过程中发挥的作用、如何与高等教育政策领域进行互动等。虽然迄今这些关键的概念已经在企业中得到应用，但很明显，我们可以很好地使用这些概念去分析为实现国家或组织的战略目标而进行能力学习的其他非市场参与者（如高等教育机构）的能力（见图 1）。

研究设计

我们设计了一种研究方法来调查各组织在不同的经济部门中构建动态互动能力和技能时所使用的结构、代理人、策略和机制，这些部门都面临着特定的技术挑战。分析单位是部门创新系统内的教育和培训机构、企业和部门中介机构中的主要参与者之间的互动情况，从中可以确定各政策干预措施遇到的各种挑战和瓶颈。我们的研究方法需要多种数据，描述各个参与者（企业、大学、学院、政府机构）和这些参与者之间的关系，重点是技能的生成和流动（Lorentzen et al. 2011）。

本研究以大规模、多层次的案例研究方法为中心。我们从第一、第二和第三产业各选取了一个较大的部门。[①] 研究的第一项任务是确定作为分析单位的部门创新系统的范围，以便对其进行实证研究。为此，我们对每

① 本文未包括对甘蔗种植和制糖部门案例研究，因为它与高等教育关系不大。

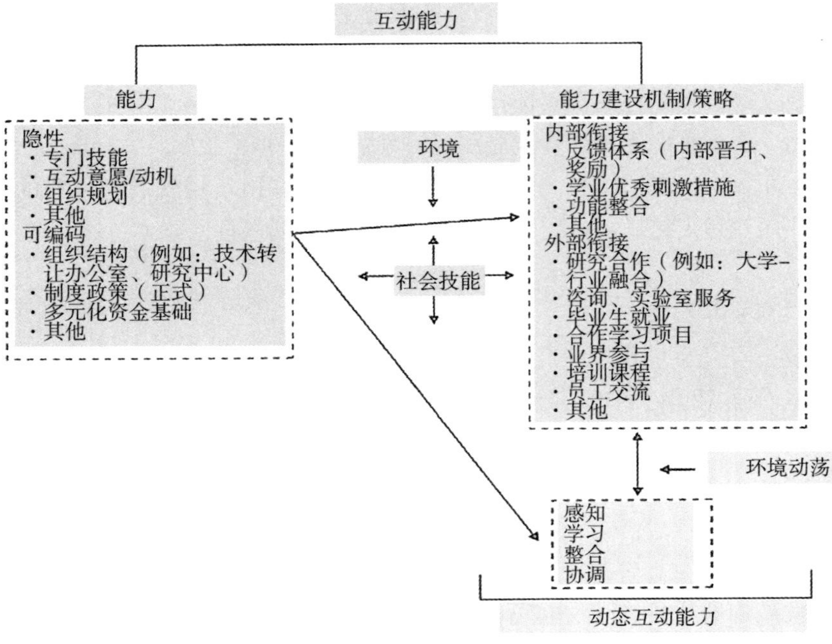

图1　南非高等教育机构的能力建设示意图

个部门进行了背景研究，从生产活动区域集中度的角度了解了它们的关键价值链、技术变革和就业模式等情况。在研究过程中，我们分析了影响国家经济增长的各项政策框架和机制以及每个部门的各项政策框架和机制。

下一步是确定位于该地区的部门系统中的所有参与者，并将重点放在经济活动密集的几处关键地点。我们采访了部门创新系统中的这些参与者，其中包括有目的地选择不同规模的公司，作为国内企业和跨国企业的代表，旨在确定它们的技能需求和用于满足这些需求的战略。我们还对所有部门中介机构进行了访谈，从而了解他们的作用和联系机制。

就大学而言，我们采访了位于该区域的所有大学以及该地区以外的重点大学，从而了解它们如何组织起来应对该部门的一般技能需求。如课程结构或就业支持服务以及它们针对该部门的具体机制（如技术中心或培训方案）。我们对大学高级管理人员和主要院系的院长系主任或负责人进行了访谈。我们对其他校后教育和培训机构，如职业技术教育与培训学院、私立教育机构、农业学院或学徒项目等也进行了类似的调查。

我们设计了一套模板，供访谈使用，并培训了一组在每个经济部门或校后教育和培训子体系中拥有经验的访谈者，他们与每个案例研究的主要综合作者合作。所有受访者还参加了社交网络分析，该分析评估了参与者之间互动的范围和强度（合作的对象、强度和方式）。在本章报告的两个案例中，共进行了 153 次访谈：SKA 项目 72 次，汽车案例 81 次。实地工作的证据基础得到了更多桌面研究的支持，桌面研究的内容包括各大学和其他参与者提供的各种材料。

来自两个案例研究的证据：SKA 项目中的高等教育和汽车行业部门创新系统

近几十年来，第三产业经济部门和高技能职业出现了大幅增长，同时伴随着失业率、贫困程度和不平等现象的加剧（Bhorat et al. 2013）。提出的解决措施是采用发展型国家模式（developmental state model），由更强有力的规划和对政府成果的监督两方面来驱动。自 1994 年以来，一套经过深思熟虑的科技政策工具优先考虑了大科学、技术转让和提高特定能力等方面，促进了国家创新体系的发展。2009 年成立的高等教育与培训部推动成立了一个唯一的校后教育和培训部门，传递的信息是和以前相比，南非更重视就业能力和响应能力。

南非科技部鼓励高等教育与产业界以合作研发和创新的形式进行互动。大多数部门的企业在努力提高它们的生产力水平和技术能力，以便在区域和全球市场上进行更有效的竞争，而国家创新体系的特征仍然是“创新孤岛”，即无法在特定的利基领域的技术前沿开展尖端活动（DST 2012；OECD 2007）。

我们的两个案例在某种程度上反映了这种紧张关系，并突出了在日益全球化的经济中，高等教育系统在不同的部门创新系统中所发挥的不平衡作用。因此，南非汽车行业在全球范围内处于劣势，因为它不像中国或印度那样拥有巨大的国内市场，甚至不像巴西那样拥有可以进入拉丁美洲的大型区域性市场（Gastrow & Lorentzen 2013）。此外，我们“一级”（Tier 1）供应商案例位于东开普省，它是南非最贫穷的省份之一，失业率高，基础设施差，教育水平低。而 SKA 案例则相反，南非的地理位置优势强，射电天文学望远镜坐落于此，因此项目被强有力地纳入全球创新网络。

满足东开普省“一级”汽车零部件行业的常规技能需求

中国和印度等国家的汽车行业在技术能力建设方面取得了成功，当地企业已经成为全球创新网络的一部分，进而创造了具有全球竞争力的民族产业（Gastrow & Lorentzen 2013）。然而，南非的汽车行业仍然受到全球生产链的强力制约，研究和创新主要在跨国公司总部进行。案例中所有大型原始设备制造商（OEMs）和许多一级零部件企业供应商都是跨国公司，它们在南非从事经营和投资方面的决定需要经常进行重新评估。

政府在产业政策战略中把汽车行业的发展列为优先事项，该行业组织有序，行业协会众多，力量强大。在东开普省，汽车行业在省级和大都市经济发展的优先事项和结构中占有重要地位，两个大型工业开发区项目也在积极互动。这样出现了一大批公共中介机构和私营中介机构，既反映了该行业自身的内部组织情况，也反映了中央和省级政府对它的重视。由此，一个复杂的关系和活动网络得以形成，为技能发展提供了大量额外资源。在这些网络内外，来自行业、政府和技能提供方的众多参与者定期会面，对汽车部门系统有一定的共同理解和承诺。有些证据表明，许多企业在加强创新、质量体系和人力资源管理等方面有能力，但它们中只包括少数汽车零部件制造商。

在全国范围内，南非贸易和工业部（DTI）发起的部门优先发展方案取得成功的原因就在于它的激励措施使南非汽车行业保持了活力；然而，贸易和工业部并没有为生产转型提供范例。它的方案并未包括各种促进技能发展的具体机制，方案利益被少量 OEM 厂家主导。来自汽车零部件企业和部门中介机构的主要参与者没有协调一致的战略来提高研究质量或特定行业技能。产业政策最近将全国零部件生产部门的技术能力建设列为优先事项，这促使政府出台多项支持特定行业技能的新举措。

同样，省级校后教育和培训系统在汽车行业内的互动能力主要针对奔驰、大众和通用汽车等 OEM 厂家。受访企业没有发现技能短缺制约企业运营，但它们对可以降低成本的流程层面的效率提高极其关注。这促使企业追求员工具有更高的技能水平，同时减少员工数量。多达 70% 的员工是在基础操作层面工作，目前对中等技能工人或高级工程师的需求相对较少。许多企业已经制定了有效的战略来满足其常规技能需求，而且它们中很多确实有能力提供内部培训或从私营培训机构获得课程。工程师的来源和提升通常是通过与大学的互动，通过奖学金方案、学生就业和实习或领导力培训等方面来管理的。

总而言之，企业有能力满足其常规技能需求，并以传统方式与各大学进行互动，以满足其高层次的技能需求。大多数受访的人力资源经理承认与公共提供者保持良好关系是有价值的。然而，我们的分析表明，汽车零部件部门受制于薄弱的动态互动能力，没有充分注重部门协调和互动网络。部门协调和互动网络旨在提高部门技术升级能力，从而能更顺利地融入全球生产链和创新网络。因此，它们与高等教育机构的互动显得零散而又有限。

图 2 借鉴了社交网络分析的结果，反映了“一级”供应商企业互动网络的薄弱性，特别是 21 家受访企业反映的与省内四所大学互动的规模和强度有限。企业最有可能与中介行业机构、其他供应商和 OEM 厂商进行互动。

进一步研究表明，平均每家“一级”供应商企业都与一个校后教育和培训机构进行了一次互动，其中约有一半互动是与公立大学进行的。只有四分之一的互动可以说是相对密集、涵盖范围广泛。在高等教育领域，几乎所有这些紧密的关系都集中在省内四所公立大学中的一所。这些互动包括：参与“学生方程式赛车”创新项目（项目生产一辆赛车参加国际比赛）；合作进行课程设计；向学习者提供慷慨的津贴和奖学金。与汽车行业合作的能力是通过以下三种互动形式建立起来的：国际伙伴关系形式，从短期课程和培训合同中获得的收入以及基础设施、材料和员工的发展，其中大部分是由中介机构提供资金和中介服务。然而，很明显的是，各家企业处理这种关系的方式多半都是临时性的，只是为了解决具体的短期问题。

问题是这种关系网络错位在多大程度上是由这四所大学的互动能力造成的。我们的分析表明，虽然如上所述，所有大学确实都具有一定的互动能力，但其中一所的互动能力集中度最高，部分原因是它与主要几家 OEM 厂商的地理距离最近，并且它培养工程类毕业生的历史悠久。与这四所大学能力有关的一个关键问题是，在南非 2004 年左右进行的全国高等教育合并之后，有三所大学仍处于建立新机构身份的过程中，迄今为止合并进展非常不平衡。其中一所大学已经处于行政管理之下，在与汽车行业的互动方面，显然它的隐性的、可编码能力和互动能力都较弱。另外两所大学坐

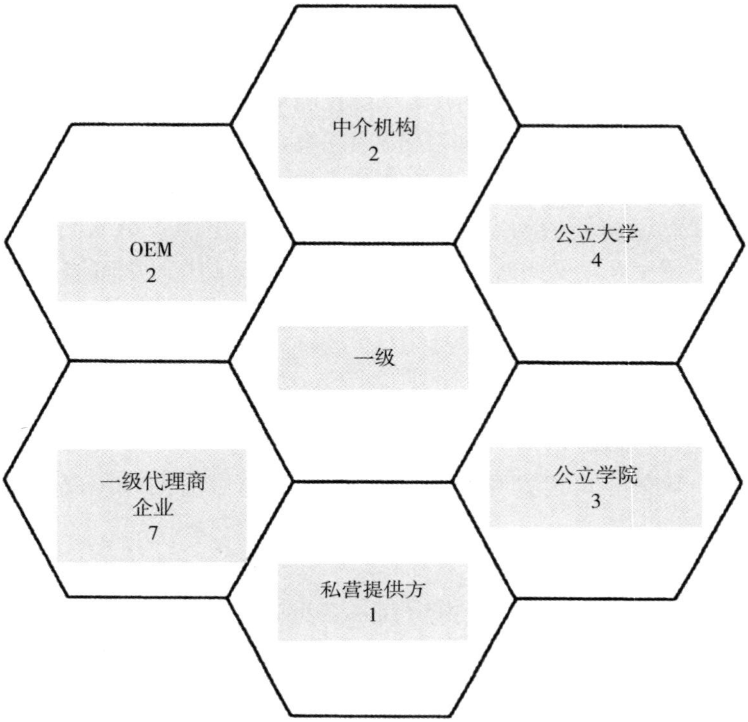

图2　南非东开普省汽车零部件行业“一级”供应商企业的网络互动情况示意图

注：数字代表该类网络参与者关系的平均权重，计算方法是网络调查中报告的伙伴关系数量及其相对强度的乘积。

落于小城镇，远离工业核心区，主要提供人文类课程，只有不到四分之一的学生注册学习科学、工程或技术类专业。这三所大学的毕业生可能会在当地的汽车零部件企业中从事管理或业务方面的工作。这些大学会与管理类培训项目存在一些联系，但它们都没有结构化的面向科学、工程和技术领域的项目。

大部分互动集中在这所综合性大学，它由一所职业技术学院（理工学院）和一所前大学合并而来。前职业技术学院有很强的行业互动实践经验，为互动提供了强大的制度文化、领导力和学科能力。合并后的新大学持有的观念很明显是培养以就业为导向的毕业生，它还有一种将学习和工作融合的传统，将学生和学者与产业联系起来。这所大学的互动能力体现在多种外部衔接结构上，例如行业资助的首席研究员项目（来自大众、通用和一家法定的部门培训机构：制造业、工程及相关服务部门教育与培训局）和研究单位以及一个技术站。后者得到一家国家创新机构资助，该机构通过提供设计和原型服务，主要向汽车零部件行业里的小规模企业转让技术。这所大学另外一个重要的外部衔接结构是继承自前职业技术学院传统的各项目咨询委员会。在动态互动能力方面，该大学拥有一个强大的制度规划体系，可以为战略规划、质量提升和进度监测与评估提供信息，从而反映它的感知能力和整合能力。

我们在此详细介绍了这些事例，目的是说明我们如何运用研究方法，按照部门创新系统内各大学的互动能力来对它们进行区分。这有助于我们提出一个更大的观点，即本研究方法提供了重要的新见解，以供那些考虑制度和国家层面的高等教育规划以及思考科学、技术和产业政策的人士借鉴。在这个部门体系中，显然部分大学的互动能力存在差距，但这所综合大学的能力足以满足该行业企业的常规技能需求。

然而，如果南非各家“一级”供应商企业要在国内外更具竞争力，那么技能发展显然要发挥作用。需要该地区更多的大学发展动态互动能力，与各家汽车零部件企业建立关系网络，以便满足不断变化的技能需求。在促进经济发展的技术能力建设方面，区域内的各所大学可以运用输送毕业生、研究、技术转让或培训等方式，更有效地支持本地区一级、二级供应商企业的发展。如果企业想更主动地融入全球生产网络，各大学作为网络中主要的知识生产者，可以通过促进企业学习的方式做出贡献。考虑到全球范围内的制约因素，我们无法保证能够实现一个更具创新性的汽车零部件企业汇集群。然而，南非迫切需要支持汽车行业继续为促进就业、扩大出口和发展技能做出重要贡献，并有可能需要通过加强国家政策和改革地方高等教育机构来进一步支持汽车行业发展。

射电望远镜项目：技能和技术能力建设的成功典范

前述汽车行业案例与射电望远镜案例形成了鲜明对比，正如加斯特罗等研究人员在上一篇中所分析的那样，射电望远镜项目是高等教育中技能和技术能力建设的一个成功案例。它的成功在于项目具有把技能、知识、技术、网络、中介机构和资金连接起来的能力，以便在南非这个发展中国家实施世界上最大的科学项目。社交网络分析示意图（图3）揭示了一个复杂而又密集的网络，其中有许多大的节点和强大的互动，包括大学、科学设施（如大型国家级望远镜）、研究机构、企业（主要是工程企业）、地方和国际中介机构（包括公共和私营）以及国家层面的政府机构。天文学部门的快速技术变革和未来技术道路的不确定性意味着所有参与者的动态互动能力至关重要。从对天文学和工程技能的高需求来看，各方明确地共同强调提高技术能力的目标，表明网络的高度协调是显而易见的。

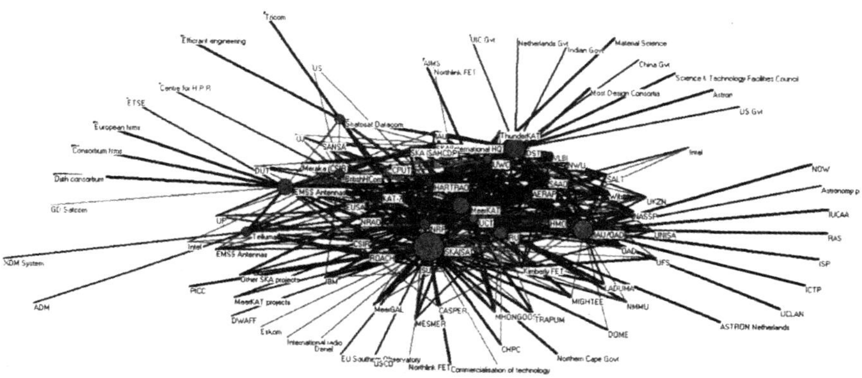

图 3　射电望远镜项目天文学技能发展网络的网络示意图

图 4 显示了企业与射电望远镜项目、各大学、其他企业和各中介机构之间的互动网络的强度和密度。企业与该项目的互动最为紧密（平均权重 59），然后是与大学（平均权重 29），其次是其他企业（平均权重 10）和科学设施（平均权重 7）。值得注意的是，企业与 11 所大学进行了互动，数量远超 6 所重点大学。因此，该互动网络的深度和广度都超过了汽车行业部门创新系统的核心网络。

组织层面的互动能力在推动互动方面发挥间接作用，但在促成互动实现方面发挥了直接作用。制度规划、教与学、内部能力建设和学生支持等职能的整体功效，都会影响一所大学毕业生的整体质量和数量，也会影响大学的研究能力和声誉。各研究办公室、合同办公室、技术转移单位和院系级机构都属于直接支持互动网络的强有力的内外衔接机制。

在微观层面，各院系教与学、研究和创新方面的互动能力成为与天文部门沟通的主要手段。个别学者所拥有的互动能力，特别是促进非正式互

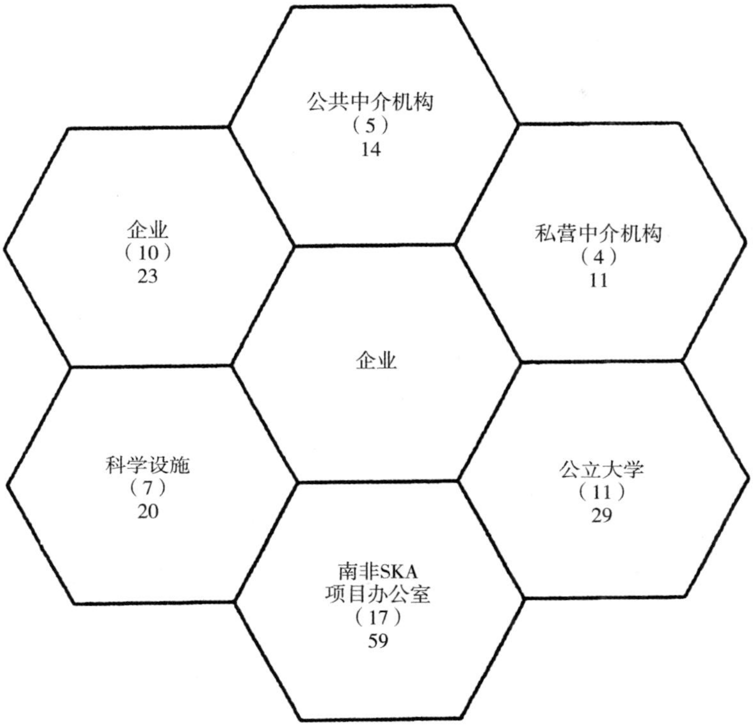

图 4　南非射电望远镜项目网络互动情况示意图

注：数字代表该类网络参与者关系的平均权重，计算方法是网络调查中报告的伙伴关系数量及其相对强度的乘积。括号内为每个分组所包含的组织数量。

动网络得到长期维持的隐性互动能力，发挥了核心和催化作用。各学者及他们所在大学获得的回报和利益是相当可观的，这为进一步合作注入了动力。

与汽车行业的案例相比，射电望远镜案例说明了如何从战略上利用互动网络在一些专门领域获得全球竞争力，但这存在风险、资金、协调、强大动态互动能力和战略技能规划等方面的要求。

高等教育和技能规划的新思路？

本文提供了另外一种重要方法，用于思考目前高等教育对技能规划和发展的贡献。

理论意义

重要的是，当我们考虑教育、技能与经济发展之间的联系时，这两则案例分析强调了全球、国家、行业部门和空间维度之间进行交汇的重要性。研究显示了这些方面的巨大差异以及多个尺度层面的动态如何以复杂的方式影响技能和经济发展的潜力。

在强调参与者（企业、高等教育提供者、中介机构）及它们在网络中进行互动的作用时，我们的研究方法使我们能够摆脱目前占主流地位的说法，即仅仅关注高等教育的责任，从而更好地做出反应，满足企业的技能需求。事实上，这种方法在注重各类参与者的同时，也关注了政策和部门动态乃至更广泛的制度动态。对互动能力的强调深化了对中介机构的分析，探讨了学者及其组织如何有意愿、有能力、有技术与企业进行互动，并有可能实现互惠互利。该方法还为研究高等教育和技能发展指出了重要的方法论方面的发展潜力，特别是在绘制和理解部门创新系统中技能发展网络的动态方面。

政策意义

技术能力方法为校后教育和培训机构在支持国家发展目标方面的作用提供了一种全新的思维方式和行动方式。对技术能力的关注强调了创新和改进是如何通过学习和交流实现的。它将关注点转移到经济部门以及校后教育和培训系统如何支持这些部门。它关注的不是中央层面的规划机制和体系，而是强调在组织、网络和系统内进行能力建设来学习和创新。这意味着需要加深对校后教育和培训机构能力的理解，以形成各种核心教育和培训活动。然而，汽车行业的案例警示我们，需要清醒地认识现实发展的各种可能情况。这与许多国家发展政策声明中要成为知识型经济体的意图形成鲜明对比，而且这些政策倾向于优先考虑同样的少数几个目标部门，而没有意识到国家在全球资本主义体系中实现这一目标的能力。

我们并不是说国家要“建立”部门创新体系。相反，创建一个发展能力和增强网络的分布式进程是一项任务。在这项任务中，国家必须与各种私营和公共中介机构以及和各种教育和培训机构进行特别的战略合作。

我们的研究强调了建设国内企业能力的重要性，表明南非需要制订比以往更有针对性的产业政策。创新体系具有多尺度的性质，这就需要各种政策途径来确保各项决定能附合适当的尺度要求。

注重学习、能力和互动，就能发现可能存在于各组织内部、与它们能力有关的弱点，或存在于组织外部和系统本身的弱点，包括网络之间的错位、组织的缺失以及妨碍知识和资源流动的严重障碍。

战略意义

大学需要进一步深入了解它们应如何应对企业不断变化的技术能力和技能需求，特别是与专业设置和职业方案相关的需求。对互动能力的强调赋予大学作为参与者更大的能动性。大学需要更加注重自身都具有哪些能力、如何更有效地获取自己的隐性知识、如何更具战略性地在与自己专长相匹配的优先部门中发展自己的能力——无论是在当前环境中还是在全国范围内。这就需要大学通过感知变化，协调和整合内部的新机制和体系，更加注重组织学习。这需要有更明确的战略、体系和机制，以便与企业、部门中介机构、政府和其他知识生产者进行沟通。

传统的机构制度响应办法只注重教育提供者应该做得更好的方面，主要是用赤字来表述。相比之下，本研究方法更注重学习的积极方面，更强调能力提高。这对企业也有同样的战略意义，应鼓励企业加强对动态需求的了解，加强对可与之合作的校后教育和培训机构网络的了解，并加强对更有效地协调利益的各种方法的了解。

南非未来的技能规划和发展

格琳达·克鲁斯（Glenda Kruss）
安吉莉克·威尔德舒特（Angelique Wildschut）
伊尔－哈姆·彼得森（Il-haam Petersen）

> 现在试图预测15年后人类劳动的相对优势会在哪里是种冒险行为，更不用说预测50年后了。但我们必须努力发现趋势，并预测经济结构、劳动力市场性质以及收入和财富分配等发生变化的后果。我们需要制定一些政策，来预测这些变化并减缓由此造成的混乱。特别是当强大的技术驱动因素转化为市场成果时，我们需要制定政策来改变它们的分配结果。（Tyson & Spence 2017）

这本书有助于更广泛地对技能的作用展开辩论，同时更准确地进行技能规划，以获得更平等的增长和发展成果。在当代世界，这一辩论变得更加紧迫，以前无法想象的各种技术正在以各种颠覆性的方式改变工作的性质。在经济和社会中、在南非以及世界上其他地区，对技能作用的理解以及发挥技能作用采取的行动，有一些主流模型，本书提供的证据契合和补充了对这些模型的批评。本书所有文章都有一个共同的假设，即基于新古典经济学的有限的技能规划模型对解决南非发展所面临的挑战是不合适的。事实上，第一篇文章就证明了当前的南非技能体系实际上如何加剧了南非的不平等现象和贫困程度以及我们通常采用的那些有限的、机械的技能规划训练方式是如何进一步限制了变革的发生。这些文章共同提供了新的见解，挑战了有关教育、工作和发展之间的关系与技能规划的作用的种种传统概念。

这些假设并不完全新颖。来自不同学科背景的学者，在批评在获得教育和培训以及劳动力市场结果方面持续存在且日益加剧的不平等现象，并质疑这些扭曲的模式如何转化为获得物质和社会优势方面的高度不平等。一个共同的替代性教育愿景提出，主要技能政策关注点应该发生以下转移：从仅仅培训高效工人或潜在工人转向培养富有生产力的、蓬勃发展的公民；技能内容的定义应该从通用技能和具体能力的概念转向有限数量的共同基本能力；制度的首要优先事项应该从资格的设计、登记和质量保证转向改善协调、培养相关的信任群体以及确认和支持系统中最好的教育者。这本书的内容让读者超越了人类能力的方法，这种方法倾向于关注教育和培训系统、课程和教学法在供给侧需要如何改变。而我们的分析旨在考虑企业的资源和技术能力、组织文化和职业环境或需求方的部门系统。

因此，通过"研究—政策"互动，我们的研究旨在超越对主要模型的批判，同时超越对供给侧的关注。每一篇文章都是基于新的深入的实证调查，旨在为技能规划和发展方法提供明确信息。我们面临的挑战是我们如何实践和创造更合适的技能规划和技能发展系统，为我们不确定的未来做好准备，并以改变不平等现象的方式实现流动性，促进进步。

作者们强烈地意识到，在南非根深蒂固且难以解决的结构性经济和政治不平等的背景下，通过改变教育和培训制度促使发生变革具有局限性。我们承认鲍伊斯（Bowies 1980）几十年前强调的怀疑论：在贫穷的资本主义国家，仅靠教育变革很难促进经济增长，很难实现更公平的经济回报分配。因此，不能孤立地进行更有效的规划，以提高经济增长所需技能的规模和性质，不平等现象可能会以新的方式重现。

我们之所以采取这一立场，就在于我们的研究有力地强调了教育、培训和技能政策可以发挥的关键作用，因为我们现在比以往任何时候都更需要技能规划。公平获得教育和技能机会仍然是能够影响减缓不平等现象和贫困程度的主要政策领域之一，尤其是在数字化、自动化及工作和职业性质不断变化的背景下。鉴于我们当前面临的各种挑战，有足够的证据表明，由供给侧动态驱动的简单化线性技能规划无法以任何有意义的方式引领我们前进。

泰森和斯彭斯（Tyson & Spence 2017：203）很好地表达了政策方面的挑战，强调我们需要考虑政策制定者和更广泛的社会可以采取何种措施来追求我们所期望的平等，使用各种政策杠杆来促进更公平的利益分配，而不是仅仅由市场力量进行分配。本书每一篇文章都为政策杠杆提供了新方向。

政策洞察力和推动变革

> 归根结底，技术变革的好处是广泛的，还是只惠及世界上少数人，将取决于适应新机器时代的智能政策，而不是取决于智能机器的设计（Tyson & Spence 2018：208）。

研究已经表明，南非有大量文献侧重于分析宏观层面、教育和培训系统以及国家发挥的作用等方面。因此，许多政策建议都是针对政府部门的，目的在于提出应该采取何种不同的措施以及政府该如何干预。政府被视为政策的主要参与者和驱动者，这往往掩盖了其他关键技能参与者发挥的作用。企业、员工、大学、学院或学生都在采取行动并做出决定，这些都塑造了响应能力、课程设计或职业实践范围。可能的意外结果是，技能政策限制了他们在形成技能需求和实践中的作用。

我们在中观和微观层面的重点分析显示了更广泛的参与者如何规划和开发特定部门、职业或专业所需的技能，以及他们因此如何更有效地采取行动来推动变革。

我们研究了中观层面上工作性质的变化，追踪了单一工业部门内可能同时发生的去技能化和再技能化过程。这一分析带来了新的政策见解，即我们需要在不同的技能水平上设计不同的学徒和技工培训方案，这反过来又能增大机会。例如，没有数学先决条件的个人可以进入基础学徒制，这确保满足了基线要求，并为更多的年轻毕业生开辟了晋升途径。或者，由于机电一体化等新领域的一些技工职业不能和国家资格框架（NQF）的中级水平挂钩，因此可以通过一个不同的体系为这些职业提供更多的选项。

我们现在的技能体系非常重视标准化和能力，并为它们分配资源，但沃尔克·韦德金德（Volker Wedekind）的研究表明，出台正式政策和监管框架只是第一步。他说明了创建更广泛的规范性的和文化认知的理解以及接受体系的过程非常复杂。企业的理解和认知塑造了他们的就业能力概念，因此，它们决定了毕业生是否能真正在某个特定行业得到工作机会。安吉莉克·威尔德舒特（Angelique Wildschut）同意韦德金德的观点，她提供的证据说明雇主继续相信全面专业技能的价值，这说明再次将学徒制定为提供技工资格的主要方式具有可行性。制糖业案例进一步说明了这一趋势，因为该行业协会已经开发了自己的培训系统。培训系统虽然没有得到国家资格框架认证，但受到行业参与者的广泛认可。

技能规划需要突出工作场所正在发生的事情。在微观层面上采用职业视角可以揭示工作变化对特定职业实践范围的真正影响。由于企业吸收技术的能力有限，对技工技能的需求在很大程度上保持不变，或者受到新工作组织形式的影响，以至于即使在一个行业内，对技工技能的需求也会因企业内部的部门不同而不同。这对于我们如何制定计划来解决有技能的技工短缺的问题有所启示。规划工作需要考虑到对技能的需求将受到社会选择和雇主关于如何组织工作的决定的影响，正如它将受到工作变化的影响一样。

职业环境和身份认同在工作场所微观层面上是有争议的，这凸显了个人和管理者在“工作场所”带来变革的机会，或凸显了他们再次带来不平等现象和准入障碍的机会。威尔德舒特和塔姆琳·迈耶的研究加深了我们理解组织和职业文化在塑造特定职业群体所需技能方面发挥的独特作用。基于种族、性别、语言和年龄的社会差异继续影响着工作场所职业界限的构建，加剧了不平等。这凸显了一个新问题：一个具有某项工作所需的资格或技能的个人可能会被阻止应用这些资格或技能。正如约翰·布坎南关注的，政策强调为了进行能力建设，我们需要培养人们的可迁移技能。然而，除非这些影响工作场所的问题得到解决，否则我们不会成功转型。学院和技能规划者需要利用一种更有可能转化为更多机会和改善工作场所关系的方式，为培养更多技工的目标做出贡献。

韦德金德建议，政府、行业和教育者之间需要进行对话，以使新的项目、课程和教学法制度化。问题是如何做到这一点。格琳达·克鲁斯（Glenda Kruss）、伊尔－哈姆·彼得森（Il-haam Petersen）、迈克尔·加斯特罗（Michael Gastrow）在本书中第七篇到第十篇的研究提供了一个框架，研究了来自供需双方的行为者如何定位角色、目前如何进行合作以及未来如何更有效地合作。事实上，本书所有文章都说明了理解部门、组织和空间背景都极其重要。

在中观层面上，需要阐述部门动态。类似汽车部门这样在全球范围受到严格约束的部门，它的技能规划与本地驱动的部门（如制糖业）截然不同。然而，在企业微观层面上，它们有一定程度的权力，来决定他们将如何使用技能来确保自己的竞争能力和生存能力。这取决于企业的资源和技术能力。了解这些为区域和地方发展干预提供了重要的手段。

在分析教育和培训机构或企业微观层面的动态互动能力的过程中，我们可以对技能政策如何在实践中得到转化和实施获得重要的见解。韦德金德、克鲁斯和彼得森以及加斯特罗等人，对中观层面技能发展网络进行研究，强调了除政府以外的参与者在技能规划中的重要作用。政府不能独自带来变革；它需要不断地与来自企业、协会、技能提供方、私营中介机构等方面的参与者在技能网络中互动。确定在一个部门历史上具有合法性的重要参与者很重要，但同样重要的是，某些参与者可能需要得到更强有力的政策支持，以推动变革和实现技能共享目标。需要空间来促进不断变化的技能需求和能力之间的对话，并连贯地在多个层面为更适当的干预措施提供信息。例如，平方公里阵列（SKA）协会具有很强的经纪技能，能够确保私营和公共部门的多个参与者在高技能层面上共同努力，它们的合作是建立在历史关系和能力基础上的。而在职业技术教育与培训层面的类似的成功的实现机会更渺茫。

大学、学院、工作场所培训提供者和私人提供者正在发挥作用，但他们采用的方式并不总是与政策目标相一致。为了更积极主动地参与技能对话，他们需要更多地关注自己的能力是什么以及他们如何更具战略性地发展自己的互动能力，无论是在当前环境下还是在全国范围内，它们都要考虑与其专长相匹配的优先领域。为了避免简单地对政府或企业提出的需求做出响应，他们需要制定明确的战略、结构和机制进行沟通，建立伙伴关系。

对学习、能力和互动的关注有助于识别技能系统内外部与其能力相关的弱点，包括网络间的错位、组织缺失以及影响知识和资源流动的关键障碍。

还有漫长的路要走

决策者面临的挑战是，要创造新的技能解决方案，需要了解以下几个方面的情况：具体技能背景的政治经济和社会状况、技能规划的优先利益目标、应该涉及的参与者以及可用于执行政策的制度安排能力。例如，一项技能制度如何解决私营部门企业的需求和为没有接受过教育、就业或培训的年轻人提供就业机会之间的平衡问题？这需要政府、企业家和制度规划者具有极其不同的技能政策分析能力。本书只是迈出了一小步，我们还有漫长的路要走。

参考文献

Abbott A （1988） *The system of professions*： *An essay on the division of expert labor*. Chicago： University of Chicago Press.

Abbott A （1995） *Boundaries of social work or social work of boundaries*? *Social Service Review* 69 （4）， 545 – 562. Accessed December 2018， https：//www. jstor. org/Stable/B0012869.

Acemoglu D （2003） Patterns of skill premia. *Review of Economic Studies* 70 （2）： 199 –230.

Adams TL （2015） Sociology of professions： International divergences and research directions. *Work Employment and Society* 29 （1）： 154 –165.

Adelzaideh A （2016） Skills supply and demand in South Africa： A 10-year forecast （2016 –2025） . Applied Development Research Solutions （ADRS） simulation policy brief. Skills Planning series. Accessed December 2018， http：//www. adrs-global. com/user_ files.

Adesina JO （2000） Income distribution and inequality： Gender， labour market status and macro-economic policy. *African Sociological Review* 4 （1）： 1 –34.

Aggarwal A & Gasskov V （2013） *Comparative analysis of national skills development policies*： *A guide for policy-makers*. Pretoria： ILO.

Akoojee S （2010） Intermediate skills development in South Africa： Understanding the context， responding to the challenge. In O Edigheji （Ed.） *Constructing a democratic developmental state in South Africa*. Cape Town： HSRC Press.

Akoojee S， Gonon P， Hauschildt U & Hofmann， C （2013） *Apprenticeship in a globalised world*： *Premises*， *promises*， *pitfalls*. Edited conference proceedings. Zurich： LIT Verlag.

Alexander N (1992) Interview. In A Callinicos (Ed.) *Between apartheid and capitalism*. London: Bookmarks.

Alexander N (1994) *South Africa: Which road to freedom?* San Francisco: Walnut.

Allais S (2004) Problems with qualifications reform in senior secondary education in South Africa. In M Young and J Gamble (Eds) *Knowledge, curriculum and qualifications for South African further education*. Cape Town: HSRC.

Allais S (2012a) Claims vs practicalities: Lessons about learning outcomes. *Journal of Education and Work* 25 (3): 331 –354.

Allais S (2012b) 'Economics imperialism', education policy and educational theory. *Journal of Education Policy* 27 (2): 253 –274.

Allais S (2012c) Will skills save us? Rethinking the relationships between vocational education, skills development policies, and social policy in South Africa. *International Journal of Educational Development* 32 (5): 632 –642.

Allais S, Marock C and Ngcwangu S (2017) Planning, plumbing, or posturing? Explaining the weakness of human resource development structures and policies in South Africa. *Journal of Education and Work* 3 (1): 13 –25.

Appelbaum E, Bernhardt AD & Murnane RJ (Eds) (2003) *Low wage America: How employers are reshaping opportunity in the workplace*. New York: Russell Sage Foundation.

Arnold KA, Turner N, Barling J, Kelloway EK & McKee MC (2007) Transformational leadership and psychological well-being: The mediating role of meaningful work. *Journal of Occupational Health Psychology* 12 (3): 193.

Ashman S (2015) Financialisation and the South African economy. Accessed December 2018, http://aidc.org.za/financialisation-south-african-economy/.

Ashman S, Fine B, Padayachee V & Sender J (2014) Political economy of restructuring in South Africa. In H Bhorat, A Hirsch, R Kanbur and M Ncube (Eds.) *Oxford handbook of South African economics*. Oxford: Oxford University Press.

Ashman S & Pons-Vignon N (2015) NUMSA, the working class and socialist politics in South Africa. *Socialist Register 2015*: 93 –113.

Ashton DN (2005) High skis: The concept and its application to South Africa. *Journal of Education and Work* 18 (1) 19 – 32.

Ashton DN & Green F (1996) *Education, training and the global economy.* Cheltenham: Edward Elgar.

Atkinson A (2015) *Inequality: What can be done?* Cambridge: Harvard University Press Baatjes I (Ed.) (2018) *Learning for living: Towards a new vision for post-school learning in South Africa.* Cape Town: HRSC Press.

Badroodien A (2004a) Technical and vocational education provision in South Africa from 1920 – 1970. In S McGrath, A Badroodien, A Kraak & L Unwin (Eds) *Shifting understandings of skills in South Africa: Overcoming the historical imprint of a low skills regime.* Cape Town: HSRC Press.

Badroodien A (2004b) Understanding the size of the problem: The National Skills Development Strategy and enterprise training in South Africa. In S McGrath, A Badroodien, A Kraak & L Unwin (Eds) *Shifting understandings of skills in South Africa: Overcoming the historical imprint of a low skills regime.* Cape Town: HSRC Press.

Bell M & Pavitt K (1993) Technological accumulation and industrial growth: Contrasts between developed and developing countries. *Industrial and Corporate Change* 2 (2): 157 – 209.

Bell M& Pavitt K (1995) The development of technological abilities. In IU Haque (Ed.) *Trade, technology and international competitiveness.* Washington, DC: The World Bank.

Berman E, Bound J & Machin S (1998) Implications of skill-biased technological change: International evidence. *Quarterly Journal of Economics* 113 (4): 1245 – 1280.

Bharuth-Ram K (2011) *A decadal strategy for human capacity development in astronomy and astrophysics in South Africa.* Pretoria: NRF.

Bhorat H, Cassim A & Hirsch A (2014a) *Policy coordination and growth traps in a middle-income country setting: The case of South Africa.* World Institute for Economic Research, UNU and KOICA-WIDER WP 2014/155, November.

Bhorat H, Goga S & Stanwyx B (2013) *Occupational shifts and shortages: Skills challenges facing the South African economy.* LMIP Report 1. Pretoria:

HSRC.

Bhorat H, Hirsch A, Kanbar R & Ncube M (2014b) Economic policy in South Africa: Past, present and future. *Introduction to Oxford handbook of South African economics*. Oxford: Oxford University Press.

Bhorat H & Kimani M (2017) *The role of post-school education and training institutions in predicting labour market outcomes*. Pretoria: Labour Market Intelligence Partnership (LMIP).

Bhorat H, Lilenstein A, Lilenstein K & Oosthuizen M (2017) *Youth transition from higher education in the labour market*. Pretoria: LMIP.

Bhorat H & Naidoo K (2016a) *The returns to training and the determinants of training expenditure: The case of manufacturing firms in South Africa*. Pretoria: LMIP.

Bhorat H, Naidoo K, Oosthuizen M & Pillay K (2016b) Demographic, employment and wage trends in South Africa. Development Policy Research Unit (DPRU), University of Cape Town.

Bhorat H & Pillay N (2017) The National Student Financial Aid Scheme (NSFAS) and the development of the higher education system in South Africa. Accessed December 2018, http: /www. mip. org. za/document/national-student-financial-aid-schem-nsfas-and-development-higher education-system-south.

Bol T (2016) A study of how labour market institutions affect within and between occupation wage inequalities in Norway in the period from 2003 – 2014. Third ISA Forum of Sociology 10 – 14 July.

Boli J, Ramirez FO, & Meyer JW (1985) Explaining the origins and expansion of mass education. *Comparative Education Review* 29 (2): 145 – 170.

Boni A & Walker M (Eds) (2013) *Human development and capabilities: Re-imagining the university of the twenty-first century*. London: Routledge.

Botha D (2016) Women in mining still exploited and sexually harassed. *South African Journal of Human Resource Management* 14 (1): 1 – 12.

Boushey H, DeLong J & Steinbaum M (Eds) (2017) *After Piketty. The agenda for economics and inequality*. Cambridge and London: Harvard University Pres.

Bowles S (1980) Education, class conflict, and uneven development. In J Simmons (Ed.), *The education dilemma*. Washington DC: World Bank.

Bowman A, Erturk I, Froud J, Johal S, Law J, Leaver A, Moran M & Williams K (2014) *The end of the experiment? From competition to the foundational economy*. Manchester: Manchester University Press.

Broekhuizen H, Van der Berg S & Hofmeyr H (2017) *Higher education access and outcomes for the* 208 *national matric cohort*. Pretoria: LMIP.

Brown P, Green A & Lauder H (2001) *High skills globalization, competitiveness, and skill formation*. Oxford: Oxford University Press.

Buchanan J, Anderson P & Power G (2017a) Skill ecosystems. In C Warhurst, K Mayhew, D Finegold and J Buchanan (Eds) *The Oxford handbook of skills and training*. Oxford: Oxford University Press.

Buchanan J, Lee C& Plato G (2017b) Developing a model of training demand-initial formulation (version 4). Sydney: The New South Wales (NSW) Vocational Education Reform Research Collaboration (VERRC).

Buchanan J, Ryan R, Anderson M, Calvo R, Glozier N & Peter S (2018) Preparing for the best and worst of times. A report for the NSW Department of Education on the key implications for school education of artificial intelligence and other emerging transformations.

Buchanan J, Wheelahan L& Yu S (2017) Increasing adaptability and mobility: An Australian perspective on competencies-based VET versus capabilities-based vocational education. Paper prepared for ILO Regional Meeting on Skills and the Future of Work: Strategies for Inclusive Growth in Asia and the Pacifc, 12 – 13 October, Bangkok, Thailand.

Burke RJ & Ng E (2006) The changing nature of work and organisations: Implications for human resource management. H*uman Resource Management Review* 16 (2): 86 – 94.

Burns E (2007) Positioning a post-professional approach to studying professions. *New Zealand Sociology* 22 (1): 69 – 98.

Busemeyer MR & Trampusch C (Eds) (2011) *The political economy of collective skill formation*. Oxford: Oxford University Press.

Cappelli P (2003) Will there really be a labor shortage? *Organizational Dynam-*

ics 32 (3): 221 – 253.

Cappelli P (2008) *Talent on demand.* Cambridge: Harvard Business School Press.

Carlile PR (2002) A pragmatic view of knowledge and boundaries: Boundary objects in new product development. *Organisation Science* 13 (4): 442 – 455.

Cassim A, Naidoo K, Pillay K& Steenkamp F (2016) *SETA labour market survey: Case studies of firms' experiences.* Pretoria: LMIP.

Chaminade C (2009) On the concept of global innovation networks. Centre for Innovation, Research and Competence in the Learning Economy (CIRCLE). Electronic working paper 2009/05.

Chetty R (2014) Class dismissed? Youth resistance and the politics of race and class in South African education. *Critical Arts: south-North Cultural and Media studies* 28 (1): 88 – 102.

Chisholm L (Ed.) (2004) *Changing class: Education and social change in post-apartheid South Africa.* Cape Town: Zed Books and HSRC.

Christie P (1996) Globalisation and the curriculum: Proposals for the integration of education and training in South Africa. *International Journal of Educational Development* 16 (4): 407 – 416.

Cleasby TG (1963) Technical Education Committee (Agriculture) report on training courses in sugarcane agriculture started in 1963. Proceedings of the South African Sugar Technologists' Association, April 1963, pp. 12 – 13. https://sasta.co.za/publications/conaress-proceedinas/.

Cosser M, McGrath S & Badroodien A (2003) *Technical college responsiveness: Learner destinations and labour market environments in South Africa.* Cape Town: HSRC Press.

Costa I, Marques R & Campos A (2001) The PAEP Innovation Survey. TISG, SPRU. Brighton: mimeo.

Cremin C (2010) Never employable enough: The (im) possibility of satisfying the boss's desire. *Organization* 17 (2): 131 – 149. https://doi.org/10.1177/1350508409341112.

Crompton R & Lyonette C (2011) Women's career success and work-life adaptations in the accountancy and medical professions in Britain. *Gender, Work &*

Organization 18 (2): 231-254.

Crouch C, Finegold D & Sako M (1999) *Are skills the answer?* Oxford: Oxford University Press.

Curtis D & McKenzie P (2002) Employability skills for Australian industry: Literature review and framework development: Report to Business Council of Australia, Australian Chamber of Commerce and Industry. Canberra: Department of Education, Science and Training. Accessed December 2018, http: //hdl. voced. edu. au/10707/40939.

Dacin MT & Dacin PA (2008) Traditions as institutionalized practice: Implications for deinstitutionalization. In R Greenwood, C Oliver, K Sahlin & R Suddaby (Eds) *The Sage handbook of organizational institutionalism.* Thousand Oaks: Sage Publications.

Dalziel M (2010) Why do innovation intermediaries exist? Paper presented at the DRUID Summer Conference, 16 – 18 June, Imperial College London Business School, United Kingdom.

Daniels R (2007) Skills shortages in South Africa: A literature review. Development Policy Research Unit Working Paper 07/121 (May 2007).

Davidson V (2015) Work and qualifications futures for artisans and technicians. Sector report: Boat building (trade 684907 boat builder and repairer). Unpublished research report. LMIP. HSRC.

Deissinger T (1994) The evolution of the modern vocational training systems in England and Germany: A comparative view. *Compare* 24 (1): 17 – 36.

Deloitte (2013) *The state of mining in South Africa: Opportunity lost or light at the end of the tunnel?* Accessed December 2018, https: /www2. deloitte. com/contentycap/Deloitte/global/Documents/Energy-and-Resources/dtl-er-thestateofmininginsouthafrica-08082013, pdf.

DHET (2012) *Guidelines: Organising framework for occupations (OFO)* 2012. Developed with the assistance of Deutsche Gesellschaft fur Internationale Zusammenarbeit (GIZ) and IT Aware.

DHET (2013a) *Guidelines on the implementation of SETA grant regulations.* South Africa: DHET.

DHET (2013b) Media briefing on the official launch of '2013: The year of the

Artisan' by the Minister of Higher Education and Training, Dr BE Nzimande. 4 February.

DHET (2013c) *White paper for post-school education and training: Building an expanded, effective and integrated post-school system.* Pretoria: DHET.

DHET (2014) Media statement by Deputy Minister of Higher Education and Training at the launch of the Decade of the Artisan. September.

DHET (2016) Statistics on post-school education and training in South Africa. Pretoria: DHET.

Dik BJ, Byrne ZS & Steger MF (2013) *Purpose and meaning in the workplace.* Washington, DC: American Psychological Association.

DoE (Department of Education) (1995) *White Paper on Education and Training.* Pretoria: DoE.

Dosi G (1988) The nature of the innovative process. In G Dosi, C Freeman, R Nelson, G Silverberg & L Soete (Eds) *Technical Change and Economic Theory.* London: Pinter.

DST (Department of Science and Technology) (2012) *Final Report of the Ministerial Review Committee on Science, Technology and Innovation Landscape in South Africa.* Gazette No. 35392. Pretoria: DST.

Du Toit D, Lorgat A & Godfrey S (2017) *International Labour Organisation: Future of Work Initiative.* Report Theme 3: The Organisation of Work and Production Labour and Enterprise Policy Research Group/Social Law Project. University of Cape Town/University of the Western Cape (9 January).

Dutrenit G, Rocha-Lackiz A & Vera-Cruz AO (2012) Functions of the intermediary organizations for agricultural innovation in Mexico: The Chiapas Produce Foundation. *Review of Policy Research* 29 (6): 693-712.

Edwards L (2001) Globalisation and the skills bias of occupational employment in South Africa. *South African Journal of Economics* 69 (1): 40-71.

Einstein A & Infield L (1966/1938) *Evolution of physics: From early concepts to relativity and quanta.* New York: Simon & Schuster.

Erasmus J & Breier M (2009) *Skills shortage in South Africa: Case studies of key professions.* Pretoria: HSRC Press.

Eraut M (1985) Knowledge creation and knowledge use in professional con-

texts. *Studies in Higher Education* 10 (2): 117 – 133.

Evetts J (2003) The sociological analysis of professionalism: Occupational change in the modern world. *International Sociology* 18 (2): 395 – 415.

Fine B & Rustomjee Z (1996) The political economy of South Africa: From the minerals-energy complex to industrialisation. London: Hurst.

Finegold D & Soskice D (1988) The failure of training in Britain: Analysis and prescription. *Oxford Review of Economic Policy* 4 (3): 21 – 53.

Fligstein N (2001) Social skill and the theory of fields? *Sociological Theory* 19 (2): 105 – 125.

Fligstein N & McAdam D (2012) *A theory of fields*. New York: Oxford University Press.

Fournier V (2000) Boundary work and the (un-) making of the professions. In N Malin (Ed.) *Professionalism, boundaries and the workplace*. London: Routledge.

Frankham J (2016) Employability and higher education: The follies of the 'Productivity Challenge' in the Teaching Excellence Framework. *Journal of Education Policy* 0 (0) 0: 1 – 14. https://doi.org/10.1080/02680939.2016.1268271.

Fransman M & King K (1984) Technological capability in the Third World. London: Macmillan Press.

Freeman C (1995) The national system of innovation in historical perspective. *Cambridge Journal of Economics* 19 (1): 5 – 24.

Freeman C (2002) Continental, national and subnational innovation systems complementarity and economic growth. *Research Policy* 31 (2): 191 – 211.

Freidson E (1989) Theory and the professions. *Indiana law Journal* 64 (3): 422 – 432.

Freidson E (2001) *Professionalism: The third logic*. San Francisco: University of California.

Fuller A & Unwin L (2001) *Skill formation in a changing society: Questioning the viability of apprenticeship across traditional and non-traditional sectors*. Centre for Labour Market Studies: University of Leicester.

Gallagher J (2015) Work and qualifications futures for artisans and technicians. Sector report: film. Unpublished research report. LMIP. HSRC.

Gallie D (2013) Direct participation and the quality of work. *Human Relations* 66 (4): 453 – 473.

Gamble J (2003) *Curriculum responsiveness in FET colleges*. Cape Town: HSRC Press.

Gamble J (2012) Models and Pathways to Institutionalise Apprenticeships. Paper prepared for the DHET Labour Market Intelligence Project, Theme 6.

Gamble J (2016a) From labour market to labour process: Finding a basis for curriculum in TVET. *International Journal of Training Research* 14 (3): 215 – 229.

Gamble J (2016b) Work and qualifications futures for artisans and technicians LMIP Report 19. Accessed December 2018, http://www.lmip.org.za/document/work-and-qualifications-futures-artisans-and-technicians.

Garisch C (2015) Work and qualifications futures for artisans and technicians. Sector report: engineering (trade 671203 mechatronics technician). Unpublished research report. Labour Market Intelligence Partnership. Human Sciences Research Council.

Garisch C & Meyer T (2015a) A study of the shifting boundaries between professions and occupations and how this impacts artisanal work and training. Case study report for the LMIP Theme 6: Understanding changing occupational milieus, labour markets and identities. Cape Town.

Garisch C & Meyer T (2015b) Mechatronics in the automotive sector in South Africa. Case study report for the LMIP Theme 6: Understanding changing occupational milieus, labour markets and identities. Cape Town.

Gastrow M (2015) *Understanding interactive capabilities fox skills development in sectoral systems of innovation: A case study of astronomy and the Square Kilometre Array telescope*. Pretoria: LMIP.

Gastrow M & Kruss G (2012) Skills and the formation of global innovation networks: A balancing act. *Innovation and Development* 2 (2): 303 – 323.

Gastrow M & Lorentzen J (2013) Multinational strategies, local human capital and global innovation networks in the automotive industry: The case of Germany and South Arica. *Innovation and Development* 2 (2): 303 – 323.

Gieryn TF (1983) Boundary-work and the demarcation of science from non-science: Strains and interests in professional interests of scientists. *American Sociological Review* 48 (6): 781 – 795.

Glover J & Kirton G (2006) Women, employment and organisations. Oxon: Routledge.

Gordon A, Gamble J, Angelis D & Garisch C (2007) Workplace training and learning case studies. Unpublished research report commissioned by Western Cape Department of Economic Development and Tourism.

Gottschalk K (2007) The political uses of astronomy. Proceedings of the African Astronomical History Symposium, Cape Town 8 – 9 November 2005.

Gough R, Ballardie R & Brewer P (2014) New technology and nurses. *Labour & Industry: A Journal of the Social and Economic Relations of Work* 24 (1): 9 – 25.

Greckhamer T (2011) Cross-cultural differences in compensation level and inequality across occupations: A set-theoretic analysis. *Organisation Studies* 32 (1): 85 – 11 –.

Green A (1995) Core skills, participation and progression in post compulsory education and training in England and France. *Comparative Education* 31 (1): 49 – 67.

Green F (2012) Employee involvement, technology and evolution in job skills: A task-based analysis. *Industrial & Labour Relations Review* 65 (1): 36 – 67.

Greenwood R, Oliver C, Sahlin K & Suddaby R (Eds) (2008) *The Sage handbook of organizational institutionalism.* London: Sage Publications. Accessed December 2018, https://books.google.co.uk/books?id=e-4AbMQAACAAJ.

Grifiths D & Lambert P (2011) Dimensions and boundaries: Comparative analysis of occupational structures using social network and social interaction distance analysis. Paper presented to the Spring meeting of the ISA Research Committee on Social Stratification and Mobility. University of Essex (13 – 16 April).

Grubb WN & Lazerson M (2004) The education gospel: The economic power of schooling. Cambridge: Harvard University Press.

Hall PA & Thelen K (2009) Institutional change in varieties of capitalism. *Socio-Economic Review* 7 (1): 7 – 34.

Hatton E (2015) Work beyond the bounds: A boundary analysis of the fragmentation of work. *Work, Employment and Society* 29 (6): 1007 – 1018.

Heerwagen J, Kelly K & Kampschroer K (2016) *The changing nature of organizations, work and workplaces.* Accessed December 2018, https://www.wbdg.org/resources/changing-nature-organizations-work-and-workplace.

Heite C (2012) Setting and crossing boundaries: Professionalisation of social work and social work professionalism. *Social Work and Society International Online Journal* 10 (2): 1 – 14.

Hilton M (2008a) Research on future skill demands: A workshop summary. National Research Council.

Hilton M (2008b) Skills for work in the 21st century: What does the research tell us? *Academy of Management Perspectives* 22 (4): 63 – 78.

Hodgson DE (2004) Project work: The legacy of bureaucratic control in the post-bureaucratic organization. *Organization* 11 (1): 81 – 100.

Howard Partners (2007) Study of the role of intermediaries in support of innovation. Report prepared for Department of Industry, Tourism and Resources, Australia. Accessed December 2018, http://www.howardpartners.com.au/assets/innovation-intermediaries-publication-report-apr-2007 – – – final.pdf.

Howells J (2006) Intermediation and the role of intermediaries in innovation. *Research Policy* 35: 715 – 728.

Hubbard R & Paquet G (2006) P3 and the 'porcupine problem'. Centre on Governance, University of Ottawa.

ILO, OECD & World Bank (2014) *G20 Labour markets: Outlook, key challenges and policy responses.* Report prepared for the G20 Labour and Employment Ministerial Meeting, Melbourne (10 – 11 September).

Intarakumnerd P & Chaoroenporn P (2013a) The roles of intermediaries and the development of their capabilities in sectoral innovation systems: A case study of Thailand. *Asian Journal of Technology Innovation* 21 (2): 99 – 114.

Intarakumnerd P & Chaoroenporn P (2013b) The roles of intermediaries in sectoral innovation system in developing countries: Public organizations versus private organizations. *Asian Journal of Technology Innovation* 21 (1): 108 – 119.

Isdale K, Reddy V, Winnaar L & Zuze L (2016) *Smooth, staggered or stopped: Educational transitions in the South African youth panel study.* Pretoria: LMIP.

Isermann R (2007) *Mechatronics systems: Fundamentals.* Springer: Germany.

Jansen JD (2004) Importing outcomes-based education into South Africa: Policy borrowing in a post-communist world. In D Phillips & K Ochs (Eds.) *Educational policy browsing: Historical perspective.* Oxford: Symposium.

Johnson SD & Koh HC (2009) Organizational and occupational culture and the perception of managerial accounting terms: An exploratory study using perceptual mapping techniques. *Contemporary Management Research* 5 (4): 317 – 342.

Kahn M (2006) The South African national system of innovation: From constructed crisis to constructed advantage? *Science and Public Policy* 33 (2): 125 – 1.

Kalleberg AL (2000) Nonstandard employment relations: Part-time, temporary and contract work. *Annual Review of Sociology* 26 (1): 341 – 365.

Kalleberg AL (2009) Rethinking the sociology of work, workers and the workplaces. *Labour & Industry: A Journal of the Social and Economic Relations of Work* 19 (3): 29 – 48.

Kerka S (2001) *Job searching in the 21st century: Myths and realities*, No. 14. ERIC Clearinghouse on Adult, Career, and Vocational Education.

Kerr A (2013) *Understanding labour market demand in South Africa and the importance of data sources.* Pretoria: LMIP.

King O, Nancarrow SA, Borthwick AM & Grace S (2015) Contested professional role boundaries in health care: A systematic review of the literature. *Journal of Foot and Ankle Research* 8 (2): 1 – 9.

Klerkx L & Leeuwis C (2008) Matching demand and supply in the agricultural knowledge infrastructure: Experiences with innovation intermediaries. *Food Policy* 33 (3): 260 – 276.

Kraak A (1999) Competing education and training policy discourses: A 'systemic' versus 'unit standards' framework. In J Jansen & P Christie (Eds) *In Changing curriculum: Studies on outcomes-based education in South Africa.* Kenwyn: Juta.

Kraak A (Ed.) (2003) *Human resources development review* 2003: *Education, employment and skills in South Africa.* Cape Town: HSRC Press.

Kraak A (2004a) Training policies under late apartheid: The historical imprint of a low skills regime. In S McGrath, A Badroodien, A Kraak & L Unwin (Eds) *Shifting understandings of skills in South Africa: Overcoming the historical imprint of a low skills regime.* Cape Town: HSRC Press.

Kraak A (2004b) Rethinking the high skills thesis in South Africa. In S McGrath, A Badroodien, A Kraak &L Unwin (Eds) *Shifting understandings of skills in South Africa: Overcoming the historical imprint of a low skills regime.* Cape Town: HSRC Press.

Kraak A (2005) Human resources development and the skills crisis in South Africa: The need for a multi-pronged strategy. J*ournal of Education and Work* 18 (1): 57 - 837.

Kraak A (2008a) A critical review of the national skills development strategy in South Africa. *Journal of Vocational Education and Training* 60 (1): 1 - 18.

Kraak A (2008b) *Human resources development review* 2008: *The education-economy relationship in South Africa*, 2001 - 2005. Cape Town: HSRC Press.

Kraak A (2008c) Incoherence in the South African labour market for intermediate skills. *Journal of Education and Work* 21 (3): 197 - 215.

Kraak A (Ed.) (2009) *Sectors and skills: The need for policy alignment.* Cape Town: HSRC Press.

Kraak A, Lauder H, Brown P & Ashton D (2006) *Debating high skills and joined-up policy.* Cape Town: HSRC Press.

Kraak A & Press K (2008) *Human resources development review* 2008: *Education, employment and skills in South Africa.* Cape Town: HSRC Press.

Kraak A & Young M (2005) Editorial. *Journal of Education and Work* 18 (1): 5 - 18.

Kraatz MS & Zajac EJ (1996) Exploring the limits of the new institutionalism: The causes and consequences of illegitimate organizational change. *American So-*

ciological Review 61（5）：812–836. https：//doi. org/10. 2307/2096455.

Kroezen M，Van Dijk L，Groenewegen PP & Francke AL（2013）Knowledge claims，jurisdictional control and professional status：The case of nurse prescribing. *PlaS One* 8（10）：1–9.

Krugman P（2012）*End this depression now*. New York：Norton.

Kruss G（2005）*Working partnerships in higher education，industry and innovation：Financial or intellectual imperatives*. Cape Town：HSRC Press.

Kruss G，McGrath S，Petersen I & Gastrow M（2015）Higher education and economic development：The importance of building technological capabilities. *International Journal of Education Development* 43：22–31.

Kruss G & Petersen I（2016a）How are public and private decision-makers aligned to address changing skills needs? Evidence from a case study of the sugar sector. In D Plaatjies，M Chitiga-Mabugu，C Hongoro，T Meyiwa，M Nkondo and F Nyamnjoh（Eds）*State of the Nation South Africa* 2016：*Who is in charge*? Cape Town：HSRC Press.

Kruss G & Petersen I（2016b）*How can universities and colleges improve the alignment between education and work? A systemic，demand-led approach to skills planning and development*. LMIP Policy Brief. Accessed December 2018，http：//www. lmip. org. za/document/how-can-universitles-and-colleges-improve-alignment-between-education-and-work-systemic.

Kruss G & Petersen I（2016c）*Responsiveness and employability：An argument for building interactive capabilities in technical vocational education and training colleges in South Africa*. LMIP Policy Brief. Retrieved at：http：//www. lmip. org. za/document/responsiveness-and-employability-argument-building-interactive-capabilities-technical（Accessed 06 December 2018）.

Kruss G，Petersen I，McGrath S & Gastrow M（2014）*Responding to shifting demand for skills：How do we get firms and post-school education and training organisations to work together*? Pretoria：LMIP.

Kruss G，Visser M，Aphane M & Haupt G（2012）*Academic interaction with social partners：Investigating the contribution of universities in economic and social development*. Cape Town：HSRC Press.

Kruss G，Wildschut A，Janse van Rensburg D，Viser M，Haupt G & Roodt J

(2012) *Developing skills and capabilities through the learnerships and apprenticeship pathway systems*. Client report commissioned by the Department of Labour, HSRC, Cape Town.

Kurtz T (2009) Social inequality and the sociology of work and occupations. *International Review of Sociology*19 (3): 387 – 399.

Lall S (1992) Technological capabilities and industrialisation. *World Development* 20 (2): 165 – 186.

Lall S (2001) *Competitiveness, technology and skills*. Cheltennam: Edward Elgar.

Lall S (2004) *Reinventing industrial strategy: The role of government policy in building industrial competitiveness*. G – 24 Discussion Paper Series UNCTAD, United Nations, Geneva.

Lall S & Kraemer-Mbula E (2005) *Is African industry competing?* QEH Working Paper No. 121. University of Oxford.

Lall S & Pietrobelli C (2002) *Failing to compete: Technology development and technology systems in Africa*. Cheltenham: Edward Elgar.

Lammarino S, Piva M, Vivarelli M & Von Tunzelmann N (2009) *Technological capabilities and patterns of cooperation of UK firms: A regional investigation*. IZA Discussion Paper, No. 4129.

Lamont M & Molnar V (2002) The study of boundaries in the social sciences. *Annual Review of Sociology* 28: 167 – 195.

Layton D (1993) Science education and the new vocationalism. In EW Jenkins (Ed.) *School science and technology: Some issues and perspectives*. Centre for Studies in Science and Mathematics Education, University of Leeds.

Le Gueren S (2017) Automotive industry key to future of South Africa's manufacturing industry-Davies. Accessed December 2018, http: /www. engineeringnews. co. za/article/automotive-industry-key-to-future-of-south-africas-manufacturing-industry-davies-2017 – 04 – 06.

Levy F & Murnane R (2004) *The new division of labor: low computers are creating the next job market*. Princeton, NJ: Princeton University Press.

Lewis SC (2011) The sociology of professions, boundary work and participation in journalism: A review of the literature. Paper presented to the Journalism

Studies Division of the International Communication Association. Annual Convention, Boston. (May).

Lewis SC (2012) The tension between professional control and open participation: Journalism and its boundaries. *Information, Communication & Society* 15 (6): 836-866.

Liefner I & Schiller D (2008) Academic capabilities in developing countries: A conceptual framework with empirical illustrations from Thailand. *Research Policy* 37 (2): 276-293.

Liu M & Finegold D (2017) Emerging economic powers: The transformation of skills systems in China and India. In C Warhurst, K Mayhew, D Finegold & J Buchanan (Eds) *The Oxford handbook of skills and training*. Oxford: Oxford University Press.

LMIP (2016) LMIP update. Accessed December 2018. http: /www. hsrc. ac. za/en/departments/education-and-skills-development/lmip.

Lorentzen J, Muller L, Manamela A & Gastrow M (2011) Smart specialisation and global competitiveness: Multinational enterprises and location-specific assets in Cape Town. *African Journal of Business Management* 5 (12): 4782-4791.

Lowndes V & Roberts M (2013) *Why institutions matter: The new institutionalism in political science*. Houndmills: Palgrave Macmillan.

Lundall P (1997) The erosion of apprenticeship training in South Africa's metal and engineering industry. MA thesis, University of Cape Town.

Lundvall B (Ed.) (1992) *National systems of innovation: Towards a theory of innovation and interactive learning*. London: Pinter.

Lundvall B (Ed.) (2010) *National systems of innovation: Towards a theory of innovation and interactive learning*. London: Anthem.

Lundvall B (2011) Reflections on an intellectual journey: From a system of innovation pioneer. *African Journal of Science, Technology, Innovation and Development* 1: 143-148.

Lundvall B, Johnson B, Andersen E & Dalum B (2002) National systems of production, innovation and competence building. *Research Policy* 31: 213-231.

Lundvall B & Lorenz E (2012) Workplace learning, innovation and inclusive development in the formal and informal sector: A new research perspective on national innovation systems-preliminary version. Paper presented at the 10th Globelics International Conference, Hangzhou (9 – 11 November).

Lyshevski SE (2002) Mechatronics curriculum-retrospect and prospect. *Mechatronics* 12 (2): 195 – 205.

Maclean R & Ordonez V (2007) Work, skills development for employability and education for sustainable development. *Educational Research for Policy & Practice* 6 (2): 123 – 140.

Maclean R & Wilson DN (Eds) (2009) *International handbook of education for the changing world of work: Bridging academic and vocational learning.* Netherlands: Springe.

Maclean V& Rozier C (2009) From sport culture to the social world of the 'Good PT': Masculinities and the career development of physical therapists. *Men and Masculinities* 41 (3): 286 – 306.

Maguire M (1999) Modern apprenticeships? Just in time, or far too late? In P Ainley & H Rainbird (Eds). *Apprenticeship: Towards a new paradigm of learning.* London. Kogan Page.

Mahoney J & Thelen K (2010a) A theory of gradual institutional change. In J Mahoney & K Thelen (Eds) *Explaining institutional change: Ambiguity, agency, and power.* Cambridge: Cambridge University Press.

Mahoney J& Thelen K (Eds) (2010b) *Explaining institutional change: Ambiguity, agency, and power.* Cambridge: Cambridge University Press.

Malerba F (1999) Sectoral systems of innovation and production, DRUID conference on National Innovation Systems Industrial Dynamics and Innovation Policy, Rebild (June).

Malerba F (2002) Sectoral systems of innovation and production *Research Policy* 31 (2): 247 – 264.

Malerba F (2005) Sectoral systems of innovation: A framework for linking innovation to the knowledge base, structure and dynamics of sectors. *Economics of innovation and New Technology* 14 (1 – 2): 63 – 82.

Marks S (1994) *Divided sisterhood: Race, class and gender in the South Afri-*

can nursing profession. Johannesburg: Wits University Press.

Marx K (1969/1872) 18th Brumaire of Louis Bonaparte. In *Marx-Engels selected works* Volume 1. Moscow: Progress.

Marx K (1976) *Capital: A critique of political economy*. Moscow. Progress.

Mashele P& Qobo M (2014) *The fall of the ANC. What next?* Johannesburg: Picador Africa.

Mbatha N, Wildschut A, Mcnwango B, Ngazimbi X & Twalo T (2014) *Towards understanding the distinctive nature of artisan training: Implications for skills planning in South Africa*. LMIP Client Report, April.

McGrath S (2015) *Understanding interactive capabilities for skills development in sectoral systems of innovation: A case study of the Tier 1 automotive component sector in the Eastern Cape*. Pretoria: LMIP.

McGrath S & Akoojee S (2007) Education and skills for development in South Africa: Reflections on the accelerated and shared growth initiative for South Africa. *International Journal of Educational Development* 27 (4): 421 –434.

McGrath S & Badroodien A (2006) International influences on the evolution of skills development in South Africa. *International Journal of Educational Development* 26 (5): 483 –494.

McGrath S, Badroodien A, Kraak A & Unwin L (Eds) (2004) *Shifting understandings of skills in South Africa*. Cape Town: HSRC Press.

merSETA (Manufacturing, Engineering and Related Services Sector Education and Training Authority) (2011) *merSETA Sector Skills Plan* 2010/11 – 2015/16. Johannesburg: merSETA.

Messing K, Lippel K, Demers D & Mergler D (2000) Equality and difference in the workplace: Physical job demands, occupational illnesses and sex differences. *Feminist Formations* 12 (3): 21 –49.

Meyer H-D & Rowan B (2006) *The new institutionalism in education*. New York: State University of New York Press.

Meyer JW, Ramirez FO, Rubinson R & Boli-Bennett J (1977) The world educational revolution, 1950 – 1970. *Sociology of Education* 50 (4): 242 – 258. https://doi.org/10.2307/2112498.

Meyer JW & Rowan B (1977) Institutionalized organizations: Formal structure as myth and ceremony. *American Journal of Sociology* 83 (2): 340 - 363. https://doi.org/10.1086/226550.

Miller JH (2014) Professionalism interrupted? Professionalism's challenges to local knowledge in New Zealand counselling. *Current Sociology* 62 (1): 100 - 113.

Mncwango B (2016) *Public attitudes to work in South Africa*. Pretoria: LMIP.

Moll I (2004) Curriculum responsiveness: The anatomy of a concept. In H Griesel (Ed.) *Curriculum responsiveness: Case studies in higher education*. Pretoria: SAUVCA.

Moodie G, Fredman N, Bexley E & Wheelahan L (2013) Vocational education's variable links to vocations (National Vocational Education and Training Research Program): Adelaide: National Centre for Vocational Education Research (NCVER). Accessed December 2018 https://www.ncver.edu.au/__data/assets/file/0024/9339/variable-links-to-vocations-2689.pdf (Accessed 06 December 2018).

Moodley S (2013) FETs not churning out suitable artisans for a sector that needs to mechanise faster. Accessed December 2018, http://www.miningweekly.com/article/fets-not-churning-out-suitable-artisans-for-a-mining-sector-that-needs-to-mechanise-at-a-faster-pace-2013-10-04-1.

Motala E & Vally S (2010) Class, 'race' and state in post-apartheid education. In D Kelsh, D Hill and S Macrine (Eds) *Class in education: Knowledge, pedagogy, subjectivity*. New York: Routledge.

Mukora J (2009) Artisans. In J Erasmus &M Breier (Eds) *Skills shortages in South Africa: Case studies of key professions*. Cape Town: HSRC Press.

Muzio D, Hodgson D, Faulconbridge J, Beaverstock J & Hall S (2011) Towards corporate professionalization: The case of project management, management consultancy and executive search. *Current Sociology* 59 (4): 443 - 464.

NAMC (National Agricultural Marketing Council) (2013) Growing the sugar industry in South Africa. Pretoria: The National Agricultural Marketing Council. https:/www.namc.co.za/wp-content/uploads/2017/09/Document-1-Overview-of-Sugar-Industry_ -12Feb2013 - FINAL.pdf.

National Treasury (2013) *Estimates of National Expenditure* 2013. Pretoria: National Treasury.

National Treasury (2017) *Public sector infrastructure update*. Pretoria: National Treasury http://www.treasury.gov.za/documents/national% 20budget/2017/review/Annexure%20D.pdf (Accessed 06 December 2018).

Nelson R (Ed.) (1993) *National innovation systems: A comparative analysis*. New York/Oxford: Oxford University Press.

Nelson R& Winter S (1982) *An evolutionary theory of economic change*. Cambridge: Harvard University Press.

NRC (National Research Council) (1999) *The changing nature of work: Implications for occupational analysis*. Committee on Techniques for the Enhancement of Human Performance: Occupational Analysis. Washington, DC: National Academies Press.

Nusbaum N (2006) Education and democratic citizenship: Capabilities and quality education. *Journal of Human Development* 7 (3): 385 – 395.

OECD (Organisation for Economic Co-operation and Development) (2007) *OECD reviews of innovation policy*: South Africa. Paris: OECD.

OECD (2012) *Better skills, better jobs, better lives: A strategic approach to skills policies*. Paris: Organisation for Economic Co-operation and Development.

OECD (2016) *Getting skills right: Assessing and anticipating changing skills needs*. Paris: OECD.

Office of the Presidency (2010) *Joint initiative on priority skills acquisition* (JIPSA), final report, March.

Okoye FI (2018) Employment accessibility into informal motor mechanic work and training in South Africa: An exploration of the lacuna between emerging employment patterns and the formal skills development strategy. PhD thesis, University of KwaZulu-Natal.

Oliver D, Yu S & Buchanan J (2016) Review of apprenticeships and traineeships in NSW: Unions submission. Report prepared for Unions NSW as part of the review of the Apprenticeships and Traineeships Act. 26 September.

Oosthuizen ML & Dunsmore A (1998) *Training sugar technologists for the twenty-first century*. Proceedings of the South African Sugar Technologists Association 72: 219 – 22.

Osborne S (2005) *Public-private partnerships: Theory and practice in international perspective.* London: Routledge.

Palmer D, Biggart N & Dick B (2008) Is the new institutionalism a theory? In R Greenwood, C Oliver, K Sahlin & R Suddaby (Eds) *The Sage handbook of organizational institutionalism.* London: Sage Publications. Accessed December 2018, http://study.sagepub.com/sites/default/fles/31% 20Palmer% 2C%20Biggart620%26%20.

Papier J, Powell L, McBride T & Needham S (2017) *Survey analysis of the pathways of public TVET college learners through NATED programmes.* Pretoria: LMIP.

Parvis L (2003) Diversity and effective leadership in multicultural workplaces. *Journal of Environmental Health* 65 (7): 37.

Paterson A, Kruss G & Wildschut A (2005) Support for astronomy and the SKA facility. SKA Bid Committee.

Paterson A, Visser M, Arends F, Mthethwa M, Twalo T & Nampala T (2015) *High-level audit of administrative datasets.* Pretoria: LMIP.

Pavlou PA & EI Sawy OA (2011) Understanding the elusive black box of dynamic capabilities. *Decision Sciences* 42 (1): 239 – 273.

Petersen I (2015) *Understanding interactive capabilities for skills development in sectoral systems of innovation: A case study of the sugarcane growing and milling sector in KwaZulu-Natal.* Pretoria: LMIP.

Petersen I, Kruss G, McGrath S & Gastrow M (2016) Bridging skills demand and supply in South Africa: The role of public and private intermediaries. *Development Southern Afrika* 33 (3): 407 – 423.

Pickett STA & Cadenasso ML (2002) The ecosystem as a multidimensional concept: Meaning, model, and metaphor. *Ecosystems* 5 (1): 1 – 10.

Piketty T (2014) *Capital in the 21st century.* Cambridge: Bellknap Press of Harvard University Press.

Polanyi K (1944) *The great transformation: The political and economic origins of our time.* Boston: Beacon Press.

Powell L (2012) Reimagining the purpose of VET: Expanding, the capability to aspire in South African Further Education and Training students. *Interna-*

tional Journal of Educational Development 32 (5): 643 – 653.

Power G & Buchanan J (2013) *From competencies to capabilities-Agricultural Sector Paper*. Report for NSW Board of Vocational Education and Training, Sydney.

PWC (2010) *SA Mine: Review of trends in the South African mining industry*. Accessed December 2018, https: /www. pwc. co. za/en/assets/pdf/pwc-sa-mining – 2011. pdf.

Pye D (1968) *The nature and art of workmanship*. Cambridge: Cambridge University Press.

Rao A, Stuart R & Kelleher D (1999) *Gender at work: Organisational change for equality*. Bloomfield: Kumarian Press.

Reddy V, Bhorat H, Powell M, Visser M& Arends F (2016) *Skills supply and demand in South Africa*. Pretoria: LMIP.

Reddy V& Powell M (2015) *Indicators and data to support skills planning in South Africa*. Pretoria: LMIP.

Reddy V, Rogan M, Mncwango B & Chabane S (2018) *Occupations in high demand in South Africa*. Pretoria: DHET, LMIP.

Report of the Committee on Training of Sugar House Apprentices (1930) SASTA Congress Proceedings. Accessed December 2018, www. sasta. co. za/publications/qongress-proceedings.

Robinson C (2000) The impact of globalisation and the changing nature of work on vocational educational and training. *IVETA* 2000 *Conference Proceedings*. Accessed December 2018, http: //repository. vtc. edu. hk/ive-adm-others-iveta/2000/international/11.

Rogan M, Reynolds J, Du Plessis U, Bally R & Whitfield K (2015) *Pathways through university and into the labour market: Report on a graduate tracer study from the Eastern Cape*. Pretoria: LMIP.

Saks M (2015) Inequalities, marginality and the professions. *Current Sociology Review* 63 (6): 850 – 868.

Salazar-Xirinachs J, Nubler I & Kozul-Wright R (2014) Industrial policy, productive transformation and jobs: Theory, history and practice. In J Salazar-Xirinachs, I Nubler & R Kozul-Wright (Eds) *Transforming economies*. Geneva: ILO.

Sato Y & Fujita M (2009) Capability matrix: *A framework for analysing capabilities in value chains.* IDE discussion paper no. 219. Chiba: Institute of Developing Economies.

Schwab K (2016) *The Fourth Industrial Revolution.* Geneva: World Economic Forum.

Scott JC (1998) *Seeing like a state: How certain schemes to improve the human condition have failed.* Yale University Press.

Scott WR (2014) *Institutions and organizations: Ideas, interests, and identities* (4th edition). Thousand Oaks: Sage Publications.

Selznick P (1996) Institutionalism "old" and "new". *Administrative Science Quarterly* 41 (2): 270 – 277. https://doi.org/10.2307/2393719.

Sen A (1999) *Development as freedom.* Oxford: Oxford University Press.

Sen A (2007) Education and standards of living. In R Curren (Ed.) *Philosophy of education: An anthology.* Malden, MA: Blackwell.

Shatto S & Shaw M (Eds) (1982) *Tennyson, Alfred. In Memoriam.* Oxford: Clarendon Press.

Sheppard C (2012) Mapping anti-discrimination law onto inequality at work: Expanding the meaning of equality in international labour law. *International Labour Review* 151 (1 – 2): 1 – 19.

Sheppard C& Ntenga L (2015) Funding of the SA FET sector for an equitable sharing of national revenue. In Submission for the 2014/15 Division of Revenue, Chapter 10: 241 – 269.

Smits R & Kuhlmann S (2004) The rise of systemic instruments in innovation policy. *International Journal of Foresight and Innovation Policy* 1 (1/2): 4 – 32.

Soskice DW & Hall PA (2001) *Varieties of capitalism: The institutional foundations of comparative advantage.* Oxford: Oxford University Press.

Spies M (2015) Work and qualifications futures for artisans and technicians. Sector report: tourism and hospitality (trade 681201 confectionery baker). Unpublished research report. LMIP, HSRC.

Standing G (2009) Work and occupation in a tertiary society. *Labour & Indus-*

try: *A Journal of the Social and Economic Relations of Work* 19 (3): 49 – 72.

Star P & Griesemer JR (1989) Institutional ecology, "translations" and boundary objects: Amateurs and professionals in Berkeley's Museum of Vertebrate Zoology, 1907 – 39. *Social Studies in Science* 19 (3): 387 – 420.

Stats SA (Statistics South Africa) (2008). Quarterly Labour Force Survey. StatsSA: Pretoria.

Stats SA (2008) *Quarterly Labour Force Survey*. StatsSA: Pretoria.

Stats SA (2010) *Quarterly Labour Force Survey*. StatsSA: Pretoria.

Stats SA (2014) *Quarterly Labour Force Survey*. StatsSA: Pretoria.

Stats SA (2015) *Quarterly Labour Force Survey*. StatsSA: Pretoria.

Stats SA (2016) *Quarterly Labour Force Survey*. StatsSA: Pretoria.

Stats SA (2017) *Quarterly Labour Force Survey*. StatsSA: Pretoria.

Stevens M (1999) Human capital theory and UK vocational training policy. *Oxford Review of Economic Policy* 15 (1): 16 – 32.

Stewart J & Sambrook S (1995) The role of functional analysis in national vocational qualifications: A critical appraisal. *British Journal of Education and Work* 8 (2): 93 – 106.

Stiglitz J (2012) *The price of inequality*. London: Penguin.

Strauss AL & Corbin J (1990) *Basics of qualitative research. Grounded theory procedures and techniques*. California: Sage Publications.

Streeck W & Thelen K (2005) *Beyond continuity*: *Institutional change in advanced political economies*. Oxford: Oxford University Press. Accessed December 2019, http://ebookcentral.proquest.com/lib/nottingham/detail.action?docID=422827.

Sung J & Raddon A (2017) Approaches to skills in the Asian developmental states. In C Warhurst, K Mayhew, D Finegold & J Buchanan (Eds) *The Oxford handbook of skills and training*. Oxford: Oxford University Press.

Svarc J (2015) The knowledge worker is dead: What about professions? *Current Sociology* 64 (3): 392 – 410.

Taylor A (2005) What employers look for: The skills debate and the fit with youth perceptions. *Journal of Education and Work* 18 (2): 201 – 218.

Taylor N & Shindler J (2016) *Education sector landscape*: *South Africa*. Johannesburg: JET Education Services.

Teece DJ, Pisano G & Shuen A (1997) Dynamic capabilities and strategic management. *Strategic Management Journal* 18 (7): 509 –533.

Tennison C (2014) Historical shifts in knowledge, skill and identity in the South African plant baking industry: implications for curriculum Doctoral dissertation: University of Cape Town.

Tholen G (2016) Symbolic closure: Towards a renewed sociological perspective on the relationship between higher education, credentials and the graduate labour market. *Sociology* 51 (5): 1067 –1083.

Thornton PH, Ocasio W & Lounsbury M (2012) *The institutional logics perspective*. Oxford: Oxford University Press.

Toner P (n. d.) The role of colleges in Australia's Innovation System. A study for Industry Canada.

Toner P (2005) *Keeping up with technology: A pilot study of TAFE and the manufacturing sector*. Adelaide: NCVER https: //eric. ed. gov/? id = ED494047.

Toner P (2011) Workforce skills and innovation. OECD Education Working Papers, No. 55. Accessed December 2018, http: //dx. doiorg/10. 1787/5kgk6hpnhxzq-en.

Toner P, Marceau J, Hall R & Considine G (2004) *Innovation agents: Vocational education and training skills and innovation in Australian industries and firms-Volume* 1. Adelaide: NCVER https: //eric. ed. gov/? id = ED493916.

Traynor M (2009) Indeterminacy and technicality revisited: How medicine and nursing have responded to the evidence-based movement. *Social Health and Illness* 31 (4): 494 –507.

Tyson L & Spence M (2017) Exploring the effects of technology on income and wealth inequality. In H Boushey, JB DeLong & M Steinbaum (Eds) *After Piketty: The agender for economics and inequality*. Cambridge: Harvard University Press.

Vally S & Motala E (2014) *Education, economy and society*. Pretoria: Unisa Press.

Vally S & Spreen CA (2014) Globalization and education in post-apartheid

South Africa: The narrowing of education's purpose. In NP Stromquist & K Monkman (Eds) *Globalization and education: Integration and contestation across cultures* (2nd edition). Lanham: Rowman & Littlefield Education.

Van Lente H, Hekkert M, Smits R & Van Waveren B (2003) Roles of intermediaries in transition processes. *International Journal of Innovation Management* 7 (3): 247 – 279.

Von Tunzelmann N (2010) Alignment, misalignment and dynamic network-based capabilities. In DA Dyker (Ed.) *Network dynamics in emerging regions of Europe*. London: Imperial College Press.

Von Tunzelmann N & Wang Q (2003) An evolutionary view of dynamic capabilities. *Economie Appliquee* 56 (3): 33 – 64.

Von Tunzelmann N & Wang Q (2007) Capabilities and production theory. *Structural Change and Economic Dynamics* 18 (2): 192 – 211.

Walker L (2003) They heal in the spirit of the mother: Gender, race and professionalization of South African medical women. *African Studies* 62 (1): 99 – 123.

Walker L (2005) The colour white: Racial and gendered closure in the South African medical profession. *Ethnic and Racial Studies* 28 (2): 348 – 375.

Walker M (2015) Higher education and the public good. In S McGrath & Q Gu (Eds) *Routledge handbook on international education and development*. London. Routledge.

Walker M & Fongwa S (2017) *Universities, employability and human development*. London: Palgrave Macmillan.

Walker M & Unterhalter E (2007) *Amartya Sen's capability approach and social justice in education*. New York: Palgrave Macmillan.

Watson A (2014) Employability and responsiveness in post-school education and training institutions: A comparative literature review. LMIP Working Papers No. 1, Pretoria: LMIP. Accessed December 2018, http://www.lmip.org.za/document/employability-and-responsiveness-post-school-education-and-training-institutions.

WCED (Western Cape Education Department) (2004) *Grade six learner assessment study: Final report*. Cape Town: WCED.

Webster E (1994) Introduction. In E Webster, L Alfred, L Bethlehem, A Joffe & T Selikow (Eds) *Work and industrialisation in South Africa: An introductory reader.* Johannesburg: Ravan Press.

Webster E, Alfred L, Bethlehem L, Joffe A & Selikow T (Eds) (1994) *Work and industrialisation in South Africa: An introductory reader.* Johannesburg: Ravan Press.

Wedekind V (2013a) Education, training and the 'precariat': An overview of the South African education and skills landscape. University of KwaZulu-Natal. Paper presented at the Fifth BRICS Academic Forum, Durban, South Africa.

Wedekind V (2013b) Rearranging the furniture? Shifting discourses on skills development and apprenticeship in South Africa. In S Akoojee, P Gonon, U Hauschildt & C Hofmann (Eds) *Apprenticeship in a global world: Premises, promises and pitfalls.* Munster: LIT Verlag.

Wedekind V (2014) Going around in circles: Employability, responsiveness, and the reform of the college sector. In S Vally & E Motala (Eds) *Education, economy and society.* Pretoria: UNISA Press.

Wedekind V (2016) *Enhancing employability: What can be done to improve TVET students' chances of finding work?* LMIP Policy Brief. Accessed December 2018, http://www.lmip.org.za/document/enhancing-employability-what-can-be-done-improve-tvet-students'-chances-finding-work.

Wedekind V & Mutereko S (2016a) *Employability and curriculum responsiveness in post-school education and training.* Pretoria: LMIP. Accessed December 2018 http://www.lmip.org.za/document/employability-and-curriculum-responsiveness-post-school-education-and-training.

Wedekind V & Mutereko S (2016b) Higher education responsiveness through partnerships with industry: The case of a university of technology programme. *Development Southern Africa* 33 (3): 376 – 389. https://doi.org/10.1080/0376835X.2016.1156516.

Weeden KA (2002) Why do some occupations pay more than others? Social closure and earnings inequality in the United States. *American Journal of Sociology* 108 (1): 255 – 101.

Wettenhal R (2003) The rhetoric and reality of public-private partnerships. *Public Organisation Review: A Global Journal* 3 (1): 77 –107.

Wheelahan L (2018) *Vocational education in crisis: Why we need a new social settlement*. Melbourne: John Cain Foundation.

Wheelahan L, Buchanan J & Yu S (2015) *Linking qualifications and the labour market through capabilities and vocational streams*, NCVER, Research Report, Adelaide. Accessed December 2018, https://www.ncver.edu.au/publications/publications/all-publications/linking-qualifications-and-the-labour-market-through-capabilities-and-vocational-streams.

Wheelahan L & Moodie G (2011) Rethinking skills in vocational education and training: From competencies to capabilities. Sydney: NSW Skills Board. Accessed December 2018 https://library.bsl.org.au/jspui/bitstream/1/2984/1/Rethinking_ skills.pdf.

Widdus R (2001) Public-private partnerships for health: Their main targets, their diversity, and their future directions. *Bulletin of the World Health Organisation* 79 (8): 713 –720.

Wild S (2012) *Searching African skies: The Square Kilometre Array and South Africa's quest to hear the songs of the stars*. Cape Town: Jacana Media.

Wildschut A (2017) *LMIP Colloquium Report: Report on the presentations, discussions and conclusions of the colloquium*. Pretoria: LMIP.

Wildschut A, Kruss G, Visser M, Meyer T, Tele A & Rust J (2017) *Institutionalising tracer studies to assess the impact of workplace-based training: Reflections on feasibility*. LMIP Client Report. Pretoria: LMIP.

Wildschut A & Mbatha N (2016) *History and the economy matters for artisanal skills planning*. LMIP Policy Brief. Accessed December 2018, http://www.lmip.org.za/document/history-and-economy-matters-artisanal-skills-planning.

Wildschut A & Meyer T (2015) *A study of shifting boundaries of artisanal work and occupations*. Cape Town: HSRC Press.

Wildschut A & Meyer T (2016a) The changing nature of artisanal work and occupations: Important for understanding labour markets. *Development Southern Africa* 33 (3): 390 –406.

Wildschut A & Meyer T (2016b) *Why changes to occupational domains matter for artisanal skills planning in South Africa.* LMIP Policy Brief. Accessed December 2018 http://www.lmip.org.za/sites/default/files/documentfiles/LMIP%20Policy%20Brief%2018%20web-ready_0.pdf.

Wildschut A & Meyer T (2017) The boundaries of artisanal work and occupations in South Africa, and their relation to inequality. *Labour & Industry: A Journal of the Social and Economic Relations of Work* 27 (2): 113 – 130.

Wildschut A, Meyer T & Akoojee S (2015) *Changing artisanal identity and status: The unfolding South African story.* Cape Town: HSRC Press.

Wilkinson R & Pickett K (2009) *The spirit level: Why more equal societies almost always do better.* London: Allen Lane.

Williams S, Dodd LJ, Steele C & Randall R (2016) A systematic review of current understandings of employability. *Journal of Education and Work* 29 (8): 877 – 901. https://doi.org/10.1080/13639080.2015.1102210.

Windsor K & Alcorso C (2008) *Skills in context: A guide to the skill ecosystem approach to workforce development.* Sydney: NSW Department of Education and Training.

Wolff K & Luckett K (2013) Integrating multidisciplinary engineering knowledge. *Teaching in Higher Education* 18 (1): 78 – 92.

Wolhuter CC, Steyn SC & Steyn HJ (2003) Learning from South-South comparison: The education systems of South Africa and Madagascar. *South African Journal of Education* 23 (1): 29 – 35.

Woolfrey L (2013) *South African labour market micro-data scoping study.* Pretoria: LMIP.

World Economic Forum (2016) *South Africa has a skill shortage. How do we fix it?* Accessed December 2018, https://www.weforum.org/agenda/2016/05/south-africa-skils-short age-how-do-we-fix-it/.

Young M (2014) The curriculum and the entitlement to knowledge. Accessed December 2018, http://www.cambridgeassessment.org.uk/lmages/166279-the-curriculum-and-the-entitlement-to-knowledge-prof-michael-young.pdf.

Young M & Gamble J (2004) Introduction: Setting a context for debates about senior secondary curriculum. In M Young and J Gamble (Eds) *Knowledge, curriculum and qualifications for South African further education.* Cape Town: HSRC.

Yu S, Bretherton T, Schutz J & Buchanan J (2012a) *Understanding the nature of vocations today: Exploring labour market pathways.* NCVER Research Report, Adelaide. Accessed December 2018, https://www.ncver.edu.au/data/assets/file/0011/10262/understanding-the-nature-pf-vocations-2538.pdf.

Yu S, Bretherton T, Schutz J & Buchanan J (2012b) Vocational trajectories within the Australian labour market. National Centre for Vocational Education Research (NCVER) Research Paper, Adelaide. Accessed December 2018, https:/www.ncver.edu.au/_data/assets/file/0011/10262/understanding-the-nature-of-vocations-2538.pdf.

关于作者

本卷主编

格琳达·克鲁斯（Glenda Kruss）是南非人文科学研究理事会（Human Sciences Research Council，HSRC）科学、技术和创新指标中心（CeSTII）的副执行主任，此前她曾数年担任教育和技能发展（ESD）项目研究主任。她在创新研究领域工作了十多年，了解大学和公共研究机构在经济和社会发展中的作用，以及技能和知识流动在部门、国家和全球创新体系中的决定因素。她曾在非洲、拉丁美洲、亚洲和欧洲合作开展比较项目研究。在南非，她为国家政府领导了大型项目，在研究人员、政策制定者和从业人员之间建立联盟和网络：最重要的是为南非高等教育与培训部（Department of Higher Education and Training，DHET）制定的劳动力市场情报伙伴关系（Labour Market Intelligence Partnership，LMIP）。

安吉莉克·威尔德舒特（Angelique Wildschut）为南非国家学生资助中心（National Student Financial Aid Scheme，NSFAS）的高级经理（研究和政策）。2011 年获斯泰伦博斯大学博士学位。博士论文主要关注南非医学界女医生的流失问题。虽然她最近的工作继续借鉴工作和职业的社会学文献，但她将相关概念框架扩展到更广泛的工作领域和职业领域。她感兴趣的研究范围仍然包括工作领域中结构性不平等的长期存在及其与职业描述的关系。

伊尔－哈姆·彼得森（Il-haam Petersen）是南非人文科学研究理事会科学、技术和创新指标中心的高级研究专家。拥有爱尔兰都柏林三一学院的社会学博士学位。加入科学、技术和创新指标中心之前，她在理事会的教育和技能发展项目中完成了博士后研究。她的研究领域包括采用混合方法的社会网络分析和网络—制度方法分析组织间网络和非正式网络，以及使用社会学方法和创新系统方法研究创新和发展，特别是创新的微观基础层面。

撰稿人（按字母顺序排列）

约翰·布坎南（John Buchanan）是悉尼大学商学院教授，担任商业分析学科主任。拥有历史和法律学位、经济学研究生文凭和产业关系博士学位。主要研究兴趣是劳动合同的演变、工作生活过渡和劳动力发展动态。目前正在主持与新南威尔士州（NSW）政府为期三年的合作项目中的学术部分，该项目主要研究数据科学如何指导该州的职业教育改革。他还帮助将商学院的研究和教育活动与悉尼西部的健康和福祉转型联系起来。与克里斯·沃赫斯特（Chris Warhurst）、肯·梅休（Ken Mayhew）和大卫·费恩戈尔德（David Finegold）编辑的《牛津技能与培训手册》（Oxford Handbook of Skills and Training）已由牛津大学出版社2017年出版。

迈克尔·加斯特罗（Michael Gastrow）担任南非人文科学研究理事会的教育和技能发展项目首席研究专家。拥有斯泰伦博斯大学科学新闻学博士学位。研究重点是创新、技能发展、公众对科学的理解和科学传播。他应用这些学科视角研究生物技术、天文学、汽车制造、信息和通信技术（ICT）的部门研究，以及包容性发展的创新和全球创新网络。

塔姆琳·迈耶（Tamlynne Meyer）是南非人文科学研究理事会的教育和技能发展项目研究员。她在斯泰伦博斯大学注册攻读社会学博士学位。研究领域包括职业社会学、社会封闭和工作场所不平等。博士学位使用女性主义和布尔迪厄斯的方法，主要研究南非女律师的社会封闭过程。最近的研究包括调查特定技工职业中工作性质的变化。

沃尔克·韦德金德（Volker Wedekind）是诺丁汉大学教育学院职业教育专业副教授，国际教育研究中心（CIER）成员，国际职业技术教育与培训（UNEVOC）中心主任。拥有曼彻斯特大学博士学位。发表论文关于教育政策、改革、课程变革以及教育系统中对教师的影响。目前的研究重点是职业系统制度层面的变化和连续性、劳动力市场动态与教育之间的衔接以及职业教育在处理输出国和接受国社会移民问题中的作用。

缩略语

AERAP	非洲—欧洲射电天文平台	African – European Radio Astronomy Platform
AgriSETA	农业部门教育与培训局	Agricultural Sector Education and Training Authority
CRT	技工和相关职业人员	Crafts and related trades
DHET	高等教育与培训部	Department of Higher Education and Training
DST	科技部	Department of Science and Technology
EU	欧盟	European Union
FET	继续教育和培训	Further Education and Training
HCDP	人力资本发展项目	Human Capital Development Programme
HR	人力资源	Human Resources
HSRC	人文科学研究理事会	Human Sciences Research Council
ICT	信息和通信技术	Information and Communications Technology
ILO	国际劳工组织	International Labour Organization
IMF	国际货币基金组织	International Monetary Fund
ISO	国际标准化组织	International Organization for Standardisation
LMIP	劳动力市场情报伙伴关系	Labour Market Intelligence Partnership
merSETA	制造业、工程及相关服务部门教育与培训局	Manufacturing, Engineering and Related Services Sector Education and Training Authority

NASSP	国家天体物理学和空间科学计划	National Astrophysics and Space Science Programme
NQF	国家资格框架	National Qualifications Framework
NRF	国家科研基金会	National Research Foundation
OECD	经合组织	Organisation for Economic Co – operation and Development
OEM	原始设备制造商	Original Equipment Manufacturer
PLC	可编程序逻辑控制器	Programmable Logic Controller
PMOA	车间设备操作工以及装配工	Plant and Machine Operators and Assembler
PSET	校后教育和培训	Post – school Education and Training
QLFS	劳动力（季度）调查	(Quarterly) Labour Force Survey
R&D	研发	Research and Development
Sasa	南非糖业协会	South African Sugar Association
Sasri	南非甘蔗研究所	South African Sugarcane Research Institute
SETA	部门教育与培训局	Sector Education and Training Authority
SKA	平方公里阵列射电望远镜项目	Square Kilometre Array
SMRI	制糖研究所	Sugar Milling Research Institute
SSI	部门创新系统	Sectoral System of Innovation
Stats SA	南非统计局	Statistics South Africa
STC	舒克拉培训中心	Shukela Training Centre
TVET	职业技术教育与培训	Technical and Vocational Education and Training
UK	英国	United Kingdom
USA	美国	United States of America

致　谢

2012 年，南非高等教育与培训部（Department of Higher Education and Training，DHET）委托人文科学研究理事会（HSRC）领导一个研究联盟，根据南非政府设定的国家目标，为其创建“可信的技能规划制度机制”的工作提供信息。

这本专著是随后的“研究—政策关系”参与过程的丰富成果之一。它代表了一种尝试，即回过头来，从概念上反思通过在两个研究主题下进行的“应用—启发式”研究所取得的成就和对文献的补充。

作者们不仅感谢高等教育与培训部的财政支持，还感谢他们在政策上的参与，从而形成了这项研究。高等教育与培训部总干事格位布斯·康多（Gwebs Qondo）先生坚信项目的价值，赫尔希拉·纳尔塞（Hersheela Narsee）博士和已故的菲罗兹·帕特尔（Firoz Patel）先生为研究与政策之间的互动贡献了大量时间、热情和洞察力。弗洛鲁斯·普林斯洛（Florus Prinsloo）博士、艾德丽安·伯德（Adrienne Bird）和格达·马格努斯（Gerda Magnus）也为研究做出了贡献。上述贡献是非常宝贵的。

我们要感谢劳动力市场情报伙伴关系（LMIP）团队的领导和管理人员：项目主任维杰·雷迪（Vijay Reddy）、埃尔米·德·康宁（Elmi de Koning）和塔尼亚·弗雷泽（Tania Fraser）。我们还要对我们的工作给予高度评价的专题负责人：哈伦·波拉特（Haroon Bhorat）、迈克·罗根（Mike Rogan）、庞迪·皮莱（Pundy Pillay）和恩兰赫拉·姆巴塔（Nlanhla Mbatha）。我们还感谢众多的研究团队成员。他们进行了丰富的案例研究，这些案例研究是分析的基础。

特别感谢审稿人，尤其是斯蒂芬妮·阿莱斯（Stephanie Allais）博士和蒂埃里·卢瑟（Thierry Luescher）博士，他们的意见精辟而富有见地，帮助我们获得了更好的研究结果。

我们感谢以下期刊允许我们使用之前发表的论文：《劳动与行业：工作的社会和经济关系》（*Labour & Industry*：*A Journal of the Social and Economic Relations of Work*）、《南部非洲发展》（*Development Southern Africa*）和《国际教育发展杂志》（*the International Journal of Educational Development*）。